Pier Paolo Pasolini

Porno – Theo – Kolossal

Pier Paolo Pasolini

Porno – Theo – Kolossal

Pasolinis letztes Filmprojekt
herausgegeben von Reinhold Zwick
und Dagmar Reichardt

Aus dem Italienischen übersetzt
von Dagmar Reichardt

Mit zwei Begleittexten der Herausgeber

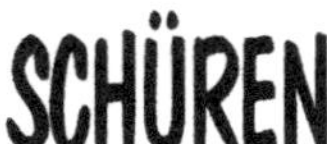

Questo libro è stato tradotto grazie a un contributo per la traduzione assegnato dal Ministero degli Affari Esteri e della Cooperazione Internazionale italiano.

Dieses Buch wurde dank eines Übersetzungszuschusses des Italienischen Ministeriums für Auswärtige Angelegenheiten und Internationale Kooperation übersetzt.

Gedruckt mit freundlicher Unterstützung der Katholischen Akademie Hamburg.

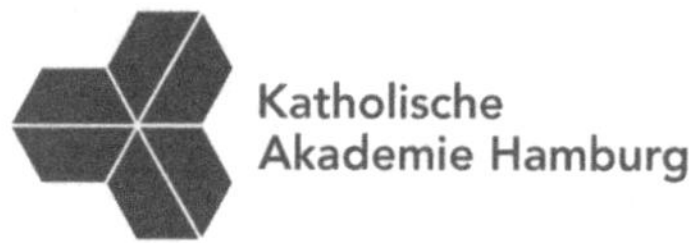

Bibliografische Information der Deutschen Nationalbibliothek
Die Deutsche Nationalbibliothek verzeichnet diese Publikation in der Deutschen Nationalbibliografie; detaillierte bibliografische Daten sind im Internet über http://dnb.d-nb.de abrufbar.

Schüren Verlag GmbH
Universitätsstr. 55 | D-35037 Marburg
www.schueren-verlag.de
Titel der italienischen Originalausgabe:
Porno - Teo –Kolossal © Garzanti S.r.L.

Gestaltung: Erik Schüßler

Gestaltung Umschlag: Wolfgang Diemer, Frechen
Umschlagbild:
© David Diavù Vecchiato, *Melting Icons: Pier Paolo Pasolini*, Rom, 2014. Sprühfarbe und Acryl auf Wand, ehemaliges Kino Cinema Impero, via dell'Acqua Bullicante 121, Rom. © Foto von Igiaba Scego
Druck: TZ – Verlag & Print GmbH, Roßdorf b. Darmstadt
Printed in Germany
ISBN 978-3-7410-0386-8

INHALT

VORWORT DER HERAUSGEBER

Am 5. März 2022 wäre Pier Paolo Pasolini hundert Jahre alt geworden. Trotz der großen Beachtung, die sein Leben und Schaffen auch im deutschen Sprachraum gefunden haben und weiterhin finden, sind noch immer sehr viele seiner Arbeiten nicht in deutschen Übersetzungen oder – was seine Briefe und kritischen Schriften anbelangt – nur in stark gekürzten Ausgaben verfügbar. Eine besonders markante Lücke soll mit der hier vorgelegten ersten deutschen Edition von Pasolinis letztem Filmprojekt «Porno-Theo-Kolossal» geschlossen werden. Die Edition wird begleitet von zwei Texten der Herausgeber, die das Werk aus unterschiedlichen Perspektiven beleuchten.

Für das Zustandekommen dieser Edition haben wir vielfältige Unterstützung erfahren. In einer frühen Phase des Editionsprojekts arbeitete an diesem auch P. Friedhelm Geller SSCC mit, der lange Jahre in der Leitung seines Ordens in Rom tätig und ein großer Kenner von Pasolinis Werk war. Aufgrund einer schweren Erkrankung, an der er am 25. Mai 2019 verstarb, konnte er uns nicht weiter zur Seite stehen.

Frau Dr. Nicoletta Di Blasi, die Direktorin des Italienischen Kulturinstituts in Hamburg, Frau Dr. Maria Mazza, bis August 2021 Direktorin des Italienischen Kulturinstituts in Köln, und ihre Mitarbeiterin Frau Birgit Otten, unterstützten uns bei der Beantragung einer Übersetzungsförderung durch das Italienische Ministerium für Auswärtige Angelegenheiten und Internationale Kooperation (MAECI).

Frau Igiaba Scego, Autorin und Schriftstellerin in Rom, hat uns großzügig ihr in Rom aufgenommenes Graffiti-Foto für das Buchcover vorgeschlagen und überlassen.

Die Drucklegung förderte die Katholische Akademie Hamburg, die sich über viele Jahre hin mit zahlreichen, von Dr. Hans-Gerd Schwandt kuratierten Veranstaltungen (u.a. unter Mitwirkung von Giuseppe Zigaina) um Pasolini verdient gemacht hat.

Ihnen allen gilt unser ganz herzlicher Dank!

Münster und Hamburg, im Februar 2022
Reinhold Zwick und Dagmar Reichardt

Pier Paolo Pasolini
Porno – Theo – Kolossal

Vorbemerkung der Übersetzerin zu den Anmerkungen

Alle mit einem (oder mehreren) Asterisk(en) versehenen Fußnoten stammen von Pier Paolo Pasolini und sind im Folgenden aus seinem Manuskript übernommen und originalgetreu ins Deutsche übersetzt worden. Sämtliche innerhalb von Pasolinis Fußnoten befindlichen eckigen Klammern enthalten Zusatzinformationen, die ich als Übersetzerin hinzugefügt habe.

Die mit *römischen Zahlen* versehenen Fußnoten enthalten von mir hinzugefügte direkte Hinweise zur Typografie, zu stilistischen Besonderheiten und zum formalen Erscheinungsbild von Pasolinis Original sowie schnell lesbare, für das Textverständnis evtl. hilfreiche Kurzerklärungen oder Richtigstellungen seitens der Übersetzerin. Die römischen und neapolitanischen Dialektausdrücke in wörtlicher Rede zitiere ich im laufenden Haupttext im wortgetreuen italienischen Original, wobei ich diese Redeeinschübe ebenfalls mit römisch bezifferten Anmerkungen versehen und im Fußnotenapparat sinngemäß in die deutsche Standardsprache übertragen habe.

Ein zusätzlicher Anmerkungsapparat befindet sich am Drehbuchende und liefert separate *Anmerkungen und Erläuterungen der Herausgeber.* Auf ihn wird mit *arabischen Ziffern* im laufenden Haupttext verwiesen. Er versammelt weiterführende, für ein besseres Verständnis evtl. nützliche Kommentare und Erläuterungen sowie ausführlichere Hintergrundinformationen.

PROLOG

Wir befinden uns im Dunkel und in der Stille kosmischer Höhen. Im Hintergrund sieht man, zu unseren Füßen, die Erdkugel.

(Es wäre natürlich angebracht, hier keine künstliche Kugel zu zeigen, sondern den wirklichen, echten Erdball, genau so wie er auf Fotografien aussieht, die ein Astronaut von einem Raumschiff aus aufgenommen hat).

Man sieht die faltigen Züge der Erde, die bleiernen Flecken der Meere, die Grenzen der Kontinente, usw., usf., bis sich vor unseren Augen ab einem bestimmten Moment – denn der Globus dreht sich natürlich – die nebelverhangenen rötlichen Umrisse Italiens abzeichnen.

Von da an lassen sich so etwas wie ferne Stimmen hören, Schreie, Rufe, sogar eine Stimme, die ein altes neapolitanisches Volkslied singt, auf die Entfernung ziemlich leise.

Wir kommen immer näher, und ... nun erscheint das Panorama von Neapel. Neapel von oben gesehen, mit seinen Gassen, seinen Plätzen, seinen Elendsvierteln.

Der Morgen dämmert, die Stimmen, die wir hören, sind noch vereinzelt: Stimmen von Frauen, Straßenjungen ... Der Sänger ist ein Straßenkehrer, der durch die Gassen zieht.

Doch trotz dieser alltäglichen und ruhigen Atmosphäre des frühen Morgens, spürt man, dass in diesen Stimmen etwas seltsam Aufgeregtes, irgendwie Dramatisches ist. Was es ist, bleibt unklar.

Dann, im nächsten Augenblick, öffnet sich an der abgeblätterten Wand eines Gässchens ein kleines Fenster, aus dem Eduardo De Filippo[1] verschlafen und strubbelig hervorlugt. Er blickt um sich und sagt: «...........»*

Aus dem Inneren der Wohnung antwortet ihm eine weinerliche weibliche Stimme – seine Frau: «...........»**

In aller Ruhe dreht er sich um, schließt das Fenster, kehrt in die Wohnung zurück und bereitet sich auf seinen langen Tag vor. Er hält noch einen kleinen Schwatz mit seiner Frau – eine Neapolitanerin, alt wie die Welt, fett, zerzaust und ständig im Bett, mit gewaltigen Beinen. (Und vielleicht in der Nähe eine Frau, die ihr hilft, bleich, schwarz und stumm).

Im Flur befindet sich noch eine andere Person, ganz zerzaust und struppig: der Diener. Wir wissen sofort, dass Eduardo De Filippo ihn am Abend zuvor eingestellt und ihm im Flur ein Feldbett zum Schlafen aufgestellt hat.

Eduardo weckt den Diener, gibt ihm Zeichen, ihm zu folgen, sie nehmen eine große Tasche und verlassen das Haus, um einzukaufen.

Der am Abend zuvor eingestellte Diener macht schon bei seinem ersten Auftritt klar, dass er in keiner Weise die Absicht hat, seinen Herrn zufriedenzustellen, in keiner Weise an dessen Leben teilzuhaben, sondern vielmehr darauf bedacht ist, sich um seine eigenen Angelegenheiten zu kümmern. Er gehorcht, er dient, mehr aber auch nicht. Sein Verhalten – würde ich sagen – ist nicht feindselig, aber sehr seltsam, sehr distanziert, sehr barsch, fast unhöflich. Eduardo jedoch, ganz neapolitanischer Signore vom alten Schlag, ignoriert das alles.

Die beiden gehen die Treppe hinunter, treten auf die Gasse hinaus und beginnen mit ihren Einkäufen.

Die Unruhe, die dramatische Spannung, die bereits in den konfusen Stimmen in der Morgendämmerung zu spüren war, wird immer deutlicher und irritierender.

Je näher die beiden dem Marktplatz kommen, desto intensiver wird die Spannung, bis Eduardo und sein Diener Ninetto[2] schließlich in eine ganz und gar außergewöhnliche Situation geraten.

Es geht um Folgendes: In Neapel leben, weinen, lachen, verzweifeln, diskutieren, streiten, beten und singen alle, weil sich die geheimnisvolle

---

* Ein Satz auf Neapolitanisch, der noch zu finden wäre (vgl. evtl. *Il mare non bagna Napoli* [dt.: *Neapel liegt nicht am Meer*; Kursivsatz von Pasolini; Anm. v. Dagmar Reichardt; hier und im Folgenden abgekürzt als: Anm. v. D. R.] von A. M. Ortese [gemeint ist die z. T. in Neapel aufgewachsene Autorin Anna Maria Ortese (1914–1998); Anm. v. D. R.]).

** Wie in der vorangegangenen Fußnote.

Nachricht verbreitet hat, dass irgendwo auf der Welt der Messias geboren ist.

Und dieser Messias, so heißt es, würde den Menschen Glück, Ordnung, Reichtum, Güte, Brüderlichkeit und all die anderen Dinge bringen, die sich die Menschen, und besonders die Neapolitaner, wünschen: selbst die einfachsten und harmlosesten Dinge.

Es gibt Leute, die – unter Geschrei – daran glauben, und andere, die – unter Geschrei – nicht daran glauben: Und so streiten diejenigen, die daran glauben, mit denjenigen, die nicht daran glauben. Kurzum, es tobt das alte neapolitanische Durcheinander bei großen Anlässen. Eigentlich das, was jeden Tag in Neapel stattfindet, aber dieses Mal ist nicht zu übersehen, dass der Grund dafür wahrhaft einzigartig, außergewöhnlich und historisch ist. Die Geburt des Messias!

«O' Messia ca', o' Messia là ... o' Messia vene, o' Messia nun vene, nun è o vero, site buciarde, site ricchione ... struonze ...»[I] Eduardo bleibt stehen, um allen mit großer Neugier und mit gespitzten Ohren zuzuhören: Er ist ergriffen und verfällt in eine beinahe feierliche Stimmung, so als handele es sich um etwas Entscheidendes für sein Leben. Denn Eduardo De Filippo ist ein Magierkönig.[3]

Mit gutem Grund hat er auf eben diesen Tag, den er auf der Basis seiner astrologischen Studien und kabbalistischen Deutungen berechnet hat, schon seit Monaten, vielleicht schon seit Jahren gewartet: auf den Tag der Ankündigung der Geburt des Messias. Da er nun aus des Volkes Stimme heraushört, dass sich seine Prophezeiung vielleicht erfüllt, überströmt ihn nach jener feierlichen Ergriffenheit ein tiefes Glücksgefühl, und er versucht sich Ninetto mitzuteilen, stotternd, lachend ... Doch Ninetto

---

I Neapolitanische Sprache (das sog. *Napulitano*, ital.: *Neapoletano*) in derbem Umgangston, dem Sinn nach auf Deutsch etwa: «Der Messias hier, der Messias dort ... Der Messias kommt, der Messias kommt nicht, stimmt nicht, ihr Lügnerinnen, ihr Schwuchteln ... Scheißköpfe ...» Sämtliche direkte Redepassagen, die Pasolini in ungefiltertem, italienischem Dialekt wiedergibt, wurden im ursprünglichen italienischen Lokalkolorit belassen: Sie werden im Folgenden im italienischen Originalwortlaut im Haupttext mit doppelten Anführungszeichen – wie bei Pasolini – abgebildet (an dieser ersten Stelle des Drehbuchs jedoch wurden sie von der Übersetzerin hinzugefügt, da Pasolini die o.g. dialektale Rede der anonymen Menge als chorales Stimmengewirr und ‹Stimme des Volkes› in den Mund legt, weswegen er sie nicht mit Anführungszeichen markiert hat). Alle Stellen, an denen Pasolini im italienischen Original dialektal gefärbte, stark umgangssprachliche wörtliche Rede als Stilmittel einsetzt, sind im Haupttext mit römisch bezifferten Fußnoten versehen, in denen die italienische Dialektsprache sinngemäß in eine deutsche Alltagssprache übersetzt wird. Zur grundsätzlichen Übersetzungsproblematik dieser Kategorie dialektaler Einschübe vgl. den Begleittext (Kap. 2) von Dagmar Reichardt im vorliegenden Buch [Anm. v. D.R.].

gibt ihm nicht einmal in diesem so außergewöhnlichen Fall auch nur die geringste Genugtuung und scheint zu sagen (er ist Römer): «Aho, so' cazzi vostri, che me frega a me del vostro Messia!»[I]

Ohne Einkäufe, mit leeren Taschen, eilt Eduardo zurück nach Hause, tritt ein und berichtet seiner Frau atemlos die Neuigkeit, fast schon in einem Zustand delirierender Glückseligkeit. Ninetto hält sich skeptisch zurück, schmollt und gibt sich ein wenig ironisch (hin und wieder wirft er natürlich eine witzige Bemerkung ein). Kaum hat er das große Ereignis seiner Frau verkündet, macht sich Eduardo eilends daran, seine Papiere und Bücher zu konsultieren: Ja, genau an diesem Tag sollte der Messias zur Welt kommen …

Der Magierkönig verbringt den ganzen Tag mit Berechnungen und mit dem Studium seiner Texte … Dann, am späten Nachmittag, schleppt er wieder seinen Diener mit sich durch die Straßen, um hier und da in der Stadt mehr in Erfahrung zu bringen … In Forcella …, auf dem Vomero … und in Margellina …[4] Ganz Neapel ist nur noch ein großes Theater, in dem die bedeutendste Szene seiner Geschichte aufgeführt wird …* Schließlich wird es Abend. Eduardo befindet sich wieder am Fenster seiner Wohnung: Es geht um das abendliche Ritual, wie schon sein ganzes Leben lang. Er muss das Fenster genauso schließen, wie er es morgens geöffnet hat. Und in diesem Augenblick, als er gerade den wackeligen Fensterladen zu sich heranziehen will, kommt es zum letzten, entscheidenden Ereignis dieses denkwürdigen Tages: gleichsam dessen höchste Besiegelung. Hoch oben, rein und glasklar sieht Eduardo in den Tiefen des klaren Nachthimmels den Kometenstern.

Er weiß gleich genau, dass dieser Stern dort steht, um ihm den Weg zu weisen, dem er folgen muss, um den Messias anzubeten.

* * *

I Der ebenso ruppige römische Dialekt (das sog. *Romano* oder *Romanesco*, auch *Romanaccio*) des Dieners Ninetto bedeutet auf Deutsch etwa: «Ach was, das ist verdammt noch mal eure Sache – was schert mich schon euer Messias!» [Anm. v. D. R.].

* Vielleicht macht Eduardo diesen zweiten Erkundungsgang mit Ninetto, weil er in seinen Büchern gelesen hat, dass er den Kometen [im Italienischen ist dieses Substantiv (ital.: ‹la cometa›) weiblich; Anm. v. D. R.] nach dem ersten Wort benennen solle, das einem Neapolitaner mit einer Warze auf der Nase in den Sinn kommen würde. Und dieser Neapolitaner, nachdem sie ihn endlich gefunden haben, spricht als erstes das Wort «Hure» oder «Luder» o. Ä. aus.

Von noch größerer, noch stärkerer, noch umfassenderer Freude ergriffen, entscheidet sich Eduardo (und verkündet es dem ganzen Haus), dass er am nächsten Tag aufbrechen wird. Sofort wird damit begonnen, die Bündel zu schnüren. Für ein Fest? Für einen letzten Abschied?

* * *

Am Morgen danach öffnet Eduardo wieder das kleine Fenster und ist reisefertig. Und tatsächlich, dort oben bewegt sich der Komet, als wolle er ihm den Weg weisen.

Gefolgt von Ninetto stürzt er die Treppe hinunter, tritt auf die Gasse hinaus und macht sich zum Bahnhof auf, die Augen stets zum Himmel und punktgenau auf den Kometenstern gerichtet.

Vorneweg De Filippo – ein geheimnisvolles Bündel an die Brust gepresst – triumphierend, aber auch noch verwirrt und ein wenig gerührt (er trocknet sich mit dem Taschentuch die Tränen des Abschieds von seinem Haus, von der Frau und nun auch von seiner Stadt: aber es sind halb Schmerzens- und halb Freudentränen), gefolgt von Ninetto mit den großen Koffern.

Sie erreichen den Bahnhof von Neapel und treffen dort auf andere Magierkönige, die ebenfalls dem Kometenstern folgen, aber sie sind sich über die Richtung nicht einig: Der eine bricht gen Süden, der andere gen Osten auf. Eduardo und Ninetto hingegen nehmen den Zug, der nach Norden fährt.

So beginnt ihre Reise, die lange Reise ihres Lebens.

* * *

Während der Zug ratternd nordwärts fährt, ergibt sich die erste kleine Szene (die sich im Laufe des Films mehrmals wiederholen wird), in der Ninetto (der Situation geschuldet) ein neapolitanisches Lied zu singen beginnt, während Eduardo einen «komischen Konterpart»[I] gibt.*

Die Zeit vergeht mit diesem neapolitanischen Abschiedsliedchen, und schon sind wir in der Nähe dessen, was geografisch Rom sein müsste, angekommen, aber in unserem Film (der eine einzige, gewaltige Metapher ist, die die Realität umkehrt und neu erfindet) präsentiert sich die Stadt unter dem Namen Sodom.

I Sämtliche im Drehbuchtext in Anführungszeichen gesetzten Ausdrücke stammen hier und im Folgenden von Pasolini. Im Folgenden werden nur noch Besonderheiten diesbezüglich angemerkt [Anm. v. D. R.].

* Ist noch auszudenken. Vgl. Brief an Eduardo.

SODOM

Der Zug bremst ab und rollt in den Bahnhof ein (wo in der Tat statt Roma Termini «Sodom Termini»[5] zu lesen ist).

Eduardo mit seinem strammen Bündel und Ninetto mit den beiden Koffern steigen aus dem Zug und gehen zum Ausgang des Bahnhofs.

Sie stehen auf der Piazza dei Cinquecento.[6]

Auch hier – wie schon in der morgendlichen Frühe, in die wir das erwachende Neapel eingetaucht gesehen hatten – scheint alles absolut seinen normalen Gang zu gehen: Da ist die gewohnte Piazza dei Cinquecento, mit ihrem Verkehr, ihren Passanten, Bars ... Und doch spürt man auch hier etwas jenseits des Normalen in der Luft liegen, etwas Unerwartetes, Ungewöhnliches.

Unterdessen findet am Bahnhofsausgang eine Polizeikontrolle statt, nur dass die Polizisten nicht dem üblichen Feindbild von Unsympathen entsprechen. Diese hier sind junge, sehr einnehmende und zuvorkommende Männer, an die sich mehrere Reisende wenden, nachdem sie sich umstandslos und unbürokratisch der Reihe nach aufgestellt haben, um die Polizisten um Auskunft zu bitten.

Mit den meisten Reisenden, die aussteigen, verständigen sich die Polizisten im Nu; mit Eduardo hingegen kommt es zu einem kleinen lustigen Schlagabtausch. Die Ordnungshüter fragen Eduardo doch tatsächlich ... ob er die Frauen liebt oder die Männer!! Auf welche Frage – nicht ohne eine gewisse, stolze Entrüstung – der alte Neapolitaner schockiert antwortet: «Cumpa'! 'e femmene! Ma che, so' dimande a' fà?»[I] – «Schon gut!

I Dt. etwa: «Ja nun, lieber Freund! Die Weiberleut'! Aber wer stellt denn solche Fragen?» [Anm. v. D. R.].

Das war jetzt keine Frage des Hochmuts oder der Gewalt», erklären die Polizisten, «aber wenn Ihnen die Frauen gefallen ... Oh Gott, dann können Sie gehen, wohin Sie wollen, natürlich auch ins Stadtzentrum, aber laut offizieller städtischer Verordnung wäre für Sie wohl das Borghese-Viertel am passendsten und ratsamsten.»[7]

Eduardo schaut zu Ninetto, der ihm (ohne ihm jegliche Genugtuung gebend) teilnahmslos Zeichen macht,[I] als wolle er sagen: «E va buono, jamme ca'!»[II]

Und so gehen sie dorthin. Sie nehmen die Straßenbahn (denn ganz Rom – auch wenn das Stadtbild nicht perfekt rekonstruierbar ist, was schwer zu realisieren sein dürfte – ist das Rom der fünfziger Jahre: das heißt mit der alten Ringbahn von früher, mit all den Haltestellen, ihren verschiedenen Anschlüssen und ihren Cliquen von Straßenjungen).

* * *

Während Eduardos und Ninettos Fahrt in das von der Polizei angeratene Viertel entdecken wir oder, besser gesagt, gewinnen wir erste Eindrücke von der Stadt Sodom.

Zunächst ist unklar, was das für eine Stadt ist, weil die Entdeckungstour einige Zeit in Anspruch nimmt. Auf den ersten Blick wirkt Sodom tatsächlich wie eine ganz normale Stadt: Das Rom der fünfziger Jahre eben.

Aber in den Parks und auf den Straßen sieht man beispielsweise zusammengewürfelte Gruppen von Männern, nicht nur Jungen, nicht nur Erwachsene, sondern auch Junge und Erwachsene gemischt miteinander herumstehen. Und ebenso die Frauen, die sich untereinander genauso verhalten. In den Kneipen sieht man kein einziges Paar, man sieht keine Männer und Frauen mit Kindern, usw., usf. Dagegen sieht man junge Männer zusammen mit heranwachsenden Jungen, oder auch ältere Männer zusammen mit jungen Männern, oder Frauen zusammen mit Mädchen. Ja, einmal sieht Eduardo – dem dies alles wie ein Traum vorkommt – durch die Wäldchen des Celio fahrend,[III] wie sich vor einer Mauer ein Knabe und ein Mann zärtlich küssen, so wie es Paare normalerweise tun.

I Italiener sind sehr visuelle Menschen, die sich auch intensiv mittels Gesten und Mimik ausdrücken, welche eine eigene – eben gestische – Sprache darstellen [Anm. v. D.R.].

II Dt. etwa: «Na, meinetwegen, gehen wir dorthin!» [Anm. v. D.R.].

III Einer der sieben Hügel Roms (lat.: *Caelius*) [Anm. v. D.R.].

Und noch etwas später, nach einer Kurve, sieht er aus der quietschenden Straßenbahn heraus – und traut seinen eigenen Augen kaum (vielleicht ist es eine Halluzination) – ein Paar bestehend aus zwei Frauen, von denen eine erwachsen und die andere ein junges Mädchen ist, die sich Händchen haltend immer wieder Küsschen geben ... Dann kommt eine Szene, die nichts Besonderes zu sein scheint, aber Eduardo in seinen tiefsten Gefühlen als Mensch trifft und vor allem als Mann aufwühlt. Es handelt sich um einen schwarzen Mercedes, der an einer Ampel hält und von zwei Polizisten auf Motorrädern eskortiert wird. In dem Mercedes sitzt unbeweglich, einer Statue gleich, eine wunderschöne Frau. «Das ist eine Königin», murmelt Eduardo hingerissen, «eine Königin!» Endlich kommen sie im Borghese-Viertel an. Es sieht immer noch wie ein altes Viertel im Rom der fünfziger Jahre aus. Aber auch hier, wie gehabt, ahnt man etwas Anomales, Seltsames: Es ist, als ob dieses Viertel ein isoliertes Viertel wäre, mit einem Trupp (höchst sympathischer, ansprechender, ja, sehr ansprechender, fröhlicher, nichts Polizei-Typisches aufweisender) Polizisten, die hier und da die Straßen bewachen. Offensichtlich handelt es sich um ein besonderes Viertel, in dem besondere Leute wohnen.

Wie noch zu sehen sein wird, handelt es sich dabei um Menschen, die im Sexualbereich einen normalen Geschmack haben (was *wir*[1] einen normalen Geschmack nennen, der jedoch in der Stadt Sodom scheinbar als unnormal angesehen wird).

Hier stellt sich für Eduardo und seinen Diener (wie in jeder Schelmengeschichte, die etwas auf sich hält) das Problem der Unterkunft, denn der Kometenstern steht unbeweglich mitten am Himmel, hoch und glänzend über Sodom. Offensichtlich soll Eduardo hier rasten und übernachten.

Während sich die beiden auf der Suche nach einem Unterschlupf – nach einer kleinen Pension, Wohnung oder einem Hotel – befinden, bricht Ninetto plötzlich sein mürrisches Schweigen und macht einen völlig unerwarteten Vorschlag. Er sagt zu Eduardo: «Warum schreibt Ihr Eurer Frau keine Karte, sie wird sich sicher einsam fühlen und Sorgen machen? Na los, schreibt ihr doch einfach 'ne Karte.» Überrascht nimmt Eduardo den Rat an und gehorcht. Er merkt wohl tatsächlich, dass er recht daran tut, der Frau, die er in dem jetzt unwiederbringlich fernen Neapel zurückgelassen hat, eine Karte zu schreiben ... Die beiden betreten also

---

1 Sämtliche Kursivierungen im Drehbuchtext stammen hier und im Folgenden von Pasolini [Anm. v. D. R.].

ein Schreibwarengeschäft, Eduardo wählt eine Karte aus* und schreibt die Adresse darauf: Drei-König-Gasse[8] – *Neapel.*

Neben ihm steht ein fast gleichaltriger, vielleicht etwas jüngerer Mann, mit einer sympathischen Ausstrahlung: Auch er schreibt eine Adresse auf eine Karte. Scassacocchie[9] Straße – *Neapel.* Also noch ein Neapolitaner! Die beiden geben sich als Landsleute zu erkennen, begrüßen sich ... Große Gefühle kommen auf, große Erklärungen werden gegeben, große Sprüche fallen ... Der alte neapolitanische Erkennungsritus findet statt, obwohl hier etwas Unklares, etwas «Abnormes» im Spiel ist: Denn dem anderen Neapolitaner sind von der Stadt, in der sie einander gegenüberstehen, so viele Einzelheiten bekannt, die Eduardo nicht geläufig sind, dass sich ersterer genötigt sieht, sie seinem Landsmann genauer darzulegen, mit Hilfe von Anspielungen oder Hinweisen, die er ihm halb ausgesprochen, halb unausgesprochen vermittelt. Aus diesem Grund übersteigt seine Herzlichkeit – wenn man so will – das Maß des Normalen ein wenig. Außerdem scheint er wegen einer Feierlichkeit, die am nächsten Tag in Sodom ausgetragen werden soll, sehr aufgeregt zu sein ...

Schließlich bietet dieser Neapolitaner (auf schelmische Art) den beiden Neuankömmlingen gewissermaßen seinen Schutz an.

Nachdem Eduardo die Karte geschrieben und eingeworfen hat, beginnt er, vorsichtig um Erklärungen für die merkwürdigen Dinge zu bitten, die ihm während der Straßenbahnfahrt durch Sodom aufgefallen sind, und warum er – weil er Frauen liebt – und auch verheiratet ist – gerade in dieses Viertel geschickt worden sei ...? Der Neapolitaner lässt die Anspielungen nun beiseite und beginnt, ihm erste direkte Erläuterungen zu liefern, sehr einfach und derb (er ist absolut ein Mann des Volkes, der nicht viel von den Dingen versteht, die jenseits der Erfahrung liegen ..., und da er einer ist, der sich mit dem Gegebenen abfindet und der seit vielen Jahren mehr schlecht als recht über die Runden zu kommen scheint, ist sein Erfahrungshorizont etwas eingeschränkt). Was er Eduardo – mit Hilfe einer bescheidenen Wortwahl – mitteilt, ist, dass Sodom eine Stadt sei, in der alle «warme Brüder», «alle Tucken» seien. Und deshalb habe auch er (er gibt es zu!), um sich über Wasser zu halten, immer so getan, als ob er schwul wäre, und mache Liebe mit anderen Männern; er habe sich somit den Regeln und Sitten der Stadt Sodom angepasst. Beruflich sei er (und war es schon immer) Straßenmusiker. Da er aber besonders tüchtig

* Hier könnte man einen anderen kleinen Gag einbauen: Alle Karten sind Farbfotografien mit Herzen, Blumen und Tauben, mit Paaren von Männern und Frauen.

sei und auch ein wenig Glück gehabt habe, singe er seit einiger Zeit seine Lieder sogar im Palast der Stadtoberhäupter. Einstweilen empfehle er Eduardo und Ninetto als Unterkunft eine nette kleine Pension, in der man gut essen und gut schlafen könne …: Dort am Ende der alten, gewundenen Pflasterstraße sei sie.

Bevor wir mit unseren Helden die Pension erreichen, müssen wir uns jedoch mit zwei kleinen Einzelheiten befassen, die vielleicht lächerlich erscheinen mögen, sich aber in Wahrheit als ziemlich entscheidend für unsere Erzählung erweisen werden. Kurz bevor er in die Pension «Schlaf»[10] einkehrt, sieht Ninetto nämlich auf dem gegenüberliegenden Bürgersteig, wie sich – vor einem der Häuser, also vor einem ganz beliebigen Haus in diesem alten vornehmen Viertel* – vier oder fünf Jungen, die prächtige, glanzvolle Uniformen von der Kadettenschule von Modena tragen, zusammenfinden. Es sind vier oder fünf bildschöne heranwachsende sehr junge Männer, im jugendlichen Alter von kaum sechzehn oder siebzehn Jahren: Offensichtlich sind sie das erste Jahr an der Militärakademie und haben noch ganz frische und glückliche Gesichter. Eduardo beobachtet Ninetto, der sie betrachtet, und bemerkt, dass Ninetto ihnen zuzwinkert und sie zurückzwinkern!

Der Ausdruck seiner neapolitanischen Augen, die nichts verbergen und zugleich tausend Dinge bedeuten können, verrät, was Eduardo bei sich denkt: «Wie das? Kaum sind wir in Sodom angekommen, da passt sich mein Diener in aller Seelenruhe den Gewohnheiten dieser Stadt an! Da schau her!» Und kratzt sich am Kopf.

Die Gruppe der bildschönen Kadetten von der Akademie von Modena tritt gesammelt durch die Haustür in das alte Gebäude ein und verschwindet.

Ninetto, Eduardo und ihr neapolitanischer Freund betreten die kleine Pension. In der Unterkunft läuft alles problemlos. Kaum, dass sie eingekehrt sind, geht Eduardo zum Fenster und überprüft den Kometenstern, der noch immer still und funkelnd mitten am Himmel über Sodom thront.

Dann – plötzlich müde geworden – bettet ihn Ninetto liebevoll zur Nacht.

* * *

---

* Via del Governo Vecchio [= bekannte Straße in der Altstadt von Rom nahe des Pantheons; Anm. v. D. R.], zum Beispiel.

Während Eduardo schläft, vernehmen wir eine Musik, ein rührseliges Liedchen aus den fünfziger Jahren. Wir folgen dieser Musik bis zur Schallquelle: um die Dinge, die geschehen, «objektiv» wahrnehmen und hören zu können, und nicht mehr wie bisher nur «durch die Augen» Eduardos zu betrachten, der inzwischen schnarcht. So gelangen wir in einen kleinen Saal, in dem die Jugend am Vorabend des großen Stadtfestes tanzt. (Die Musik dazu ist *Johnny Guitar* oder *Luna Rossa* oder *Sono carcerato e mamma more*, also eines dieser Lieder aus früheren Zeiten und vergangener Tage).[11]

Natürlich tanzen die Männer nur miteinander und die Frauen unter sich, beide streng voneinander getrennt.

Da geschieht etwas Seltsames (was wir hier jetzt zusammenfassen, aber natürlich erzählt und auch mit gewissen Extras ausgeschmückt werden muss): Es geschieht etwas Außergewöhnliches, Wunderbares, Unerwartetes, eine regelrechte Umkehrung der Geschichte. Denn *ohne jeglichen offensichtlichen Grund oder irgendeine wie auch immer geartete Rechtfertigung* richtet einer der Knaben, ein Blondschopf, einer der Hübschesten, zufällig – da er dies in seinem Leben noch nie getan hat – wie aus heiterem Himmel sein Augenmerk auf ein Mädchen, eine Brünette, auch sie besonders hübsch.

Zum ersten Mal, plötzlich – und unverhohlen – spürt er sich zu ihr hingezogen, und sie sich zu ihm. Wie abgesprochen oder durch ein gemeinsames Schicksal miteinander verbunden, brechen die beiden mit einem Schlag alle Regeln der Stadt Sodom und verfallen der alten Anziehungskraft zwischen den Geschlechtern; jener alten Anziehungskraft, die hier in Sodom als vergessen, illegal und skandalös gilt.

Und so beginnt eine blitzartige Liebesgeschichte – eine wahrlich klassische Geschichte, ganz im Stil von Romeo und Julia ... Eine verbotene Liebe, die die Liebenden jenseits aller gesellschaftlichen Regeln ausleben usw. Und doch – wie gesagt – fühlen sie sich so unwiderstehlich, stark und geheimnisvoll voneinander angezogen, dass sie vor nichts mehr zurückschrecken. Mit Blicken, nur einem halben Wort verstehen sie einander und verabreden sich auf ein Treffen draußen, eben genauso wie es zwei Anormale in einer normalen Gesellschaft hätten tun müssen.

Sie befinden sich wahrscheinlich in einem Garten oder in seinem Haus, jedenfalls an irgendeinem verborgenen und einsamen Ort. Hier entdecken sie – getragen von einer gewissen Ekstase – das jeweils andere Geschlecht, offenkundig nicht nur gefühlsmäßig, sondern auch, und vor allem, körperlich. Sie knöpft ihm die Hose auf und entdeckt, wie das Geschlecht eines Mannes aussieht, er hebt ihren Rock hoch, zieht ihre Unterhose herunter und entdeckt das weibliche Geschlecht.

Er entdeckt es, öffnet es und betrachtet es. Sie berührt das des Jungen ... Kurzum, schließlich gestaltet sich die Sache sehr poetisch, handelt es sich doch um die Entdeckung der Liebe, das heißt der Sexualität – der Sexualität in ihrer ursprünglichen Reinheit. Aber natürlich ist alles auch sehr erotisch, weil es um das Erkunden des Fleisches und dessen tiefe Gefühlsempfindungen geht.

Nachdem die zwei sich erspürt und ganz entkleidet haben – alles sehr zögerlich und ängstlich, eben sehr poetisch – vollziehen sie ganz langsam den Liebesakt, den uralten Liebesakt der menschlichen Spezies.

Doch sie werden entdeckt.* Es ist ein Skandal, sie werden grausam misshandelt.

Dennoch handelt es sich um eine letztlich auch von Wohlwollen begleitete Quälerei, da die Gesellschaft von Sodom – auch das wird sich gleich zeigen – ihre Regeln auf Güte, Milde, Verständnis und *real existierende* Toleranz gründet. Ein Regelverstoß ist jedoch immer etwas, das die Grundlage einer Lebensart, einer Lebensweise unterminiert. So auch in Sodom. Die beiden werden also auf frischer Tat ertappt, festgenommen, von den Polizisten (wohlwollend) geohrfeigt und schließlich vom Ort ihrer Missetat entfernt. Die Sache macht sofort überall in der Stadt die Runde. Es ist wie ein Wirbelwind: Die Leute protestieren entrüstet gegen das Vorgefallene, einige wie üblich mit einem gewissermaßen giftigen, «rassischen» Hass. Die beiden werden ins Gericht vor den Präsidenten geschleppt, der sich anschickt, sie zu richten, und – wie wir sehen werden – zu verurteilen.

Abblende

* * *

In diesem Moment wacht Eduardo auf, ohne etwas von dem, was sich während seines Schlafs zugetragen hat, zu ahnen, und schickt sich an, Zeuge vom Tag des Festes der Befruchtung zu werden.

Der Neapolitaner (der frühzeitig in der Pension «Schlaf» eingetroffen ist) gibt wieder seine schlichten Erklärungen zu diesem Thema ab ... Nun ist klar, dass Sodom das ist, was man eine Stadt der Utopie nennen könnte, ja, wenn man so will, gar die Stadt der Utopie schlechthin.

---

* Die näheren Umstände müssen noch festgelegt werden.

Vergleichbar mit jener Stadt, die die mittelalterlichen Utopisten die Stadt Gottes nannten. Mit allen damit einhergehenden, absoluten Regeln – also eine absolut abstrakte, ideale, perfekte Welt – verortet in einer, sagen wir, metaphysischen Dimension.

Während der aus Neapel stammende Mann des Volkes ihnen weiterhin seine unterhaltsamen Ausführungen über dieses Utopia, das Sodom heißt, angedeihen lässt, sind auf einmal Musik und fröhliche Stimmen zu vernehmen…

Es ist das größte Stadtfest des Jahres und entspricht den in der normalen Welt üblichen Feierlichkeiten etwa zu Neujahr, Weihnachten oder Ostern.

Gruppen von jungen Männern mit Gitarren ziehen unter den Fenstern der Pension vorbei; und andere Gruppen von Mädchen, auch sie mit Gitarren, defilieren in Sonntagskleidung etwas entfernter am Ende der Straße. Kurz, die festliche Menschenmenge verdichtet sich bunt, schreiend und aufgeregt. Der Neapolitaner bittet die beiden, ihn zu begleiten. Die drei machen sich beherzt auf den Weg in die Richtung des Festplatzes, wo der Neapolitaner im Rahmen der Feierlichkeiten einen Auftritt zu haben scheint.

* * *

Wir finden sie vor dem wieder, worin man aus organisatorischer Sicht sofort den alten Schlachthof von Rom erkennt – nämlich vor dem Ammazzatore di Testaccio.[12] In diesem römischen Viertel wird das Fest ausgetragen, auf dessen noch etwas ungeordneten, unbebauten Feldern, dessen kleinen Plätzen, rund um dortige Grünanlagen und vor allem auf dem Monte dei Cocci.[I]

Hier sind noch die alten Wirtshäuser der fünfziger Jahre erhalten geblieben, vor denen die Menschen hinter mit Rankenpflanzen bewachsenen Schilfrohrspalieren oder unter Weinlauben feiern. Straßenhändler, Luftballonverkäufer, junge Männer mit mexikanischen Hüten auf dem Kopf, Ladentische mit ganzen Spanferkeln, kurz und gut, es geht zu wie an den Festtagen des heiligen Johannes oder heiligen Paulus.

Oben auf dem Monte dei Cocci hat man einen ziemlich protzigen Pavillon hochgezogen, in dem – wie zu sehen ist – die Obrigkeit von Sodom untergebracht ist.

I Dt.: ‹Scherbenhügel›; römisches Äquivalent für den soeben erwähnten *Monte Testaccio* [Anm. v. D. R.].

Der Neapolitaner deutet mit wenigen Worten – nicht ohne eine gewisse Verlegenheit – an, was hier geschehen wird. Wir werden es konkret und ausführlich sehen, und *zwar mit den Augen* eines fassungslosen, aber auch neugierig gewordenen Eduardo, der als Philosoph – an Sitte, Anstand und so weiter, und so fort, gewöhnt – für alles offen ist. Wir werden es gleich durch seine und durch Ninettos Augen sehen; aber zunächst deutet es ihm der Neapolitaner an: Ein einziges Mal im Jahr – nämlich anlässlich dieses Festes der Befruchtung – lieben die Männer nicht andere Männer oder Knaben und die Frauen nicht andere Frauen oder Mädchen, sondern zu diesem Fest vereinigen sich Männer und Frauen miteinander, um den neuen Kindern von Sodom das Leben zu schenken.

Ein großer jährlicher öffentlicher Koitus, um den Fortbestand der Spezies zu sichern.

Die Sache im Schlachthof ist ähnlich organisiert wie bei Wahlen: Da gibt es Abteilungen, in denen alle jungen Männer, die zeugungsfähig sind, vorstellig werden, um ihrer Pflicht Genüge zu tun; und ebenso die Mädchen.

Dann gibt es Orte, wo die zum Koitus Bestimmten warten, bis sie an der Reihe sind, und Orte, wo die Vereinigungen an sich stattfinden. Das Ganze verläuft folgendermaßen: Die Jungen erscheinen mit ihren Meldescheinen, und die Mädchen mit ihren. Per Schein finden die vorherbestimmten Paare zueinander. Die jungen Männer kommen in der festlichen Begleitung aller ihrer – sei es gleichaltrigen, sei es jüngeren, sei es älteren – Freunde, ganz wie Wehrpflichtige ihre Feste feiern. Und genauso machen es die Frauen.

Bevor die Jünglinge oder Mädchen jeweils antreten, um ihre Bürgerpflicht zu erfüllen, scherzen die Umstehenden, lachen miteinander, stoßen aufeinander an, trinken, betrinken sich, singen, schreien.* Es gibt einen König des Festes der Befruchtung und eine Königin des Festes der Befruchtung. Alles drängt sich um sie, und um sie herum herrscht die fröhlichste Stimmung. Sie sind die Letzten, die sich im Koitus vereinen, und kommen dazu erst, als der Abend hereinbricht. Doch dann – kaum ist die Pflicht getan – explodiert das Fest in froher Ausgelassenheit. Es gibt Feuerwerke, Tanzvergnügen im Freien usw., usf.

Der Neapolitaner – er hatte also keine Märchen erzählt – beginnt in dem Pavillon, wo sich die Obrigkeit eingefunden hat, auf seiner Mandoline zu spielen und zu singen.

---

* Einer der «Schreie» zum Fest, nach Art eines «Hipp, hipp, hurra», lautet für die Männer: «Fotze, Fotze, Fotze, leck mich a.A.!», und für die Frauen: «Schwanz, Schwanz, Schwanz, leck mich a.A.!»

Von dort oben, vom Gipfel des Monte dei Cocci aus, kann man ganz Rom überblicken. Der Neapolitaner hat auf seine Art ohne jeden Zweifel und ohne weitere Finessen verstanden, dass Eduardo ein Philosoph ist: Bevor er in den Pavillon geht, zwinkert er ihm daher mit den Augen zu, als wolle er sagen: «Folgt mir, ich regele das schon!» Im Übrigen herrscht im Pavillon der Obrigkeit eine sehr angenehme, sehr demokratische Atmosphäre. An der Spitze der Stadt Sodom steht eine Frau. Es handelt sich – in tiefer, bedingungsloser, verstörter Bewunderung erkennt Eduardo sie wieder – um jene Frau, die ihm von der Straßenbahn aus am Vortag im großen schwarzen Mercedes aufgefallen war. Sie sitzt am Kopf des Tisches, und um sie herum haben sich ihre Freundinnen geschart, von denen jede ihre Geliebte mitgebracht hat.

An einem anderen Tisch sitzen hingegen die Männer, weil, wie wir sehen werden – und wie die Königin von Sodom Eduardo erklären wird – an der Spitze des Staats jeweils ein Jahr lang eine Homosexuelle stehe und im darauffolgenden Jahr ein Homosexueller. Der Neapolitaner beginnt aufzuspielen, stellt aber zunächst noch in aller Bescheidenheit den Obrigkeiten den fremden Philosophen vor – der seiner Meinung nach ein Magier sein müsse. Die Königin bietet ihm gastfreundlich den Platz an ihrer Seite an und erklärt Eduardo, während sie – fröhlich zwischen Unterhaltungseinlagen und Gesang – Spaghetti essen, den Sinn und die Regeln, die das Fundament der Utopie von Sodom bilden. Das tut sie mit wenigen, klaren Worten.* In Sodom ist die Toleranz real, das Wohlwollen ist real, das Verständnis anderen gegenüber ist real, und alles ist auf eine reale Demokratie gegründet. In der Welt von Sodom finden deshalb auch Minderheiten jeglicher Art ihren Platz. Nicht nur heterosexuelle Minderheiten, sondern auch Minoritäten von Negern, Juden und Zigeunern, die dort in absoluter – *auch innerer* – Freiheit leben.

Während die Präsidentin der Republik Sodom gegenüber dem Philosophengast diese ideologischen Erklärungen abgibt, hört man plötzlich, wie ein großer Tumult losbricht. Das Fest strebt seinem Höhepunkt zu. Wie wir sehen, ziehen alle zum Stadion «Torino»,[13] wo die Bestrafung des Jungen und des Mädchens gefeiert wird, die die Regeln von Sodom gebrochen haben, indem sie einander liebten.

---

* Die Ideologie von Sodom ist zum großen Teil in Norman Browns *Corpo d'amore* abgehandelt [dt. Ausgabe: Norman O. Brown, *Love's Body: Wider die Trennung von Geist und Körper, Wort und Tat, Rede und Schweigen*, München, Hanser 1977; Erstausgabe: New York, Random House, 1966; Anm. v. D.R.].

Diese Bestrafung sollte eine relativ milde Bestrafung sein, aber zugleich feierlich und exemplarisch. Aus diesem Grund bleibt sie dem Ende des Festes, gleichsam als dessen Krönung, vorbehalten.

Erregt und aufgekratzt verlassen alle die Wirtshäuser, verlassen die Grünflächen am Macello,[I] verlassen die großen Rastplätze auf dem Monte dei Cocci. Auf Lieferwagen, auf Lambrettas (wir befinden uns in den fünfziger Jahren!) zieht der Menschenstrom zum Stadion.

Auch Eduardo und Ninetto folgen dieser Art festlichem Migrationszug mit Fahnen, Musik usw., usf. Klar aber ist, dass Ninetto und Eduardo in dieser gewaltigen Menschenmenge etwas untergehen und dass wir sie nur dann und wann, in entscheidenden Momenten, zu Gesicht bekommen.

Eine Zeitlang nimmt der Film durch und durch chorale Züge an – das Stadion «Torino» ist in Festtagsatmosphäre getaucht, die große Show bekommt den Charakter «Plätze aller Kategorien ausverkauft», und die Leute klettern über die Eingangstore. Der smaragdgrüne Rasen des Stadions ist leer.

* * *

Doch schon bald beginnt jener Teil des Festes, der in der Bestrafung der Schuldigen besteht. Zwei Bettliegen werden hereingebracht und in der Mitte des grünen Rasens im Stadion aufgestellt, während die Menge Beifall klatscht, lacht, Witze macht, usw., usf. Dann wird über Lautsprecher das Urteil verkündet, mit Vor- und Zunamen der beiden Schuldigen. Wieder Beifall, Gelächter, wieder Witze. Zuerst wird das schuldige Mädchen von Polizisten auf die Mitte des großen Rasens geführt. Sie wird dazu gezwungen, sich auszuziehen, und tut es, ganz langsam, weinend, bis sie splitterfasernackt vor der gewaltigen Menge dasteht. Sie legt sich rücklings auf eine der Bettliegen.

Jetzt ruft der Lautsprecher drei bildhübsche Frauen, glückstrahlend, blühend, von stattlicher, erhabener Schönheit auf den Rasen. Es sind drei Lesben, denen der Ruf vorausgeht, die heißblütigsten der ganzen Stadt zu sein.

Sie treten vor und stellen sich neben die Liege, und jede von ihnen befriedigt – vor den Augen der jubelnden Menschenmasse – ausgiebig ihre Wollust an dem Mädchen, das gezwungen wird, sie zu lieben – sich mit

I Dt.: ‹Schlachthof› [Anm. v. D. R.].

hölzernen Phalli befriedigen zu lassen – sie zu lecken – so wie die drei es wollen.

Dann ist der Jüngling an der Reihe. Auch er wird auf seine Bettliege neben der des Mädchens gelegt, auch er wird gezwungen, sich vor den achtzigtausend Zuschauern auszuziehen.

Als er ganz nackt ist, kommen drei junge Männer von den Produktivsten der Stadt hinzu – die mit dem größten Glied ausgestattet sind – arrogant, bübisch, tänzelnd wie Faustkämpfer und von besonders begeisterten Zurufen empfangen. Die Strafe des Jungen gleicht der des Mädchens: Er ist gezwungen, die Gewalt der drei Überbestückten, den «Besten» von Rom,[I] über sich ergehen zu lassen. Und das Publikum tobt bei dem erregenden Spektakel.

* * *

Eduardo und Ninetto verlassen jetzt das Stadion, indem sie sich ihren Weg durch die tobende Menge bahnen, und gelangen über leergefegte Straßen zurück zu ihrer Pension.

Eduardo ist wieder einmal todmüde und, kaum dass er in seinem Zimmer ankommt, macht er Anstalten, sich hinzulegen: als die friedliche Stille in diesem Viertel am Rande des Festes jäh von Stimmen durchbrochen wird, die noch gewalttätiger, dramatischer und geheimnisvoller klingen als diejenigen, die wir bisher zu hören bekommen haben: Nun sind es nicht mehr die übermütigen Stimmen von Betrunkenen, die sich, bisweilen mit einer gewissen Derbheit und Übertreibung, amüsieren; nein, diesen Stimmen wohnt eine zusätzliche Portion von Leidenschaft und Brutalität inne.

Es fängt also etwas Neues, in gewissem Sinn «Widersprüchliches», in der Stadt Sodom an. Eduardo, von dem wir sagten, dass er sich anschicke, schlafen zu gehen, öffnet das bekannte kleine Fenster und beginnt, die Straße zu beobachten, mit Ninetto an seiner Seite. Was passiert? Eine Gruppe von etwa vierzig jungen Männern der Stadt – einige wahrscheinlich direkt aus dem Stadion kommend – nähert sich brüllend und gewaltbereit der Pension, in der Eduardo De Filippo wohnt, und stellt sich vor

---

I An dieser Stelle hätte man statt «Rom» auch ‹Sodom› erwarten können: Entweder handelt es sich um ein Versehen Pasolinis, oder er spielt hier auf die umgangssprachliche römische Klischeewendung *i mejo de Roma* (dt. wörtlich: ‹die Besten von Rom›) evtl. im (leicht ironischen) Sinn einer Macho-Allüre an [Anm. v. Reinhold Zwick und D.R.].

dessen Unterkunft auf, genau gegenüber von jenem Haus, in das wir die bildhübschen jungen auszubildenden Soldaten in ihren offiziellen Uniformen der Akademie von Modena hatten verschwinden sehen ...

Unten beginnen die Rüpel von Sodom zu schreien, zu protestieren, mit Händen und Füßen auf eine Tür einzuschlagen.

Es ist unerhört, dass so etwas in einer Stadt geschieht, die sich Milde als oberstes Prinzip gesetzt hat: Die Polizei greift ein, aber lässt sie im Grunde gewähren (genauso wie es in normalen Städten geschieht, wenn die Polizei auf der Seite der Rowdys steht).

Die Ereignisse werden in dieser Einstellung ganz «durch die Augen» von Edoardo[I] dargestellt, das heißt aus der Perspektive eines Fensters im zweiten Stock wiedergegeben. Auf diese Weise verfolgen wir das Kommen und Gehen, die Gebärden und Gewaltakte – alles recht geheimnisvoll und rätselhaft – jener Leute, die sich vor dem Haus, gegenüber von der kleinen Pension «Schlaf», versammelt haben. Die Szene, oder besser das tragikomische Drama, das sich dort abspielt, zeigt Folgendes: Die Rabauken von Sodom wollen, koste es, was es wolle, mit der Gruppe der hübschen Kadetten von der Akademie, die am Vortag in Sodom eingetroffen sind, Liebe machen.

Aber der Hausherr, dessen Gäste die Rekruten sind, ein alter Herr namens Lot* und offensichtlich heterosexuell, ist mit deren Anliegen keineswegs einverstanden.

Über die Angelegenheit entbrennen heftige Diskussionen und boshafte Streitereien. Aber Lot sind seine Gäste heilig, und es ist klar, dass er weder nachgeben noch sie zur Liebe mit diesen sodomitischen Schlägern überreden wird. Notfalls – das schlägt er selbst vor – ist er bereit, nicht nur seine drei Töchter, sondern auch seine Frau den Lesben der Stadt zu übergeben. Scheinbar ist dies der erste Fall realer Gewalt, der sich in Sodom ereignet. Es ist das erste Mal, dass sich die Sodomiter – statt alles mit Milde und Sanftheit zu regeln – von der Leidenschaft hinreißen lassen.

Nun schlagen die jungen Sodomiter die Türen von Lots Haus ein, stürmen hinein und versuchen – wie durch die großen Fenster zu sehen

---

I Hier müsste es korrekterweise eigentlich «Eduardo» mit ‹U› – nicht Edoardo mit ‹O› (ein männlicher Vorname, den es im Italienischen allerdings ebenfalls gibt) – heißen [Anm. v. D. R.].

* Aldo Fabrizi? [Anm. v. D. R.: Aldo Fabrizi (1905–1990), den Pasolini hier zur Besetzung der Rolle des Lot in Erwägung zieht, war ein römischer Schauspieler, Regisseur, Drehbuchautor, Produzent und Dichter, der insbesondere durch Filmrollen als ‹kleiner Mann› im Neorealismus-Kino der italienischen Nachkriegszeit bekannt geworden ist].

ist –, den jungen Soldaten, die schon halb entkleidet sind und noch halb in ihren schönen, jetzt unordentlichen Uniformen stecken, Gewalt anzutun.

An dieser Stelle schaut Eduardo flehentlich und *entrüstet* zu Ninetto, so als erwarte er ein wenig Verständnis von diesem seinem Diener, der immer so ausdruckslos und abwesend wirkt. Doch seltsam: Anstatt sich empört auf die Seite von diesem Lot zu stellen – oder sich wenigstens, wie es seine Art ist, teilnahmslos zu geben –, sieht Eduardo, wie Ninetto aufmerksam und mit einem seltsamen Leuchten in den Augen in den Himmel starrt. Daraufhin blickt auch Eduardo zum Himmel: Der Komet bewegt sich.

* * *

Das ist die schicksalhafte Ankündigung, dass Eduardo sofort aufbrechen muss.

Was auch immer geschehen mag, er muss seinem Kometen unausweichlich folgen.

Ohne über Lot und das ganze Drumherum weiter nachzudenken, packt Eduardo mit Hilfe des unergründlichen Ninetto in aller Eile die Koffer, schnappt sich sein geheimnisvolles Bündel – und schon rennen sie unten auf die Straße und laufen mit erhobenem Haupt direkt auf den Kometen zu, der sie durch seine Bewegung dazu auffordert, Sodom zu verlassen, erneut Richtung Norden.

* * *

Kaum sind sie um die Straßenecke gebogen, zucken am Himmel die ersten Blitze Gottes.

Diese Szene ist so großartig, dass es sinnlos ist, sich damit aufzuhalten, sie hier in allen Einzelheiten zu beschreiben.

Von den leuchtenden Blitzen Gottes getroffen, beginnt Sodom hinter Eduardo und Ninetto, die die Stadt im Laufschritt verlassen, zu brennen. An jeder Straßenecke, um die sie biegen, auf jedem Platz, den sie überqueren, schlagen die Blitze hinter ihnen in Häuser, Paläste, Kirchen ein; und die Häuser, Paläste, Kirchen gehen in einem furchtbaren Feuerbrand auf.

Als sie eine Straße einschlagen – inmitten der Menschen, die aus den Fenstern der in Flammen stehenden Häuser schreien – stoßen Eduardo und Ninetto auch auf Lots Töchter und auf Lot selbst, die sie mit rasender Geschwindigkeit, auf fast komische Art, überholen.

Endlich lassen Eduardo und Ninetto die Tore der Stadt hinter sich, die hinter ihrem Rücken ganz in Flammen aufgeht, wie auf einem surrealistischen Gemälde.

Sie setzen ihren Weg fort (jetzt an der äußersten Peripherie angelangt) und folgen atemlos ihrem Stern, während sich hinter ihnen das apokalyptische, biblische Schauspiel zuträgt: Ganze Vorstädte fangen von einem Horizont zum andern Feuer. Eduardo und Ninetto* stoßen, entlang des Tibers in der Nähe des Stadtviertels Tor di Quinto,[I] das durch den fürchterlichen Brand in rotem Licht auflodert, wieder auf Lot und seine Töchter, die in panischer Angst zu entkommen versuchen. («Dreht euch nicht um, dreht euch nicht um!», schreit der alte Mann in fast komisch wirkendem Ton seinen Töchtern zu). Die beiden schließen sich dieser kleinen Familiengruppe an, die wie im Endspurt voran stürzt, um aus Rom zu entkommen, während der alte Lot seinen Töchtern immer wieder zuruft: «Dreht euch nicht um! Um Himmelswillen, dreht euch nicht um!»

Unter diesen Schreien und immer noch in vollem Lauf, während Rom hinter ihnen von roten Flammen übersät ist, erreichen sie einen kleinen Bahnhof an der Peripherie (es könnte der von Roma Nord oder der von Monterotondo sein). In eben diesem Augenblick steht dort ein Zug zur Abfahrt bereit. Die Gruppe stürzt sich auf den Zug, und alle steigen ein, schreiend und die Gepäckstücke in den Zug stopfend.

* * *

Der Zug fährt jetzt durch die freie Landschaft – noch in Lazio oder in Umbrien – im gleißenden Sommerlicht. Er ist halb leer, weil keiner der Sodomiter aus Sodom fliehen konnte. In einem Wagon sind sie unter sich: Epifanio, Nunzio,[II] Lot und dessen Töchter.

Als der Zug einmal hält, haben sie sich einen kleinen Imbiss besorgt und essen nun Brot und Salami und trinken ab und zu einen Schluck aus einer der beiden Weinflaschen, die neben ihnen stehen. Die Stimmung während des Essens und Trinkens ist traurig und geknickt. Nunzio und

---

* Welche – dies ist es nun Zeit zu sagen – in unserem Poem Epifanio und Nunzio heißen.

I *Tor di Quinto* ist ein Vorort von Rom, gelegen an der nördlichen Stadtgrenze, wo ab Ende der fünfziger Jahre ein gehobenes Wohngebiet entstanden ist [Anm. v. D. R.].

II Pasolini ersetzt hier erstmals die (von den designierten Darstellern übernommenen) Rollennamen ‹Eduardo› und ‹Ninetto› durch (die fiktiven Figurennamen) ‹Epifanio› und ‹Nunzio›, hält dies aber im weiteren Verlauf nicht konsequent durch, worauf im Einzelnen in kurzen Fußnoten im Folgenden hingewiesen wird [Anm. v. D. R.].

Epifanio haben ein Abteil für sich, während Lot sich das Nachbarabteil mit seinen Töchtern teilt.

Nach einiger Zeit wirken Lots Töchter nicht mehr so traurig, und der Schalk kehrt sogar in ihre Augen zurück. Das liegt – kein Zweifel – an der Wirkung des Weins. Ja, ganz entschieden, sie sind betrunken, und auch ihr Vater ist betrunken. Alle sind betrunken. Nun beginnt eine komische Szene, in der sich, eben mit komischen Mitteln die geheimnisvolle biblische Szene widerspiegelt, in der die Töchter Lots ihren Vater betrunken machen und wollüstige Akte an ihm vollziehen.

Genau das passiert jetzt im Abteil. Die betrunkenen Töchter nehmen sich den Vater vor, knöpfen alles an ihm auf, ziehen ihn nackt aus, berühren sein Glied und lachen, weil sie ihn zur Erektion gebracht haben. Dann steigen sie, auf der Sitzbank des Abteils, eine nach der anderen breitbeinig auf ihn, während die jeweils anderen zwei ihn lachend festhalten. Während sie all das tun – wenngleich im heiligen Wahn des Weins und Sexualtriebs – vergessen sie doch nie, dass sie sich nicht nach dem fernen Sodom umdrehen dürfen, das sie für immer hinter sich haben lassen müssen. Schließlich fallen sie in einen tiefen Schlaf, der sie wie Tote aussehen lässt – Opfer des übermäßig genossenen Castelli-Weins –, wobei Lot in seinem Rauschschlaf, wie im Delirium, wieder und wieder vor sich hinspricht: «Dreht euch nicht um, dreht euch nicht um!»

* * *

Der Zug ist auf seiner Fahrt nach Norden schon weit vorangekommen, und die Landschaft gleicht bereits der Po-Ebene. Hier kann nun der gewohnte *Gag* von Nunzio und Epifanio wiederholt werden, die aus Sehnsucht nach ihrer fernen Heimatstadt ein neapolitanisches Lied anstimmen; Nunzio spielt auf der Gitarre und Epifanio übernimmt das pantomimische Gegenspiel. Während sie so singen, taucht eine neue Stadt auf – das neue Utopia –, zu dem sie der Kometenstern leitet.

GOMORRA

Diese neue ‹Utopie-Stadt› heißt Gomorra[I] und entspricht in Wirklichkeit Mailand.

Nunzio und Epifanio unterbrechen ihren Gesang – während die anderen noch in einem todesähnlichen Schlaf liegen – und beginnen, neugierig aus dem Fenster zu schauen.

Gomorra (beziehungsweise Mailand) ist eine sehr moderne Stadt: mit unendlichen Reihen weißer und aseptisch wirkender Fabrikgebäude, die inmitten von grünen Feldern erbaut oder zwischen alte Wohngebiete an der Peripherie, umgeben von leichtem Nebel, gezwängt worden sind.

Vor allem aber reißen Epifanio und Nunzio die Augen auf beim Anblick einiger seltsamer Erscheinungen – die gleich wieder durch die Geschwindigkeit des Zugs verschwinden … Unterhalb der Bahnböschung – in den Innenhöfen einiger Kasernen – oder in den Klassenräumen einiger Schulen vor offenen Fenstern – oder auf dem Marktplatz eines alten Dorfs, umgeben von Fabriken – drängeln sich, man kann sagen, ganze Regimenter von jungen Männern: alle nackt.

Sie stehen unbeweglich auf ihren Höfen, in den Klassenzimmern, auf den Plätzen, als ob sie auf etwas warteten – auf etwas Geheimnisvolles.

I Näheres zur Bedeutung des Stadtnamens *Gomorra*: vgl. Anm. 5 (zu *Sodom*) im Endnotenapparat *(Anmerkungen und Erläuterungen der Herausgeber)*. – Im Original nennt Pasolini Gomorra eine ‹Utopie-Stadt› (ital.: «Città-Utopia»), ein Ausdruck, der im Deutschen deshalb hier (wie auch zu Beginn des folgenden Kapitels über *Numantia*) durch einfache Anführungszeichen hervorgehoben worden ist, weil die im Italienischen ungewöhnliche Großschreibung darauf verweist, dass Pasolini mit dieser Verbindung zweier Hauptwörter offenbar auf eine bestimmte Vision oder ein theoretisches Konzept hinweisen wollte. Vgl. zu dem von Pasolini verwendeten Stilmittel der Großschreibung auch unsere Anm. 3 im Endnotenapparat (ebd.) [Anm. v. D. R.].

Klar ist aber, dass es sich dabei um ein «bürgerliches» – entweder institutionelles oder religiöses – Geheimnis handelt.

* * *

Der Zug fährt jetzt auf den Wall, der zum Hauptbahnhof führt, und drosselt seine Geschwindigkeit.

Epifanio und Nunzio sind gerade dabei, ihre Reisegefährten zu wecken, als völlig unerwartet ein Knall – ein furchtbares Donnern – ertönt, das den Zug ins Schleudern bringt, sodass er entgleist und umkippt.

Eisen knirscht, ein Dröhnen ist zu hören, entsetztes Aufschreien, laute Klagen. Zum Glück fuhr der Zug schon langsam: Epifanio und Nunzio haben überlebt und stehen mit ihren Koffern inmitten der Wrackteile am Rand der Gleise. Wie betäubt verharren sie im Qualm der Bombe, die unter der Lokomotive explodiert ist; dann verzieht sich der Rauch allmählich und gibt den Blick auf eine Art gewaltiges Gespenst frei: auf die Überdachung des Bahnhofs der Stadt Gomorra.[14]

Zusammen mit einigen spärlichen anderen Reisegrüppchen begeben sich die beiden – erschrocken und benommen – zu Fuß in die Richtung vom Schutzdach und zum Ausgang. Auch Lot und seine Töchter sind dabei – schlaftrunken und bestürzt. Als die Reisenden unter dem Bahnhofsdach von Gomorra ankommen – wo sich Polizisten, Militärs und Huren aufhalten – geschieht etwas absolut Unvorhersehbares, ja Unerhörtes.

Einige Gruppen junger Männer – oder besser: Rowdys –, die müßig herumstanden, werfen sich plötzlich brutal auf die Frauen, die aus dem Zug kommen, reißen ihnen die Röcke hoch, betatschen ihre Brüste, das Geschlecht, den Hintern – kurz: bemächtigen sich ihrer Körper.

Das gleiche Schicksal ereilt die Töchter des Lot, obwohl er als schutzloser Alter, noch halb betrunken und wie blöd, verzweifelt versucht, sie zu verteidigen. Eine Gruppe junger Männer setzt ihn mit einem Fußtritt außer Gefecht, bemächtigt sich der Töchter und ruft ihnen zu: «Los, dreht euch um», in der klaren Absicht, von ihnen – «nach Schafes Art», wie man so sagt – Besitz zu ergreifen.

Die Frauen setzen sich verzweifelt zur Wehr und schreien laut, dass sie sich nicht umdrehen dürfen, weil das ein Befehl Gottes sei. Durch diese Täuschung lassen sich die jungen Männer natürlich nicht belehren und zwingen sie mit brutalster Gewalt dazu, sich umzudrehen.

Nun, da sie die Frauen nach Süden «umgedreht» haben, erstarren diese plötzlich und versteinern zu Statuen, so wie sie sind, in einer lächerlichen und unanständigen Pose. Einer der jungen Männer berührt sie mit einem Finger, leckt dann an dem Finger und sagt: «Sie sind aus Salz», gefolgt von einem Fluch.

Unter dem Eindruck dieses Anblicks verlassen Nunzio und Epifanio den Bahnhof, gehen die große Treppe hinunter und erreichen den gegenüberliegenden überdachten Platz.

* * *

Dort herrscht Chaos: Eine unbeschreibliche Schlange von Menschen wartet auf ein Taxi (was ja in Wirklichkeit oft passiert). Nur wird hier alles, versteht sich, im Dienst der Metapher verschärft: also verschärfte Gewalt, verschärftes Imponiergehabe, verschärfte Brutalität. Auch in dieser Situation berühren die Jugendlichen, die in der Schlange stehen und auf ein Taxi warten, die Frauen. Sie befingern sie von hinten, von vorn, greifen mit den Händen unter ihre Röcke. Offensichtlich steht die Stadt Gomorra – wie unter der bleiernen Glocke ihres Himmels – im Bann einer unbändigen und verrückten Besessenheit vom weiblichen Fleisch.

Während Eduardo[I] und Nunzio verwirrt, nein, erschüttert für ein Taxi anstehen, um in die Stadtmitte zu gelangen – wo nämlich der Komet am Himmel stehengeblieben ist –, nähert sich ihnen ein kleiner Mann, der kein «Mailänder» zu sein scheint.

Er zwinkert Eduardo nach alter Manier eines «Schwarzbörsianers» zu und sagt, er habe «guten Stoff» anzubieten, wenn er nur einmal einen Blick riskieren wolle ... Eduardo glaubt, es handle sich um die üblichen Zigaretten; aber dem ist nicht so, und es geht auch nicht um andere Schwarzmarkt- oder Schmugglerware ... Das Männchen führt sie – mit ostentativ geheimer Miene – hinter eine Säule und zeigt ihnen dort einen Kasten voller Pistolen und Bomben. Als Eduardo mit einem neapolitanischen Ausruf reagiert, hört der kleine Mann schlagartig auf, vorgetäuschtes Mailändisch zu sprechen, wie er es bisher getan hat, und offenbart sich als waschechter Neapolitaner. Erneute Erkennungsritu-

I Hier hat Pasolini den Namen von «Eduardo» noch nicht korrigierend aktualisiert (während sein Diener «Nunzio» – ehedem: «Ninetto» – weiterhin korrekterweise als «Nunzio» ausgewiesen ist): Wollte man Pasolinis am Ende des Kapitels *Sodom* per Fußnote angekündigte Namensänderungen im Laufe des Films kohärent umsetzen, so müsste hier bis zum folgenden Absatzende logischerweise «Epifanio» (statt «Eduardo») stehen. Im gesamten restlichen Manuskript müsste es ab jetzt überall immer statt «Eduardo» eigentlich «Epifanio» heißen, worauf im Folgenden weiterhin per Fußnote hingewiesen wird [Anm. v. D.R.].

ale, d.h. rührselige Begegnung zwischen Epifanio[I] und diesem neuen Neapolitaner: Wiedererkennen und Ergriffenheit, denen, wie üblich, Vertraulichkeiten, Liebesbezeugungen, Hilfe- und Bündnisversprechen folgen ...

Der Waffenhändler erklärt Eduardo[II] indes, dass man sich – bei Gott – nur bewaffnet nach Gomorra hineinwagen könne, denn dort geschehe Unbeschreibliches.

Er habe sich angepasst, aber – um Himmels Willen – sie mögen bloß niemandem zu verstehen geben, dass er Neapolitaner sei. (Ständig schaut er sich ängstlich um, getrieben von Furcht, Geheimniskrämerei- und Verschwörungsgebaren). Dann bietet er den beiden wie selbstverständlich an, sie persönlich zu einem guten Hotel zu führen, in dem sie Unterkunft fänden. In Null Komma nichts, immer mit der Miene eines gewitzten Neapolitaners, der alles richtet, besorgt er ein illegales Taxi. Die drei steigen ein, und das Taxi braust los zur Stadtmitte von Gomorra.

* * *

Kaum sitzen sie im Taxi, richtet sich der Neapolitaner als erstes an Epifanio und macht ihm ein bedeutsames Zeichen mit den Händen: Er kreuzt die beiden Zeigefinger, die sich wiederholt vereinen, und macht Epifanio mit fragendem Gesichtsausdruck klar, dass er gerne wissen möchte, ob vielleicht zufällig – man kann ja nie wissen – zwischen ihm und Nunzio eine Beziehung bestehe, wie solle er sagen ...

Darüber ist Epifanio empört, lacht und sagt: «Nunne parlammo proprio.»[III] Das beruhigt ihren neuen Freund* sofort, der sogleich die Gründe für seine indiskrete Frage darlegt: Das Schlimmste, was einem in Gomorra passieren könne, sei es, eine «Schwuchtel» zu sein, sich unter Männern zu lieben. Das sei etwas, was die Einwohner von Gomorra auf keinen Fall dulden würden, wie sie im Übrigen auch keinerlei Andersartigkeit, keine Minderheiten und keine Ausnahmen zulassen würden.

Im Licht dieser Tatsachen schauen sich Epifanio und Nunzio sichtlich beeindruckt durch das Autofenster die Stadt an, die vor ihren Augen vorbei-

I Der Name «Epifanio» ist hier wieder richtig angegeben (während «Nunzio» kontinuierlich korrekt zugeschrieben wird) [Anm. v. D. R.].

II Eigentlich: «Epifanio» [Anm. v. D. R.].

III Dt. etwa: «Davon kann keine Rede sein» [Anm. v. D. R.].

* Nennen wir ihn Gennaro.

zieht.* Bei der hohen Geschwindigkeit erahnen sie nur erste geheimnisvolle Szenen ... Auch hier – wie schon in Sodom – sieht Eduardo[I] einiges, traut aber seinen Augen nicht. Vielleicht hatte er das gerade gar nicht gesehen ... Die ersten Bilder dieser Stadt Gomorra sind mehr oder weniger die folgenden: ein Banküberfall mit einem Toten in einer Blutlache vor dem Eingang; ein Aufeinandertreffen von jugendlichen Extremisten mit jeder Menge Polizisten (und auch hier Verletzten und Toten); eine Reihe ausgebrannter Autos, angezündet von einer Gruppe Feuerteufel (die mit Wagenhebern die anderen Autos zertrümmern, die nicht abbrennen wollen): und so weiter.

Das alles ist garniert mit dem immer neuen Auftauchen von Frauen, die halbnackt – und sie sind es auf eine unanständige Art und Weise – alles zeigen, was sie zu zeigen haben, wobei sie sich wie «Verbündete», sogar «Kameraden» der Männer aufführen. Daraus ergibt sich auch eine Reihe von höchst brutalen, ja bestialischen Intimitäten zwischen Männern und Frauen, die sich hier in einem Hauseingang, dort hinter einem Gebüsch, dann in der Nähe eines Gefallenendenkmals abspielen, und so weiter.

Im Anschluss an diese Abfolge von Bildern der Stadt, gesehen *durch die Augen* Eduardos,[II] gelangen wir in die Stadtmitte, in die Nähe des Domplatzes. Und auch hier gibt Gennaro wieder – sehr grobe und volkstümliche – Erklärungen** über die Lebensbedingungen in der Stadt Gomorra zum Besten, Erklärungen, die Epifanio mit philosophischer *Verve*[III] besonnen kommentiert. Gomorra ist – in unserer Geschichte – eine typisch italienische Stadt (oder vielleicht sogar europäische, wenn nicht gar eine Weltstadt) der Jahre '75–'76: mit der Gewalt einer Generation, die ihre traditionellen Werte vollständig verloren hat, die eine falsche Toleranz lebt (denn in Wahrheit wird nur die Freiheit der Mehrheit toleriert und sicher nicht die von Minderheiten) usw., usf.*** Am nächsten Tag – beeilt sich Gennaro anzukündigen – und das ist offenbar der im Augenblick all-

* Das stellt eine offensichtliche Analogie zur Entdeckung Sodoms von der Straßenbahn aus her.

I Eigentlich: «Epifanio» [Anm. v. D. R.].

II Eigentlich: «Epifanio» [Anm. v. D. R.].

** Wie schon in Sodom.

III Pasolini benutzt das gleiche – durch Kursivsatz hervorgehobene – frz. Lexem *verve* [Anm. v. D. R.].

*** Mit meinen *Scritti corsari* abzugleichen. [Anm. v. D. R.: Pasolini meint hier seine sog. *Freibeuterschriften*, die 1975 im Original erschienen und im gleichen Jahr noch ins Deutsche übersetzt worden sind: Pier Paolo Pasolini, *Freibeuterschriften. Aufsätze und Polemiken über die Zerstörung des Einzelnen durch die Konsumgesellschaft*, übersetzt von Thomas Eisenhardt, Berlin, Wagenbach, 1975].

gemein vorherrschende Gedanke, werde ein großes Fest stattfinden, das alljährliche Große Fest der Stadt ...* Epifanio erahnt sogleich alles und ist als alter toleranter Neapolitaner konsterniert.

Sie gelangen zum Hotel, wo sich sofort die üblichen – lustigen – Schwierigkeiten ergeben (denn auch im Hotel zeigen sich natürlich die Angestellten – fanatische Heterosexuelle – misstrauisch gegenüber diesem Paar, das der ältere und der junge Mann abgeben). Nachdem alle Schwierigkeiten – im Stil einer Komödie – überwunden sind, betreten die beiden endlich erschöpft ihr Zimmer.

Epifanio kann nicht mehr angesichts all der Strapazen dieses Tages, und sein Diener (zum zweiten Mal leuchtet in seinen Augen so etwas wie Zuneigung und Liebenswürdigkeit auf) hilft ihm, sich hinzulegen. Auch dieses Mal ist – in den kurzen Momenten bevor Eduardo[I] einschläft – jene erregte Atmosphäre einer Stadt zu spüren, die für den Vorabend eines Festes typisch ist: nämlich die Atmosphäre jenes Festes, das ihnen ihr Freund Gennaro so seltsam angstvoll angekündigt hat. Man hört Singen, Geräusche; Lachen und Schreie in der Ferne. Epifanio schläft sanft ein und beginnt zu schnarchen.

* * *

Auch dieses Mal setzt hier wieder eine von «Epifanios Schlafgeschichten» ein. Doch den roten Faden, der uns zu dem Ort führt, an dem sich die Handlung dieser Geschichte abspielt, kennzeichnet keine liebliche alte Musik mehr wie *Johnny Guitar* oder *Luna Rossa* oder *Sono carcerato e mamma more*, sondern vielmehr ein blöder, aggressiver, ohrenbetäubender Schlager irgendeines Krakeelers. Während Epifanio in den Tiefschlaf sinkt, suchen wir weiter nach der Quelle jener Musik – bis wir schließlich zu einer großen Freilichtarena gelangen.

Dort wird vor einem wild erregten Publikum – auf einer riesigen Panorama-Leinwand, vom Typ Cinerama-Technik[15] – ein Film gezeigt, der normalerweise in sechzehn Millimeter auf Minibildschirmen vorgeführt wird: nämlich ein pornografischer Film. Eine extrem geschmacklose, wahrscheinlich deutsche Produktion, bildet bis ins kleinste Detail einen Koitus ab, bei dem die *Partner* alles tun, um die vulgäre, verletzende Obszönität noch zu steigern.

---

* Auch hier ist die Parallele zu beachten zu dem, was unsere beiden «pikaresken Helden» in Sodom erlebt haben.

I Eigentlich: «Epifanio» [Anm. v. D.R.].

Es gibt eine lange Einstellung, in der ein *Zoom* langsam – zwischen schamlos gespreizten Schenkeln – ins Geschlecht der Frau einzudringen scheint, mit allen Einzelheiten: Das Geschlecht ist auf der Großleinwand riesengroß abgebildet.

Nun sind da unter den Zuschauern auf ebener Erde ein Mann mittleren Alters, der wie ein Arbeiter wirkt, und ein bildschöner junger Mann, der hingegen ein Student zu sein scheint, zu sehen.

* * *

Der Arbeiter betrachtet den jungen Studenten, der junge Student spürt den Blick des Arbeiters auf sich ruhen und erwidert ihn.

Als sich beide Blicke kreuzen, geschieht etwas Ähnliches wie das, was sich im Tanzsaal der Stadt Sodom zugetragen hatte: Und zwar ohne den geringsten Grund und blitzartig bringt in einer Welt, in der die heterosexuelle Liebe triumphiert, etwas Geheimnisvolles – etwas offensichtlich von Gott Gewolltes – diesen Mann und diesen jungen Kerl dazu, ein Gefühl gegenseitiger Liebe zu verspüren.

Mit kaltem Schweiß auf der Stirn und selber verstört über das, was er da tut – und wogegen er machtlos ist, wie gegen eine unbesiegbare Gewalt – nähert sich der Arbeiter dem jungen Mann an, setzt sich neben ihn und beginnt ihn mit seinem Knie zu berühren ... Der junge Mann ist zuerst erschrocken, aber dann ist auch er unwiderstehlich fasziniert von dieser neuen Beziehung, die sich da anbahnt (vielleicht ist der junge Mann noch wirklich sehr jung und eher noch ein Heranwachsender, der noch keinen richtigen Zugang zur Welt der sexuellen Gewalt der älteren Erwachsenen gefunden hat und deren Besessenheit vom weiblichen Geschlecht noch nicht in Gänze erkennt: nicht umsonst ist er hierhergekommen, um einen pornografischen Film zu sehen): Kurzum, Fakt ist, dass auch er sofort in die «Schuld» hineingezogen wird. Der Mann berührt ihn – nach tausend ängstlichen Unsicherheiten – am Schenkel; dann ganz langsam, jetzt entschlossen sich zu verlieren, wagt er, sein Geschlecht zu berühren; dann nimmt er die Hand des Jünglings und legt sie auf seines. Die beiden entdecken gegenseitig ihre Geschlechter als «gleich» (so wie der Jüngling und das Mädchen in Sodom ihre zwei Geschlechter als verschiedene).

Von unerwarteter, geheimnisvoller, schrecklicher Lust erfasst, beschließen die zwei, sich in die Toilette des Kinos zurückzuziehen. Das tun sie daraufhin, schließen hinter sich die Tür und fallen sich in die Arme, um ihre Liebe zu beginnen ... Aber auch sie werden entdeckt,* wie der Junge und das Mädchen in der Stadt Sodom.

Die Platzanweiserin des Kinos hatte sie bemerkt, war misstrauisch geworden und hatte erst andere Platzanweiserinnen und schließlich die Polizei zu Hilfe gerufen.

Schon kommen sie: Die furchterregenden Polizisten rammen die Tür ein und ertappen die beiden in flagranti. Was dann in der Arena geschieht, ist unbeschreiblich. Der Mann und der Jüngling werden mit bestialischer Brutalität hinausgezerrt. Die Leute, die noch nicht recht verstanden haben, worum es geht, ahnen es bald (wenn sie es vorher begriffen hätten, hätten sie die beiden wohl an Ort und Stelle gelyncht), und während die zwei weggeschleppt werden, können sie ihnen gerade noch hinterherspucken und die schrecklichsten Verwünschungen nachrufen. In aller Eile werden die beiden in ein Polizeiauto verfrachtet, das sie zum Schreckenstribunal fährt, wo sie abgeurteilt werden.

Abblende.

* * *

Wir sind wieder in Eduardos[I] Hotelzimmer, von dem aus man auf den Domplatz blickt.

Eduardo schlummert noch, erschöpft von den Abenteuern des Vortags, und Ninetto – wie durch geheimnisvolle Weisung – schaltet den Fernseher an. Man hört die Stimmen der *Moderatoren*,[II] die eine Direktübertragung vom heutigen Großen Fest ankündigen: dem Fest der Initiation. Vom Lärm dieser widerlichen Stimmen wird Eduardo aus dem Schlaf gerissen und richtet seine Augen automatisch auf den Bildschirm.

Fassungslos** sehen Eduardos Augen – und sehen wir – wie auf dem Bildschirm das oberste Haupt der Stadtregierung, ein «seriöser» Mann,

---

* Die näheren Umstände sind noch festzulegen.

I Ab hier müsste es bis zum Ende des Kapitels *Gomorra* eigentlich immer wieder «Epifanio» (statt «Eduardo») bzw. «Nunzio» (statt «Ninetto») heißen [Anm. v. D.R.].

II Pasolini benutzt im Original den englischsprachigen – durch Kursivsatz hervorgehobenen – Ausdruck «*speakers*» und hat ihn wohl wegen seiner Fremdsprachlichkeit kursiviert (wie zuvor bereits die Substantive «*gag*», «*partner*» oder «*zoom*», die wir im Deutschen direkt übernommen haben); im Deutschen sind hier eindeutig ‹Fernsehmoderatoren› gemeint [Anm. v. D.R.].

** An dieser Stelle sei bemerkt, dass alle Reaktionen Eduardos und Ninettos [*sic!* – Hier müsste es kohärenter Weise wieder «Epifanios und Nunzios» heißen; Anm. v. D.R.] –

moralistisch und zutiefst unsympathisch, einem Reporter erläutert, worin das große Fest der Initiation von Gomorra besteht.

Nach diesem kurzen offiziellen und ideologischen Interview bekommen wir – kommentiert von den nüchternen, metallenen Stimmen der Ansager – in Form einer Liveübertragung mehr oder weniger folgende Szenen zu sehen: Aus Kasernen, Schulen, Dorfplätzen und Lagern, in denen sie offenbar seit Tagen eingeschlossen worden waren (wie es während der sogenannten «drei Tage» bei der Einberufung zum Militärdienst der Brauch ist), werden Hunderte, Tausende von nackten jungen Männern befreit und auf die Stadt losgelassen.

Wir hatten sie am Tag zuvor massenhaft eingesperrt gesehen, jetzt sehen wir sie noch einmal ganz kurz schweigend in ihren Höfen, Schulräumen und Hallen stehen.

Aber dann öffnen sich auf einen geheimnisvollen Befehl hin – wie während eines Ritus – auf einen Schlag die Tore, und die nackten jungen Männer strömen, wie Herden wild gewordener Tiere, wie eine Horde Barbaren, nackt in die Stadt.

Wir werden Zeugen einer Art Invasion von Gomorra seitens dieser jungen Achtzehnjährigen, was offensichtlich eine mythische, symbolische Szene darstellt.

Sie gehören zu der Sorte Mensch, die – durch einen befreienden Initiationsritus – bestimmte Posten in der Stadt bezieht und einfach in Besitz nimmt. Das alles geschieht unter Anwendung von schrecklichster, blindester Gewalt. Auch wenn dieses Geschehen, gemäß unserer Logik, mit einer Fernsehsendung unvereinbar ist ... Es entspricht hier der Logik des Märchens, unseres Märchens nämlich, das diese Gewalt rechtfertigt, ja nach ihr verlangt.

Gomorra ist die Utopie einer Stadt der Gewalt.*

* * *

hier kaum angedeutet – einen durchgehenden Strang komischer *Gags* darstellen, die das Rückgrat des Films bilden [Pasolini setzt hier erneut das auch im Italienischen gebräuchliche – wie im Englischen kleingeschriebene – Wort «*gags*» ein, wobei er es im Original kursiviert; Anm. v. D.R.].

* Eine neokapitalistische Gewalt, die die Jugendlichen entweder zu Extremisten oder zu Kriminellen macht. [Anm. v. D.R.: Pasolini verwendet in seinem Originalsatz wieder eine – hier sogar gleich dreimalige – unübliche Großschreibung bei den normalerweise im Italienischen kleingeschriebenen Substantiven «Utopie» (ital.: ‹Utopia›), «Stadt» (ital.: ‹Città›) und «Gewalt» (ital.: ‹Violenza›)].

Die nackten jungen Männer schwärmen durch die Straßen – fallen in die Plätze ein – wahllos. Sie finden Frauen – vergewaltigen sie – schänden sie, wo sie sie finden können – mitten auf der Straße – in ihren eigenen Wohnungen – vor den Augen ihrer eigenen Kinder.

Dann ziehen sie weiter – rauben Waffengeschäfte aus – überfallen Banken – packen das Geld – gehen in Supermärkte – plündern – verwüsten sie. Dann kommen sie wieder heraus – aber nicht mehr nackt, sondern nach der neuesten Mode eingekleidet – und das Durcheinander geht weiter in neuem Gewand.

Die Szene ist sehr komplex und zeigt alles, was die jungen Leute der neuen Generation zu tun pflegen; sie ist Symbol und Summe ihrer «wahren» Tage.

Angst, Blindheit, Bosheit, Neurose, Überheblichkeit, Rechthaberei, Konformismus, Hass: Aus alledem besteht ihr *Raptus*,[I] der sie dazu antreibt, die Stadt zu verwüsten und sich ihrer zu bemächtigen. Es ist nicht wichtig, dass der Blick, der sie beobachtet, der Blick Eduardos[II] und somit ein «komischer» Blick ist. Ihre furchtbare Wirklichkeit steht für sich. Als dieses Heer der jungen Leute auf dem Höhepunkt seiner barbarischen Gewaltherrschaft anlangt – welche andererseits auch einer gewissen modernen konsumistischen Raffinesse nicht entbehrt –, verkündet der Ansager im Fernsehen (in dessen Bildschirm wir inzwischen eingetreten sind, sodass wir alles «objektiv» beobachten können), dass das Fest mit der Hinrichtung zweier Personen abschließt, die gegen die Regel von Gomorra verstoßen haben; das heißt, die sich des furchtbaren, unaussprechlichen Vergehens einer homosexuellen Beziehung schuldig gemacht haben.

Die Hinrichtung findet auf dem Domplatz statt. Als Eduardo und Ninetto das hören, drehen sie dem Fernseher den Rücken zu, laufen ans Fenster und drücken sich die Nasen platt.

Was nun vor sich geht, wird teils «aus der Sicht» von Eduardos und Ninettos Hotelfenster aus und teils «objektiv» weiterhin aus der Perspektive des Fernsehens erzählt; sodass die Standpunkte *zwei sind* und die Vision insgesamt eine «subjektive» und zugleich «totale» ist.

Der Mailänder Platz, den Eduardo und Ninetto in seiner Gänze überschauen – und dessen Einzelheiten der Fernsehschirm erfasst –, füllt sich, schnell überquellend, mit Rotten heulender junger Rüpel, Schläger

---

I Gleiches Wort (nur wieder kleingeschrieben) sowie Kursivsatz wie bei Pasolini (ital.: «*raptus*») [Anm. v. D. R.].

II Ab hier müsste es bis zum Ende des Kapitels *Gomorra* eigentlich überall wieder «Epifanio» (statt «Eduardo») bzw. «Nunzio» (statt «Ninetto») heißen [Anm. v. D. R.].

und Extremisten (wobei man, wie in der Wirklichkeit, nicht sagen kann, ob es Faschisten oder Kommunisten sind): kurz gesagt mit allem, was es an Abschaum unter den jungen Leuten der letzten Generation so gibt. Gefolgt von den Frauen, die sie zwar gerade noch vergewaltigt haben, aber die nun flugs zu ihren Komplizen geworden sind – und von Massen alter Menschen, die den Jungen schmeicheln und sich auf ihr Niveau begeben – drängen sie triumphierend auf den Platz und fühlen sich als Herren. Der Platz ist mit einem Mal dicht gefüllt von einer schrecklich abstoßenden, im Grunde barbarischen Menge, auf Grund der – wie gesagt – «kulturellen» Rohheit des Neokapitalismus. Die Hinrichtung beginnt.

* * *

Von der Rückseite des Platzes aus führt man – mitten durch die Menschenmenge, die sie beschimpft, bespuckt und anpinkelt – die beiden entsetzten Opfer vor, die von Todespanik ergriffen sind wie Tiere, die zur Schlachtbank geführt werden.

Der Arbeiter und der kleine Student stolpern durch das Spalier der brüllenden Menge und gelangen zur Mitte des Platzes, auf der ein leeres Rechteck für die Tortur ausgespart worden ist.

Dort werden sie nackt ausgezogen, gefoltert – gezwungen das Schrecklichste zu erleiden, das man sich vorstellen kann. Bis die Stunde des Todes kommt.

Der Junge wird lebendig vor dem Dom begraben, unter einem Teil des Straßenpflasters, das zuvor von einigen Marmorblöcken befreit worden ist. Er wird trotz seiner Schreie in das Loch gestoßen, das man daraufhin wieder mit den Blöcken abdeckt. In dem Moment sinkt ein Hubschrauber genau auf die Stelle herab, unter der der Junge bei lebendigem Leib begraben liegt, und man bindet den nackten Mann an das Fahrgestell. Der Hubschrauber hebt sofort wieder ab. Kaum hat er an Höhe gewonnen, schießt einer der Scharfrichter dem Arbeiter mit einer Pistole in den Hals.

Der Hubschrauber steigt weiter hoch über die Menge (bei diesem Manöver fliegt er ganz nah an Eduardos Nase vorbei, der verzweifelt vom Hotelfenster aus zuschaut), während aus der durchbohrten Gurgel des Opfers das Blut auf die darunter stehende Menschenmenge trieft.

Mit Gebrüll und Geschimpfe fängt die Menge das Blut mit den Händen auf, leckt es ab, beschmiert sich damit die Kleider und besudelt sich damit das Gesicht, wie in der grässlich entgleisten Szene eines Kannibalen-Rituals.

Eduardo (dessen komödiantische und dramatische Reaktionen wir an dieser Stelle nicht weiter ausmalen) hält sich die Augen zu und hebt, einer spontanen Geste gehorchend, den Kopf zum Himmel, als ob er um Gnade flehen wolle.

Dann nimmt er die Hände wieder von den Augen und sieht, dass sich inmitten des Himmels über Gomorra der Komet langsam in Bewegung setzt. Es ist das Zeichen, dass Eduardo auf der Stelle die Stadt verlassen und ihm folgen muss.

So wiederholt sich die Szene, die sich ein paar Tage zuvor in Sodom ereignet hat; Epifanio und sein Diener Nunzio[I] packen rasch ihre Bündel Socken und Unterhosen zusammen; Epifanio ergreift sein «geheimnisvolles Bündel», und schon laufen die beiden nach unten auf die Straße und folgen dem Kometen.

* * *

Das Startzeichen für Gomorras Zerstörung ist – wie schon in Sodom – ein furchterregender Blitz aus heiterem Himmel.

Und auch hier beginnt die Zerstörung: Gomorra soll für immer vom Antlitz der Erde getilgt werden. Aber es ist nicht das Feuer, das die Stadt zerstört. Es ist die Pest. Eine Pest, die mit einem Schlag auf Gomorra herabfällt, alle augenblicklich verseucht, urplötzlich unbeschreibliche Qualen mit sich bringt und auf der Stelle den Tod sät.

Hinter Ninetto und Eduardo,[II] die sich in die Richtung der Porta Ticinese[16] entfernen, breitet sich die Pest rasant aus. Alle Bürger zeigen schreckliche Symptome:[17] Hier erbricht sich einer; dort entleert sich ein anderer und stirbt, von einem schier endlosen Durchfall geplagt, auf offener Straße inmitten der eigenen Scheiße; andere sterben in ihrem eigenen Erbrochenem. Entsetzliche Eiterblasen bilden sich auf den Leibern – verrottete Augen quellen aus ihren Höhlen – borstige Haare fallen aus – alle Einwohner Gomorras werden zu eitrigen Schreckgespenstern, die langsam, aber sicher auseinanderfallen, übereinander gestapelt sterben und sich zu gewaltigen Haufen auftürmen.*

I Hier benutzt Pasolini wieder die ursprünglich am Drehbuchanfang eingeführten, kohärenten Namensnennungen («Epifanio» und «Nunzio») [Anm. v. D.R.].

II Hier und im Folgenden bis zum Kapitelende eigentlich weiterhin: «Epifanio» und «Nunzio» [Anm. v. D.R.].

* Genauso wie bei Manzonis Pest. [Anm. v. D.R.: Pasolini bezieht sich mit dieser Anmerkung auf die berühmte, z.T. durch Geschichtsquellen belegte Pestdarstellung

Dies alles geschieht, wie gesagt, hinter den Rücken von Eduardo und Ninetto, die sich schnellen Schrittes aus der Stadt entfernen, fast so als breche hinter ihnen ein magischer Raum auf, in den – wie auf einem surrealistischen Gemälde – die göttliche Rache einfällt.* [18]

* * *

Wir befinden uns wieder in einem Zug, der durch die Landschaft und transparente Melancholie der Abenddämmerung fährt. Am Himmel funkelt der Komet und zeigt nach Norden, auf die klar umrissenen Silhouetten der Alpen.

Ninetto und Eduardo sitzen in einem Abteil: Sie singen das übliche neapolitanische Lied, das auf unserer langen Reise die Pausen markiert.

Man beachte – während dieser Pause –, dass Eduardo *niemals auch nur einen Augenblick lang* während der ganzen Geschichte, bei all diesen außergewöhnlichen Begebenheiten, vergisst, was der Komet für ihn bedeutet: nämlich die Hoffnung auf ein neues Leben – das Zeichen eines offenbarenden und erlösenden Wortes. Er hat diesen Gedanken in sich immer lebendig gehalten und keine Gelegenheit ausgelassen, um ihn sich zu vergegenwärtigen und ständig wieder in Erinnerung zu rufen.**

Vielleicht ist dieser *Entreakt*[I] – während Ninetto sein Lied singt – einer der Momente, in denen das Gefühl der Hoffnung, von dem der Komet «kündet», sich in Eduardo am deutlichsten Bahn bricht, während ihn der Stern immer weiter fortführt ...

---

im historischen Roman *I promessi sposi* – dt.: *Die Brautleute* (zuvor: *Die Verlobten*) – von Alessandro Manzoni (1785–1873), der noch heute an allen italienischen Schulen als Pflichtlektüre gilt].

* Es sei daran erinnert, dass es sich um einen Film im «Kolossal»-Format handelt.

** Darin besteht die «Kontinuität» der Figur des Eduardo [*sic!* – eigentlich: «Epifanio»; Anm. v. D. R.] im ganzen Film.

I Pasolini verwendet im Original das auch im Italienischen übliche, von Pasolini kursiv hervorgehobene französische Pendant – «*entracte*» – (frz. eigentlich: *entreacte* oder *entr'acte*), zu Deutsch: Entreakt, Zwischenakt oder (Theater-, Aufführungs- bzw. Opern-) Pause, Intervall [Anm. v. D. R.].

NUMANTIA

Der Morgen graut, und der Zug rollt durch die Außenbezirke einer riesengroßen Stadt – einer gigantischen Metropole, die die ganze Erde und den ganzen Himmel einzunehmen scheint. Es ist Paris, aber in unserem Märchen trägt sie den mythischen Namen «Numantia.»[19]

Wir befinden uns also vor den Toren einer weiteren ‹Utopie-Stadt›. Kaum erscheint die Stadt zum ersten Mal – gesehen von ihrer äußersten Peripherie aus, nämlich von den Dörfern aus, die sie umgeben – von den Ufern der kleinen Seen und den letzten Wäldern aus, die auf dem flachen Land unmittelbar an die Stadt angrenzen – da wird der Zug von einer motorisierten Militäreinheit angehalten…

* * *

Denn Numantia ist von einem großen Heer eingekreist und belagert: Die Invasion besteht aus einer dichten Umschließung mittels versprengter Lager rund um die Stadt. Es handelt sich um ein *faschistisches* Heer, das kurz vor der Besetzung Numantias steht, einer Stadt, die ihrerseits hingegen *sozialistisch* ausgerichtet ist.*

Die Zugreisenden werden gezwungen auszusteigen und sofort genauso behandelt wie die nationalsozialistische Polizei die Menschen behandelt

* Die von Numantia symbolisierte Utopie ist die des gelebten Sozialismus. [Anm. v. D.R.: Wörtlich übersetzt, spricht Pasolini in dieser Fußnote von einer ‹Realisierung des Sozialismus› (ital.: «realizzazione del socialismo»), meint aber wohl das, was heute gemeinhin unter einem ‹gelebten Sozialismus› verstanden wird].

hat: Sie werden getrennt, wie Tiere in Reihen aufgestellt und mit Gewalt zur Polizeistation gebracht, wo ihre Dokumente und Koffer kontrolliert werden, usw., usf.

Ihre sichere Endbestimmung – wie könnte es anders sein – ist ein Konzentrationslager.

So finden sich Eduardo und Ninetto[I] nun inmitten von Reihen eines faschistischen Heers wieder: kurzum in den Händen von grausamen, dummen, fanatischen Milizen. Aber erneut kommt ihnen der gute neapolitanische Stern zu Hilfe. In der Gruppe der Milizen – oder «Polizisten» – oder SS – gibt es auch eine Gruppe von Zivilisten, und unter diesen Zivilisten befindet sich der übliche neapolitanische Engel.

Und der bemerkt sofort – dank einiger in Anbetracht der Umstände nur halblaut einander zugeraunten Worte zwischen Eduardo und Ninetto –, dass er es hier mit Landsleuten zu tun hat.

Insgeheim wird er also vom gewohnten Geist der Brüderlichkeit erfasst, lässt sich das äußerlich aber nicht anmerken, sondern greift, um sich verständlich zu machen, auf die Sprache der Augen und spärliche Gesten zurück, indem er nur das Allernotwendigste von sich gibt. Der kurze mimische Dialog zwischen ihm und Eduardo ist ein Meisterwerk der Subtilität, des Gesagten und des Ungesagten, eine vollendete, innige und kaum wahrnehmbare Verständigung, federleicht wie ein Windhauch. Schließlich sagt Totonno mit unverkennbarem Akzent zum Feldwebel, der die beiden gerade für ein Konzentrationslager aussondern will: «Un momento, marescià! Aggio bisogno di due sguatteri.»[II] Totonno ist nämlich der Koch des faschistischen Oberbefehlshabers und hat als solcher das Recht, sich unter den Gefangenen[20] zwei Gehilfen auszusuchen, wenn er sie braucht. Er wählt die beiden Neapolitaner und bedeutet ihnen mit unterstützender und unbestimmt großspuriger Miene, ihm zu folgen. Doch sobald die drei aus dem Blickfeld der Polizisten sind, folgt das bekannte lautstarke und ein wenig stürmische Erkennungsritual.

* * *

I Pasolini benutzt auch in diesem Kapitel über *Numantia* (bis auf eine eigens gekennzeichnete Ausnahme) wieder die inkohärenten Eigennamen «Eduardo» und «Ninetto» (statt: «Epifanio» und «Nunzio»), was es beim Lesen dementsprechend gedanklich zu korrigieren gilt [Anm. v. D. R.].

II Dt. etwa: «Moment einmal, Herr Polizeimeister! Ich bräucht' zwei Küchenjungen» [Anm. v. D. R.].

Eduardo und Ninetto spielen nun also Küchenjungen in dem Zelt neben dem des Faschistenanführers – mit Blick auf Numantia. Bereitwillig treten sie ihr bescheidenes Tagwerk an.

(Der Komet funkelt hoch am Himmel über dem Lager).

* * *

Sofort spielen sich, wie gehabt «aus Sicht» der beiden Küchenjungen, die ersten Szenen ab, die deutlich machen, in welcher Welt wir hier gelandet sind; es handelt sich um eine typisch klerikale und faschistische Welt: ganz im klassischen Wortsinn.

Gewalt, Disziplin, Fanatismus: Alles wirkt wie die beängstigende Rückkehr eines Neo-Nazismus in all seinen Erscheinungsformen – wenn auch technisiert – und natürlich moderner als vor zwanzig, dreißig Jahren.

* * *

Es wird Nacht, die beiden liegen auf ihren Feldbetten, aber Eduardo kann nicht einschlafen. Es folgt eine kurze Szene der beiden, in der Ninetto wie gewohnt seinen Herrn nicht zufrieden stellt, sondern sich beklagt: «A sor maè, so' cazzi vostri! Sete voi che avete voluto annà appresso a 'sta Cometa! A me che me ne importa, fate un po' voi!»[I]

Eduardo geht unruhig und brummelnd vor das Zelt, als ganz unerwartet der Kometenstern, der am Himmel über dem Lager der Faschisten glänzt, sich in Bewegung zu setzen beginnt. Sofort gilt es, keine Zeit zu verlieren.

Eduardo und Ninetto streifen sich – dieses Mal ohne Koffer zu packen – einfach ihre Hosen über die Unterhose, schlüpfen in ihre Schuhe, ohne sie zuzuschnüren, schnappen sich das geheimnisvolle Bündel – und verlassen das Zelt, um mit erhobener Nase der Richtung des Kometen zu folgen.

Der Komet zieht genau über die faschistischen Schützengräben hinweg ins Zentrum der Stadt Numantia.

Zunächst müssen also die Linien überwunden werden ... Aber unsere beiden Akteure – sei es weil sie einen Weg finden, die Kontrollen zu umgehen, sei es weil das Glück, das komischen Figuren immer hold ist (die sich

---

I Dt. etwa: «Verdammt, Meister – euer Problem! Ihr musstet diesem Kometen ja unbedingt nachlaufen! Was geht mich das alles an, nun seht selbst zu!» [Anm. v. D. R.].

durch ihre Unschuld und rührende Naivität von all den Bösen abheben), ihnen hilfreich zur Seite steht – schaffen es, aus dem faschistischen Lager zu entkommen und auf feindliches Gebiet zu gelangen …

* * *

Sie durchqueren die freie – völlig unbewohnte – Zone, die sie noch von Numantia trennt, stoßen dabei auf Friesische Reiter[21] sowie Verschanzungen und Barrikaden, die die Bewohner Numantias gegen das faschistische Heer errichtet haben. Dann begegnen sie den Soldaten von Numantia, die sie natürlich anhalten: Auch für sie gilt das eiserne Kriegsgesetz, obwohl sie die «Guten» sind. In einer düsteren Straße weit draußen an der Peripherie werden unsere beiden Helden angehalten, verhört, und es stellt sich natürlich sofort heraus, dass sie nicht nur keine Papiere besitzen, sondern auch dass sie nicht einmal ihre Anwesenheit dort zu rechtfertigen wissen (außer, dass sie ein paar Sätze über die Geburt eines Messias stammeln …).

Das reicht. Mit einer Entschuldigung nehmen die Militärs von Numantia beide in Haft.

Im Sicherheitstrakt versucht Ninetto, in einer seiner seltenen und unerklärlichen Anwandlungen von Zuneigung, Eduardo zu trösten; dieses Mal tut er es sogar noch zartfühliger und feierlicher. Er spielt ihm eine kleine fröhliche Szene vor, sagt ihm, dass man sie ganz sicher am nächsten Tag wieder freilassen werde und so weiter; bis er ihn fast wie ein kleines Kind wiegt und auf der Pritsche zum Schlafen bettet.

Hier setzt wieder die gewohnte Parenthese ein, die aus *Eduardos gewohnter Schlafgeschichte* besteht.

* * *

In einem Intellektuellenmilieu – in einem Café, Club oder in einer Parteizentrale – sitzt ein Dichter versunken und schweigsam da, während um ihn herum hitzige Diskussionen über die politischen und strategischen Probleme des belagerten Numantia geführt werden.

Auf einmal unterbricht der Dichter alle und erklärt, dass er einen Vorschlag zu machen habe.

Man spürt sofort, dass es sich um einen wichtigen, grundlegenden Wortbeitrag handelt: Das ist dem besonderen Ton zu entnehmen, mit dem die Wahrheit gewöhnlich zu uns spricht.

Alle schweigen und warten gespannt.

Der Vorschlag des Dichters ist folgender: «Es gibt keine Hoffnung mehr für uns, die Faschisten sind unendlich stärker, wir haben alle Schlachten verloren, und wir haben auch die letzte Schlacht verloren, was dazu geführt hat, dass wir uns in unserer Stadt einschließen mussten. Jetzt ist alles verloren. Das Einzige, was uns noch zu tun bleibt, ist, nicht lebendig in die Hände der Faschisten zu fallen. Was ich also vorschlage, ist der *kollektive Selbstmord* der gesamten Bevölkerung von Numantia, sodass das Heer der Faschisten, wenn es in unsere Stadt eindringt, nur noch eine Stadt voller Toten vorfindet. Besser tot als die Sklaverei unter den Faschisten zu ertragen!»

Die anderen begreifen sogleich, dass er recht hat.

Viele seiner intellektuellen Kollegen stellen sich gleich auf seine Seite, andere widersetzen sich. Sie sind der Meinung, dass es undemokratisch sei, der Stadt etwas – ganz gleich was – von oben aufzuerlegen. Der *kollektive Selbstmord* mag für einen Intellektuellen, für einen Dichter, einen privilegierten Bürger nachvollziehbar sein; aber die Masse der Bevölkerung, die Mittelschichten könnten sich im Grunde auch damit abfinden, unter dem Faschismus zu leben; man könne sie nicht zwingen zu sterben.

Die Diskussion über diesen Aspekt spitzt sich dramatisch zu. Aber alle sind damit einverstanden, dass der Dichter seinen Vorschlag aufschreiben und veröffentlichen solle.

Am Tag danach erscheint der Vorschlag des Dichters in Form eines Artikels in der wichtigsten Pariser Zeitung (in «Le Monde», die sozialistisch geworden ist: Die ganze Stadt ist demokratisch eingestellt, sogar Numantias Faschisten sind ausgeschaltet worden, nicht mit Gewalt, sondern mit Überredungskunst... Das erfahren wir nun alles, während wir immer tiefer in das lebendige Geschehen eintauchen).

Der Artikel des Poeten erscheint also in «Le Monde», und alle anderen Zeitungen diskutieren ihn, ganz in der Art, wie die Intellektuellen zuvor mit dem Dichter persönlich diskutiert hatten. Polemische (aber nicht mehr elitäre) Auseinandersetzungen brechen sich Bahn, bis die Partei, der der Dichter angehört, welche gewissermaßen einer extrem linken Partei entspricht, sich des Vorschlags des Dichters annimmt und ihn dem Parlament vorlegt.

Nun setzt sich die Diskussion im Parlament fort. Nach einer hitzigen Debatte entscheidet es, unter der Bevölkerung von Numantia ein Referendum durchzuführen, um auf möglichst demokratische Weise zwischen *kollektivem Selbstmord* und *Kapitulation* zu entscheiden.

Wer mit «Ja» stimmt, ist für den kollektiven Selbstmord, wer ein «Nein» ankreuzt, ist für die Kapitulation.

Dann beginnt die Wahlkampagne in der belagerten Stadt. Da die Zeit drängt, bleiben nur wenige Tage, um eine Entscheidung zu treffen: Eine Lawine an überwältigenden, leidenschaftlichen Kundgebungen rollt an, die die Bevölkerung rundum informieren und die ideologische sowie politische Bedeutung des Referendums erläutern.

Die Kommunisten der extremen Linken (sagen wir vom Typ des «Manifesto»),[22] welcher der Dichter angehört, sind absolut für den *kollektiven Selbstmord*. Auch die Sozialisten sind im Grunde dafür (obwohl die Sozialisten der Rechten eigentlich dagegen sind). Die sogenannten Rechtsparteien, wenngleich demokratisch, sind sich allerdings unsicher oder dagegen.

Die Wahlversammlungen verlaufen dementsprechend stürmisch. Weil die Stadt schon lange durch und durch politisiert ist, nimmt die Menge natürlich (das muss gesagt werden) mit verzweifelter Leidenschaft und äußerst aktiv an der Diskussion teil, bis es schließlich zur Abstimmung und Auszählung der Stimmen kommt (das passiert natürlich alles in kürzester Zeit).

Die Mehrheit der Bevölkerung von Numantia stimmt am Ende für den *kollektiven Tod*, weil sie es ablehnt, lebendig unter eine faschistische Sklaverei zu fallen.

Das Ergebnis der Wahl hat laut Parlamentsgesetz umgehende exekutive Wirkung. Die von der Bevölkerung Numantias kollektiv und demokratisch getroffene Entscheidung muss daher sofort in die Praxis umgesetzt werden: Am nächsten Tag sollen sich also alle kollektiv umbringen, alle zur selben Stunde.

Abblende

* * *

Eduardo erwacht (diesmal ist nicht nur eine einzige Nacht vergangen, sondern es liegen mehrere Nächte, die er in dieser düsteren Sicherungszelle verbracht hat, hinter ihm): Eduardo wacht also auf und richtet seinen Blick als erstes auf Ninetto, der fröhlich ein Liedchen pfeift – er wirkt unerwartet und seltsam fröhlich.

Eduardo schaut sich verwirrt um und bemerkt, dass die Wachen verschwunden sind und dass sogar die Zellentür weit offen steht.

Überglücklich verlässt er die Zelle, gefolgt von dem munter pfeifenden Ninetto.

Kaum draußen angelangt, schaut er nach oben und sieht seinen Stern, der sich auf die Stadtmitte zu bewegt.

Sie folgen ihm guter Dinge und durchqueren die gesamte, völlig menschenleere Peripherie Numantias, bis sie die wirkliche, eigentliche Stadt erreichen.

Dort erwartet sie ein absolut einmaliger Anblick: Von den vielen außergewöhnlichen Schauspielen während ihrer Reise, ist dieses das außergewöhnlichste.

Der *kollektive Selbstmord,* demokratisch verfügt, ist tatsächlich vollzogen worden: Und so ist Numantia nur mehr eine riesige Totenstadt.

Aber das Außergewöhnliche besteht vor allem in der Tatsache, dass sich jeder Numantianer für die Ewigkeit jeweils jene Handlung gesichert hat, die ihm oder ihr am meisten am Herzen lag.

Während sie so durch die lautlosen Straßen Numantias wandern, sehen Eduardo und Ninetto eine Reihe von Bürgern, die sich den Tod in der Art und Weise gegeben haben, die ihnen am liebsten war.

Auf den Bänken der Parks sieht man junge Menschen, die, in einer zärtlichen Umarmung begriffen, gestorben sind.

An den Ufern der Seine sieht man Fischer, die mit ihrer Angelschnur auf dem Fluss treibend aus dem Leben geschieden sind.

An den Bücherständen entlang der Uferpromenade sieht man Literaten, die über jene Bücher gebeugt gestorben sind, die sie einst am meisten liebten.

Neugierig öffnet Ninetto ganz vorsichtig eine Haustür und sieht einen Mann und eine Frau, die der Tod beim Liebesakt ereilt hat.

In einem anderen Haus sieht man einen betagten Rentner, der nur in Begleitung seines Hundes ins Jenseits gehen wollte.

Und in einem weiteren Haus befindet sich ein Homosexueller, tot neben einem Rosenstrauß, in den Armen seines Freundes.

Andere haben sich alle zusammen umgebracht: Auf den Champs Elysées zum Beispiel, sind einige höhere Beamte, die sich unter dem Triumphbogen in ihren Uniformen getötet haben, umgeben von ihren Militärkapellen, von denen einige Spieler noch im Tod ihre Trompeten in den Händen halten.

Auf den Champs Elysées haben sich in einem Programmkino[I] alle Zuschauer zusammen umgebracht, während sie den Charlot-Film[23] *Der große*

I Pasolini benutzt hier den französischen, auch im Italienischen gebräuchlichen Ausdruck «cinema ‹d'essai›», der im Deutschen etwa mit ‹Programmkino›, ‹Filmkunstkino› oder – seltener – ‹Arthouse› übersetzt werden kann und ein Filmtheater meint, das eine unabhängige, wenig vom Kommerz, Mainstream oder Konsumdenken vorbelastete und eher nach künstlerischen Maßstäben getroffene Filmauswahl zeigt.

Diktator sahen: Auf der Leinwand ist für alle Ewigkeit das Standbild festgehalten, auf dem Chaplin dem Erdball mit dem Hintern einen Schubs gibt.

Allmählich aber wird das Schweigen dieser Totenstadt tragisch, fast unerträglich. Ninetto beginnt wieder zu pfeifen, ein wenig, um seinen entsetzten Herrn aufzuheitern und ein wenig auch, um die Toten zu ehren; und so stimmt er *Ça ira* (oder *Bandiera rossa*) an. Es ist die bescheidene Feier zu Ehren des heldenhaften Todes der Bürger von Numantia.

Von den Champs Elysées geht es zum Pont Royal, vom Pont Royal nach Saint Germain des Prés, überall liegen Tote.

In Saint Germain des Prés befindet sich das Café, in dem der Dichter die Idee des kollektiven Selbstmords auf den Weg gebracht hatte.

Tiefe Stille schwebt über allen Cafés, in denen sich deren ehemalige Gäste an ihren Tischen vor einem Glas Bier oder Wein getötet haben – nun ist alles in eisige Ruhe getaucht, auch weil Ninetto aufgehört hat zu singen.

Dann hört man plötzlich ein Geräusch, ein kaum vernehmbares Geklingel: Es kommt von einem Löffel, der in einem Glas Eiswürfel umrührt.

Neugierig geworden und auch ein wenig erschrocken tritt Ninetto näher und sieht, dass unter den toten Intellektuellen als einziger *ausgerechnet der Dichter am Leben geblieben ist, der die Idee des kollektiven Todes vorgeschlagen hatte*: Er ist der Einzige in der ganzen Stadt, der nicht den Mut hatte zu sterben und sich jetzt, ganz auf sich selbst zurückgeworfen, einen Whisky mit Eis mixt. Das Leben war stärker als alles andere.

* * *

Da erhebt sich ein gewaltiger Lärm über der Stadt: Die Faschisten fallen ein.

Man sieht, wie sich Panzer über die Champs Elysées wälzen und das Café umstellen, in dem sich die noch Lebenden aufhalten, das heißt der Dichter, Nunzio und Epifanio,[I] die sich bei der Ankunft der Panzer natürlich versuchen, tot – unter all den Toten – zu stellen.

Abblende

* * *

I Hier kehrt Pasolini wieder zur kohärenten fiktiven Namensnennung («Epifanio» und «Nunzio», statt – wie bisher fälschlicherweise die Schauspielernamen benutzend – «Eduardo» und «Ninetto») kurz zurück [Anm. v. D. R.].

Wir sind wieder im Zelt des Anführers der Faschisten, die nun auf der Siegerseite stehen.

Es wird ein Fest ausgerichtet, an dem Generäle, Diplomaten, Parteifunktionäre, kurz, alle Obrigkeiten teilnehmen; allesamt sind in Paradeuniformen erschienen und geben sich fröhlich und siegesbewusst an der Seite ihrer eleganten Damen, die ebenso lachen und grausam sind. Natürlich sind auch Politiker anwesend, und auch der Dichter ist als Ehrengast eingeladen. Der international bekannte Dichter hat sich jetzt in einem gewissen Sinn auf ihre Seite geschlagen und seine Stadt verraten. Er sitzt ausgerechnet dem Faschistenanführer gegenüber.

Alle stimmen inmitten vergnügter Konversation in ein allgemeines Prosit ein.

Der Anführer, der sich für einen Intellektuellen hält, bittet den Dichter, ein Gelegenheitsgedicht vorzutragen. Nach einem Moment seltsamer und rätselhafter Konzentration stimmt der Dichter unterwürfig zu und rezitiert ein Gedicht von Ossip Mandel'štam,[24] das mit genau diesen Versen endet: «Ich trinke, habe aber noch nicht entschieden, welchen der beiden Weine ich wählen werde – ob den fröhlichen Asti Spumante oder den Châteauneuf-du-Pape.» (Natürlich wird das gesamte Fest bis zum finalen Gedichtvortrag auch von Ninetto und Eduardo[I] *gesehen*, die zu dem offiziellen Anlass von Küchengehilfen zu Kellnern befördert worden sind und die Faschisten am Tisch bedienen).

Kaum ist der letzte Vers des Gedichts verklungen, da klatscht der Anführer in die Hände und gibt einem Kellner den Befehl, sofort einen Asti Spumante zu servieren.

Die Flasche wird feierlich entkorkt, der Dichter wird bedient, und die beiden – der Faschistenanführer und der Dichter – stoßen miteinander an, heben das Glas und schlürfen den Wein. Und dann ereignet sich das Unvorhersehbare. Sofort nach dem ersten Schluck ruft der Dichter, ohne zu zögern, aus: «Aber das ist kein Asti, das ist ja ein Châteauneuf-du-Pape!»

Sofort erklärt der Faschistenanführer, noch weniger zögernd, dass es sich aber gewiss doch um Asti Spumante handele. Der Dichter wiederholt seine Meinung und löst damit einen erbitterten Streit aus, bei dem keiner der beiden von seiner Überzeugung abrücken will.

I Hier fällt Pasolini bis zum Ende des Kapitels über *Numantia* wieder in die inkohärenten Namensbezeichnungen «Ninetto» und «Eduardo» (statt eigentlich: «Epifanio» und «Nunzio») zurück [Anm. v. D. R.].

Die Spannung steigt bis die Auseinandersetzung schließlich völlig aus den Fugen gerät (alles Übrige bleibt verborgen) – mit dem Ergebnis, dass der Faschistenanführer am Ende seine Maske fallen lässt und den Dichter mit sadistischem Machtgehabe im Befehlston anschreit: «Entweder gibst du zu, dass es Asti Spumante ist, wie ich sage, oder ich lasse dich erschießen!»

Aber der Dichter weigert sich und wiederholt noch einmal, dass es sich um einen Châteauneuf-du-Pape handele – und damit basta!

Folglich wird er auf der Stelle zum Tod durch Erschießen verurteilt.

Milizen zerren ihn auf den zentralen Appellhofplatz des Lagers, und das Fest verwandelt sich in eine Trauerfeier.

Die Damen, Offiziere und Politiker begeben sich alle auf den Platz, während sich das Erschießungskommando bereit macht (immer mit den Augen von Ninetto und Eduardo «gesehen»).

Der Dichter wird gegen eine Mauer gestoßen und augenblicklich erschossen, doch bevor er stirbt, ruft er und reckt dabei seine Faust in die Höhe: «Es lebe die Revolution!»

Derweil hebt Eduardo den Blick zum Himmel und erblickt den Stern, der sich im Blau der Nacht wieder in Bewegung setzt: nach Osten.

UR

Das Finale nimmt das langsame, ruhige Tempo eines «Adagio» an, das sich in drei Phasen unterteilt und zunehmend leichter, phantasmagorischer und absurder wird. Folglich ändert sich auch der Erzählrhythmus, der immer komischer und zugleich geheimnisvoller und surrealer wird. Vorgesehen ist ein durchgehender musikalischer Kontinuo-Kommentar (während vorher die Musik immer «echt» war) usw.

I

Unsere beiden Reisenden sitzen jetzt in einem Jumbojet, der ins purpurne Morgenland fliegt. Der Jumbo ist gefüllt mit drolligen und unergründlichen Gesichtern, vollgestopft mit Sandwiches und Socken.

Epifanio und Nunzio[I] sitzen eingezwängt zwischen zwei Vietnamesen und einer Reihe von Indern. Epifanio drückt sein altbekanntes geheimnisvolles Bündel mit den Armen an die Brust, als ob es ein lebendiges Wesen wäre. Am Bündel baumelt das Etikett «Handgepäck» mit der Zielaufschrift Ur.[25] Vielleicht stachelt eben dieser kleine Zettel Nunzios Neugier an, der seine Augen zum ersten Mal für längere Zeit gespannt auf das von Epifanio eifersüchtig gehütete Päckchen fixiert. In eben diesen Augen (Epifanios Augen sind in einem unruhigen Schlaf geschlossen) blitzt auf einmal etwas – ist es Ironie?, Mitleid?, Voreingenommenheit? oder prä-

---

I Die Namensbezeichnungen sind hier wieder durchweg bis zum Ende des Manuskripts kohärent und entsprechen Pasolinis Vorsatz bezüglich der am Ende des Kapitels *Sodom* beschlossenen Änderung von den Eigennamen der zwei Hauptpersonen [Anm. v. D.R.].

zises Kalkül? – auf, woraufhin er, von seiner während der langen Reise angestauten Neugier getrieben, unvermittelt mit der Frage herausplatzt: «A Sor Epifa', ma che ce tenete dentro a quel pacco?»[I]

Epifanio schreckt auf und öffnet die Augen. Die einzelnen Gefühle, die wie ein Wirbelwind über seine Pupillen jagen, hier nacheinander aufzuzählen, wäre schier unmöglich. Obwohl alles blitzschnell geht, braucht er länger als eine gute halbe Minute, um sich wieder im Griff zu haben. Am Ende setzt sich der Gefühlsausdruck eines arglosen Gutmenschen und die frohgemute Bereitschaft in ihm durch, das zu sagen, was zu sagen ist. So murmelt Epifanio denn: «'U dono a 'u Bambino.»[II]

Der Jumbo landet in einer großen, unförmigen Stadt, zwischen dampfenden Meeresarmen und schwarzen Zuckerhutbergen. Im Flughafen, voller mysteriöser Menschen, die in alle Richtungen hasten, muss man sich beeilen, um den Anschluss zur DC8 zu erreichen, die am anderen Ende des Flugfelds reglos auf ihren Einsatz wartet. Epifanio hält sein Bündel fest umklammert und wartet besorgten Blickes auf die restlichen Gepäckstücke. Da tauchen sie für einen kurzen Moment auf, als sie aus dem Bauch des Jumbo geladen werden; dann sind sie wieder kurz auf der Asphaltfläche zu erspähen, bevor sie im geheimnisvollen Labyrinth des Flughafens verschwinden; und schon werden sie auf einem rasenden Gepäckwagen quer durch eine Halle gefahren, in der sich dicht aneinander gedrängte Nonnen mit einem schwarzen Kind beschäftigen und zwei fette, schwarze Sikhs einen Tango zu tanzen scheinen; gleich darauf blitzen die Koffer wieder zwischen gewaltigen Paketbergen auf, um daraufhin sofort von einem schwarzen Tunnel verschluckt zu werden ... Und unsere beiden Reisenden im Laufschritt hinterher ... Der Lauf gerät zu einem veritablen «Raid»,[III] um die DC8 noch zu erreichen, die inzwischen mit laufenden Motoren in der brennenden Sonne steht: Es ist wie ein Wettlauf, den ein Japaner gewinnt. Unsere beiden kommen als Letzte an, Epifanio schnappt nach Luft, mit seinem Paket im Arm, unterstützt von Nunzio. Kaum sind sie auf der Einstiegstreppe oben angelangt, da setzt sich das Flugzeug auch schon in Bewegung und folgt dem Kometen. Durch ein Bullauge kann Epifanio gerade noch sehen, wie ihre beiden Koffer auf dem Rücken eines Esels landen, den ein alter Araber an den Zügeln zieht

---

I Dt. etwa: «Ach, Herr Epifa', was habt ihr denn da eigentlich im Paket?» [Anm. v. D. R.].

II Dt. etwa: «Ist ein Geschenk fürs Kind» [Anm. v. D. R.].

III Überraschungsangriff (im ital. Original ebenfalls in Anführungszeichen: «raid»), eigentlich eine offensive militärische Operation [Anm. v. D. R.].

und auf einem Pfad längs der Abflugpiste schwankend fortführt. Eduardo presst sein Geschenk noch fester an die Brust.

Jetzt sind wir in einer kleinen weißen Stadt am Ufer eines ausgetrockneten und weißen Salzsees angekommen. In dem fast menschenleeren Wartesaal des Flughafens, vor dem ein einziges Flugzeug, eine alte Dakota, steht, liegen Epifanio und Nunzio auf den harten Bänken und schlafen. Eduardo umklammert wild entschlossen sein Paket: Er hält es sogar mit den Zähnen fest und beißt mit dem Mund darauf wie eine Schraubzwinge. Was ihn nicht daran hindert zu schnarchen.

Zwei arabische junge Männer in Bluejeans pirschen sich heran und beginnen mit atavistischer Geschicklichkeit, die beiden Schläfer zu entkleiden, wohlgemerkt, im wörtlichen Sinn ...

Als der Lautsprecher mit ohrenbetäubendem Lärm den Abflug der Dakota aufruft, stehen unsere beiden Reisenden tatsächlich *in Unterhosen* da. Nur sein Päckchen hält Epifanio noch immer mit Klauen und Zähnen fest.

Von der fremdartigen Durchsage ihres Abflugs unsanft geweckt, rennen die beiden – in Unterhosen – in Ermangelung einer Alternative – schnell zur Dakota und steigen ein. Im Übrigen tragen auch die anderen Passagiere – außer den Frauen, die ganz mit Schleiern bedeckt sind – keine andere Kleidung als ein Handtuch, das ihre Hüften verhüllt, und ein weiß-rotes Tuch auf dem Kopf.

Der Ort, an dem die Dakota landet, sieht aus wie das einprägsam in Szene gesetzte Ende der Welt. Man sieht eine einfache Piste mitten in einer Wüste, im Hintergrund ein paar gerupfte Palmen sowie eine hölzerne Baracke.

Der Fahrkartenverkäufer sitzt auf einer Coca-Cola-Kiste, umringt von fünf oder sechs Soldaten, alle etwa dreizehn, vierzehn Jahre alt, mit schmierigen Baskenmützen und großen Charlie-Chaplin-Schuhen.[1]

Dann steht da noch ein alter demolierter Land Rover mit einer pompösen knallroten Aufschrift «Hotel Continental». Der Fahrer, schwarz und verschwitzt, steht daneben, und auch seine rote Mütze ist mit dem Schriftzug «Hotel Continental» bedruckt. Epifanio und Nunzio sind die einzigen zwei Passagiere, die – in Unterhosen und mit ihrem «Handgepäck» – zu dieser Endhaltestelle gelangen wollen. Der Fahrer vom «Hotel Continental» geht auf sie zu und bietet ihnen seine Dienste an. Und – unglaublich, aber wahr – er ist Neapolitaner!

---

1 Wörtlich übersetzt, spricht Pasolini von ‹Charlot-Schuhen› (ital.: «scarpe alla Charlot») – bzw. etwa: ‹Schuhen à la *Tramp*› – und meint damit – erneut auf Charlie-Chaplin-Filme anspielend – ein in der Tradition von (übergroßen) Clown-Schuhen stehendes Modell [Anm. v. D. R.].

Bei vierzig Grad im Schatten findet erneut das Erkennungsritual statt, und obwohl er fast am Ende seiner Kräfte ist, bringt Epifanio noch die Energie auf, die gesamte Zeremonie lang durchzuhalten. Unter dem schützenden Geleit ihres neuen Freundes steigen die beiden Pilger in den Land Rover und machen sich auf den Weg ins heiße Nichts.

Die Fahrt dauert einen Tag und eine Nacht, um nach Ur und zum berühmten «Hotel Continental» zu kommen: Als der Abend anbricht und es dunkel wird, legen sich die drei unter einer Palme im Biwak schlafen. Sie haben gerade noch Zeit, gemeinsam eine Pizza zu essen und ein wenig *O sole mio* zu trällern bis sie auch schon eingeschlafen sind: Epifanio mit seinem Paket fest im Arm.

Doch der neue Neapolitaner schläft nicht, sondern hält ein Auge offen. Als er durch diesen offenen Augenwinkel sieht, dass Epifanio in einen tiefen, todesähnlichen Schlaf gesunken ist, nähert er sich ihm ganz vorsichtig, mit einer noch ausgefeilteren Geschicklichkeit als die, die die zwei routinierten arabischen Räuber an den Tag gelegt hatten, befreit Eduardo von seinem Bündel und springt mit hoffnungsvollen Augen, die wie zwei brennende Kohlen glühen, in den Land Rover: In geheimnisvoller Stille lässt er den Motor an und entschwindet spurlos zwischen den Dünen, die eine schmale Mondsichel sacht beleuchtet.

Bald schon ist er weit weg, unerreichbar, an einem Ort außerhalb der Welt, wo man nur noch die Hyänen heulen hört.

Rasend vor Ungeduld beginnt er fieberhaft die Diebesbeute auszupacken: ein perfekt geschnürtes, fast gepanzertes Paket. Stück für Stück gelingt es ihm, das Eingepackte freizulegen, und traut seinen Augen nicht. Ganz aus Gold kommen – erst die kleine Grotte mit den Hirten, dann der Futtertrog, die Kuh und der Esel, der heilige Josef, die Madonna, das Kind – am Ende eine vollständige Krippe zum Vorschein: Das kostbare Werk im Stil eines Bamboccianten[26] aus dem 17. Jahrhundert ist jedoch, wie es scheint, technisch aufgerüstet und modernisiert worden. Denn vorne befindet sich eine kleine Kurbel, mit deren Hilfe man das Ganze zu entsprechender Musik in Bewegung setzen kann. Die Musik besteht, genauer gesagt, aus einer Tarantella-Melodie,[I] zu der die Hirten inmitten einer Wiese aus Gold mit ihren Schäfchen aus Gold tanzen, die – tick-tack – das Gras aus Gold äsen.

Die Einstellung fokussiert die Krippe: Dadurch ist sie so groß wie die Leinwand, und die Szene wirkt real, in natürlicher Größe.

I Die Tarantella ist ein schneller, aus Süditalien stammender Volkstanz [Anm. v. D. R.].

Sobald die Tarantella-Melodie erklingt, öffnet und schließt das Kind – zack-zack – die Ärmchen, und die Madonna bewegt den Kopf auf und ab, während Josef einmal lächelt und zwei Mal hin und her hobelt, und wieder einmal lächelt und zwei Mal hin und her hobelt. Dann klingt die Tarantella aus und wird von einer feierlichen Kirchenmusik abgelöst. Hinter einem Hügel (aus Gold) erscheinen die Heiligen Drei Könige mit ihren Gaben, nähern sich demütig und feierlich dem Kind, knien vor ihm nieder und huldigen ihm.

II

Epifanio erwacht unter der Palme und bemerkt, dass sein Paket verschwunden ist. Nunzio ist schon wach und betrachtet ihn, als ob er sich heimlich über das Geschehen freut. Epifanio möchte am liebsten vor Schmerz auf der Stelle sterben. Aber er sagt nichts und senkt stattdessen den Kopf, ohne einen Muskel zu bewegen. Dann kommt er auf die Beine und sagt: «Gehen wir!» Tatsächlich ist am Ende des Horizonts, zwischen trockenen hellen Bergen gelegen, Ur zu erkennen.

Er gönnt weder Nunzio noch dem Schicksal den Triumph und macht sich in Unterhosen und mit leeren Händen auf den Weg nach Ur. Genau dort ist der Komet nämlich stehengeblieben.

Doch nach einer Weile kann er nicht mehr an sich halten und fängt an wie ein verzweifeltes Kind drauflos zu weinen. Nunzio betrachtet ihn verstohlen mit mysteriöser Miene.

Sie sind jetzt in Ur und fragen sich nach einer Höhle soundso durch, in der ein Messias soundso geboren worden sein müsste ... (Epifanio zeichnet sogar ein Gesicht – mit Bart und einem Heiligenschein – in den Staub, um sich verständlich zu machen). Die Araber, die an den Tischen in ihren Cafés sitzen oder vor schäbigen Verkaufsbuden herumstehen, geben ihm nur ziemlich vage Auskünfte. Schließlich gelangen die beiden, vor Müdigkeit mehr tot als lebendig, ans andere Ende der Stadt, mehr oder weniger in die Nähe der Mülldeponie. Dort sinkt der Komet, der noch hoch am Himmel steht, plötzlich wie eine Stichflamme herab, beginnt über einer kleinen staubigen Höhle zu strahlen und zu leuchten wie noch nie, ja, er blendet sie regelrecht.

Dorthin lenkt nun Epifanio seine Schritte, weinend und lachend zugleich. «Nun aggio niente 'a regalà a 'u Messia»,[1] klagt er verzweifelt, aber auch glücklich, das Ziel endlich erreicht zu haben.

---

1 Dt. etwa: «Ich hab' nix mehr, dem Messias zu schenken» [Anm. v. D.R.].

Und Nunzio tröstet ihn: «E che cazzo ve frega!»[I]

So gelangen sie schließlich zur Grotte. Dort ist nichts und niemand zu sehen. Staub, Steine, Spuren eines Beduinenfeuers, ein paar trockene Kothaufen. Das ist alles, was es zu sehen gibt, angestrahlt vom grellen Licht des Kometen.

Epifanio stürzt nach Luft ringend, krisengeschüttelt zu Boden, wie vom Blitz erschlagen.

Doch dann hört man ein Stimmchen freudig jauchzen.

Es ist ein kleiner Araberjunge, der den steinernen Pfad hinaufeilt und gleich darauf schwitzend ankommt. Er trägt eine Schachtel mit allen möglichen Dingen: Krimskrams, kleine Marken und Medaillons, *Souvenirs*. «Tausend Lire», ruft er in einem drolligen Italienisch, «Medaille vom Messias!» In seiner Verzweiflung fragt Epifanio nun ihn aus. Und er erfährt von dem kleinen Araber Folgendes: Ja, der Messias sei geboren worden, aber seitdem sei auch schon viel Zeit vergangen, sodass er inzwischen gestorben und vergessen sei. Epifanios Reise hat zu lange gedauert, er hat zu viel Zeit mit all den Dingen verloren, die ihm widerfahren sind: Und nun ist er zu spät gekommen, unwiderruflich zu spät.

Verzweifelt macht Epifanio seinen letzten Atemzug und stirbt.

Und dann nehmen die Ereignisse eine völlig unerwartete Wendung.

Von Nunzios Körper löst sich die Figur eines anderen Nunzio ab: Ein Engel, ein wirklicher, wahrhaftiger Engel des Herrn[II] erscheint. Strahlend nähert er sich dem toten Leib Epifanios und nimmt ihn an die Hand. Und auch von der toten Gestalt Epifanios löst sich nun die Figur eines anderen Epifanios ab: seine Seele.[III] Sie sieht sehr elegant aus, ganz in Weiß, mit Strohhut, Spazierstöckchen und einer Blume im Knopfloch.

Nunzio zwinkert ihm zu, hält weiterhin seine Hand und sagt: «Namo, omo de bona volontà!»,[IV] und singend und tanzend geleitet er ihn aufwärts längs der Straße des Himmels.[V]

I Dt. etwa: «Kann euch doch wurscht sein!» [Anm. v. D. R.].

II Im Original durch unübliche Großschreibung hervorgehobene Wendung: «Angelo del Signore» (dt.: ‹Engel des Herrn›) [Anm. v. D. R.].

III Im Original durch unübliche Großschreibung hervorgehobenes Wort: «Anima» (dt.: ‹Seele›) [Anm. v. D. R.].

IV Dt. etwa: «Auf geht's, du Mensch guten Willens!» [Anm. v. D. R.].

V Von Pasolini durch unübliche Großschreibung hervorgehobene Wendung, wobei er das Lexem ‹cielo› (dt.: ‹Himmel›) in den – ebenfalls ungewöhnlichen – Plural setzt: «strada dei Cieli» (dt. wörtlich eigentlich: ‹Straße der Himmel›, im Plural), was wir hier aber aus stilistischen Gründen mit ‹Straße des Himmels› übersetzt haben [Anm. v. D. R.].

III

Die beiden sind überglücklich und machen sich munter auf den Weg, immer höher hinauf, durch kosmische Räume (dieselben, mit denen unser Poem begonnen hat).

Abblende

Und die beiden steigen weiter nach oben hinauf, immer weiter, werden aber allmählich müde. Epifanio schiebt sich den Strohhut etwas aus der Stirn und trocknet sich mit einem Seidentüchlein den Schweiß ab.

Abblende

Die zwei steigen immer noch himmelwärts, aber ihr Schritt ist jetzt entschieden schwer und ihre Gesichter drücken deutlich eine gewissermaßen fatale Entmutigung aus.

Nunzio schaut sich in den schwindelerregenden Höhen des Kosmos unruhig um, als versuche er sich zu orientieren.

«Und es war doch da», meint er.

«Che? 'U Paradiso?»,[I] fragt Epifanio zurück: Doch er hat bereits alles verstanden.

Abblende

Die zwei erklimmen weiter und weiter die Himmel: aber nichts, um sie herum nur Schweigen und Leere. Zu ihren Füßen, tief unten, da ist die Erde,[II] die sich dreht wie ein bunter Ball, unendlich weit entfernt.

Erschöpft ruft Epifanio aus: «Non gliela faccio più!»[III] und setzt sich hin, streift die Schuhe ab und knetet seine gequälten Füße. Nunzio setzt sich verwirrt und bestürzt neben ihn.

Epifanio hält eine Hand wie einen Trichter hinter sein Ohr und konzentriert sich auf sein Gehör. Von der Erdkugel dort unten dringt ein unbestimmtes Rauschen von Stimmen, Schreien und Gesängen herauf.

I Dt. etwa: «Was? Das Paradies?», wobei Pasolini das italienische Wort ‹paradiso› ebenfalls mit Großbuchstaben schreibt: «Paradiso» [Anm. v. D. R.].

II Ab hier erneute im Original unübliche Großschreibung des Worts ‹terra› – bei Pasolini: «Terra» (dt.: ‹Erde›) [Anm. v. D. R.].

III Dt. etwa: «Ich kann nimmer!» [Anm. v. D. R.].

Epifanio hört zu, seufzt tief, erhebt sich, dreht sich schamhaft um und muss pinkeln. Man hört das Rauschen des Pinkelns im Weltenraum. Nachdem er sich mühevoll erleichtert hat, knöpft sich Epifanio geduldig den Hosenschlitz wieder zu und rekapituliert zwar schmerzlich, aber mit dem von der Philosophie geforderten Abstand seine große Reise, mit schwacher Stimme, als spreche er nur zu sich selbst oder zum Nichts: Es war eine Illusion, die ihn durch die Welt geführt habe – aber es sei diese Illusion gewesen, die ihn die Wirklichkeit der Welt habe erkennen lassen ...

Seufzend nimmt er wieder neben Nunzio Platz und betrachtet die Welt mit Wohlwollen. Von dort unten wehen – vermischt mit Stimmen und Geräuschen aus dem täglichen Leben – der Singsang armer Menschen hoch, dumme Schlagerlieder und schließlich Revolutionslieder.

«Und doch ...», murmelt Epifanio, «wie alle Kometen ist auch der Komet, dem ich gefolgt bin, ein Scheiß gewesen. Aber ohne diesen Scheiß, Erde,[27] hätte ich dich nicht kennengelernt ...», und er trocknet sich die Augen, die von ein paar geheimnisvollen Tränen der Dankbarkeit feucht geworden sind ... Die Lieder – die Revolutionslieder – da unten werden immer deutlicher. Epifanio erholt sich von seiner Ergriffenheit wieder ein wenig und sagt, mit einer typisch fragenden neapolitanischen Geste:

«Maaaaaa ... e mo'?»[I]

Nunzio hat, warum auch immer, wieder ein wenig zu sich selbst gefunden: «Embè, sor Epifà»,[II] antwortet er. «Nun esiste la fine. Aspettiamo. Qualche cosa succederà.»[III]

(1967–1975)

I Dt. etwa: «Tjaaaaaa ... und jetzt?» [Anm. v. D.R.].

II Dt. etwa: «Nun ja, Herr Epifà» [Anm. v. D.R.].

III Dt. etwa: «Ein Ende gibt's nicht. Warten wir's ab. Irgendwas wird geschehen» [Anm. v. D.R.].

Anmerkungen und Erläuterungen der Herausgeber

1 Der Filmregisseur und Drehbuchautor Pasolini führt hier den Schauspielernamen «Eduardo De Filippo» für die Rolle der zunächst (bis gegen Ende des Kapitels *Sodom*) «Eduardo» genannten Hauptperson ein. Pasolini hat die fiktive Namensgebung bezüglich seines Protagonisten in diesem unvollendet gebliebenen Drehbuch vor seinem plötzlichen Tod jedoch weder endgültig festgelegt noch kohärent eingehalten, sodass sich der Name ‹Eduardo› an einigen Textstellen, auf die wir im Einzelnen im Fußnotenapparat hinweisen, mit einem zweiten, von Pasolini für diese Rolle angedachten Vornamen – nämlich «Epifanio» – deckt. Belegt ist, dass Pasolini diese Rolle zuletzt seinem Freund und Künstlerkollegen Eduardo De Filippo (1900–1984) zugedacht hat, der ein in Neapel geborener und in Rom erst neun Jahre nach Pasolini verstorbener bekannter italienischer Theatermacher, Schauspieler, Regisseur, Bühnenbildner, Dramaturg, Schriftsteller, Philosoph, Dichter und unabhängiger Linksintellektueller war. De Filippo wurde 1981 zum Senator auf Lebenszeit der Republik Italien berufen, war Nobelpreisanwärter auf den Literaturpreis und ist in Italien sowohl auf dem Filmsektor als auch im Bereich des Theaters nachhaltig präsent und aktiv gewesen. Näheres zur ursprünglich vorgesehenen Rollenbesetzung ist im Begleittext (Kap. 3) von Reinhold Zwick nachzulesen [Anm. v. Dagmar Reichardt – ab hier kurz: D.R.].

2 Ähnlich wie bei der Namensgebung des «Eduardo De Filippo» *alias* «Eduardo», verleiht Pasolini hier der Figur des Dieners den Vornamen «Ninetto», wobei er an den römischen Schauspieler kalabrischer Herkunft Ninetto Davoli (geb. 1948) gedacht hat, den Pasolini für seinen Film Das 1. Evangelium – Matthäus (Il Vangelo secondo Matteo, 1964) entdeckt hatte und der an zahlreichen seiner (und später vieler anderer) Kinofilme – zuletzt an Pasolinis Erotischen Geschichten aus 1001 Nacht (Il fiore delle Mille e una notte, 1974) – mitgewirkt hat. Am Ende des Kapitels *Sodom* wird Pasolini den Namen «Ninetto» (ähnlich irreführend wie beim Rollennamen des «Eduardo» *alias* «Epifanio») durch den des «Nunzio» ersetzen – in beiden Fällen den Anfangsbuchstaben der echten Schauspielervornamen beibehaltend –, worauf wir im Fußnotenapparat entsprechend hinweisen. Gegen Ende des Kapitels von *Gomorra* beginnt Pasolini verstärkt, zwischen den beiden Ebenen der Schauspieler- und Figurenvornamen hin und her zu wechseln, was den provisorischen, unvollendeten Charakter seines Drehbuchs kennzeichnet, bis er ab Beginn des Kapitels *Ur* wieder – fiktional kohärenter – von «Epifanio» und «Nunzio» spricht [Anm. v. D.R.].

3 Pasolini führt Eduardo De Filippo, den er für die Verkörperung der fiktiven Figur des Eduardo vorgesehen hatte, hier im Original als einen «Re Mago» ein. Die im deutschsprachigen Raum als Heilige Drei Könige bekannten biblischen Figuren nennt man im Italienischen allgemein *i Re Magi* oder schlicht *i Magi* – was dem italienischen Wortsinn nach in der Übersetzung auf Deutsch ‹die Magierkönige› bzw. ‹die Magier› hieße. Da Pasolini durch die Titulierung Eduardos als *Re Mago* – also einem der Heiligen Drei Könige oder, dem wörtlichen Sinn nach, einem ‹Magierkönig› – offensichtlich mit der Doppeldeutigkeit der italienischen Wendung *i Re Magi* und deren implizite Wirkung im Italienischen auf den Leser oder Zuschauer spielt, was in der kulturgetreuen Übertragung ins Deutsche verlorenginge, weisen wir hierauf im Folgenden hin, indem wir Eduardo De Filippo als einen *Magierkönig* bezeichnen. Dies gilt aus Gründen der Textstimmigkeit und Kohärenz auch für die Übersetzung der Pluralform, sodass wir statt des Ausdrucks ‹die Heiligen Drei Könige› im Deutschen analog den der *Magierkönige* verwenden. Im Deutschen entsteht durch diesen Neologismus ein etwas stärker verfremdender, künstlerischer bzw. kreativer Effekt als dies im Italienischen der äußeren Form nach der Fall ist. Im Italienischen wird diese von Pasolini gewollte Wirkung vielmehr durch eine (im Italienischen nicht notwendige) Großschreibung der Bezeichnung Eduardo De Filippos (*alias* Epifanios) als *Magierkönig* (ital.: «Re Mago», statt –

auch denkbar und ebenso korrekt – etwa: ‹re mago›) sowie durch den Einsatz weiterer großgeschriebener Nomen, die u.a. mit dieser Titulierung in der vorliegenden und der folgenden Einstellung verbunden sind – wie «Messia» (dt.: ‹Messias›), «Stella Cometa» (dt.: ‹Kometenstern›), «Cometa» (dt.: ‹Komet›), «Sud» (dt.: ‹Süden›), «Est» (dt.: ‹Osten›) oder «Nord» (dt.: ‹Norden›) – erzielt und auf der Textebene sichtbar. Auch im weiteren Verlauf des Drehbuchs wendet Pasolini das Stilmittel der unüblichen Großschreibung (die in der deutschen Übersetzung durch die generelle Großschreibung von Nomen verloren geht) bei verschiedenen, normalerweise im Italienischen kleingeschriebenen Substantiven an, so z.B. im Kapitel *Sodom* bei der archaisierenden Bezeichnung der Präsidentin der Republik Sodom als «Regina» (dt.: ‹Königin›) sowie dem «Re della Festa della Fecondazione» (dt.: ‹König des Festes der Befruchtung›) – und dessen weiblichem Pendant – oder in *Gomorra* und *Numantia* die Lexeme «Utopia» (dt.: ‹Utopia›), «Città» (dt.: ‹Stadt›) oder «Violenza» (dt.: ‹Gewalt›) u.a.m. [Anm. v. D.R.].

4 *Forcella* und *Vomero* sind zwei zentral gelegene Viertel im historischen Zentrum von Neapel, wobei das Altstadtviertel *Vomero* auf dem gleichnamigen Hügel gelegen ist. *Margellina* (auch: *Mergellina*) hingegen ist ein ehemaliges Fischerdorf und ein heute in die urbane Struktur eingemeindeter Küstenabschnitt bzw. Distrikt in Neapels Stadtviertel *Chiaia*. In der realen Welt existierende italienische Ortsbezeichnungen, die Pasolini benennt, aber kommentarlos in seinen Drehbuchtext einschreibt, haben wir im Endnotenapparat sowie – wenn es sich um Kurzerklärungen handelt – auch in knappen Fußnoten für die deutschen Leser:innen direkt erläutert [Anm. v. D.R.].

5 Die Ortsbezeichnung «Sodom» spielt – wie auch die in der nächsten Kapitelüberschrift genannte Stadt «Gomorra» – bei Pasolini auf eine im Alten Testament (v.a. Gen 18 und 19) genannte Stadt an, deren beider geografische Lagen sowie Namensbedeutungen nicht gesichert sind. Sie eröffnen Pasolini als Autor und Filmemacher somit viel Raum für Phantasie und Projektion. Die Begebenheiten, die im Folgenden in Pasolinis Drehbuch beschrieben werden, nehmen mehrfach Bezug auf die biblische Erzählung. Zusätzlich könnte u.a. der Monumentalfilm SODOM AND GOMORRAH (1962) von Robert Aldrich – eine US-amerikanisch-italienisch-französisch-marokkanische Co-Produktion, die in den 1960er-Jahren einen blutrünstigen Abenteuerfilm mit Stewart Granger als Lot, Anouk Aimée als Königin Brera und Pier Angeli als Ildith in die Kinos brachte, der ebenfalls biblische Motive abwandelt und unter italienischer Beteiligung (auch im Cast) gedreht wurde – Pasolini inspiriert haben. Näheres zur Bedeutung von Sodom ist im Begleittext (Kap. 4) von Reinhold Zwick nachzulesen [Anm. v. D.R.].

6 Die *Piazza dei Cinquecen*to (dt. wörtlich: ‹Platz der Fünfhundert›) ist ein unmittelbar vor dem Hauptbahnhofgebäude in Rom gelegener, weitläufiger, großer und verkehrsreicher zentraler Platz. Er ist den fünfhundert italienischen Soldaten gewidmet, die 1887 in Dogali (Eritrea) bei einer kriegerischen Auseinandersetzung mit dem äthiopischen Heer im Rahmen des kolonialen Feldzuges Italiens am Horn von Afrika gefallen sind [Anm. v. D.R.].

7 Mit dem «*Borghese*-Viertel» ist die grüne, städtische Umgebung der ausgedehnten, ca. 5 km² großen Parkanlage von der *Villa Borghese*, mitten im Herzen Roms gelegen, gemeint, die sich ab dem 17. Jahrhundert im Besitz des römischen – zum europäischen Hochadel zählenden – Adelsgeschlechts der Familie Borghese befand und 1901 Staatsbesitz wurde. Das Adjektiv ‹borghese› heißt wörtlich übersetzt ‹bürgerlich› (also wörtlich: ‹Villa Bürgerlich› bzw. ‹Bürgergarten›) und dann im Deutschen hier entsprechend etwa: ‹Bürgerliches Viertel› oder «*Borghese*-Viertel» [Anm. v. D.R.].

8 Pasolini zitiert hier im Original den real im historischen Zentrum von Neapel existierenden *Vico Tre Re* [dt. wörtlich: ‹Drei-König-Gasse›] – eigentlich: *Vico Tre Re a Toledo* –

als Kurzangabe für die Adressaufschrift von Eduardos Postkarte, sodass sich eine deutliche ironische Anspielung auf die Heiligen Drei Könige ergibt [Anm. v. D. R.].

9 Der *Vico Scassacocchie* (dt. wörtlich: ‹Kutschen-Kaputtmacher-Gasse›) [Kursivsatz nicht von Pasolini] ist eine ebenfalls in der realen Altstadt von Neapel befindliche enge Gasse, die im wahren Leben u. a. in Eduardo De Filippos komischen Film NAPOLI MILLIONARIA (1950) vorkommt. Darin wohnt die Hauptfigur Pasqualino Miele (vom legendären Komikdarsteller Totò gespielt) bekanntermaßen im fünften Stock in der Nummer 17 derselben *(Via Scassacocchie 17, quinto piano)*. Zuvor hatte sich auch schon De Filippo in seinem komödiantischen Einakter *Quei figuri di trent'anni fa* (1929) auf die Gasse bezogen [Anm. v. D. R.].

10 Pasolini benutzt im italienischen Original das Wort ‹Sonno› als Eigennamen der Pension, den er in doppelte Anführungszeichen setzt (im Original: «pensione ‹Sonno›»), was wörtlich im Deutschen ‹Schlaf› (somit: Pension «Schlaf») bedeutet [Anm. v. D. R.].

11 Bei den drei hier im *Sodom*-Kapitel zitierten nostalgischen bzw. «rührselige[n] Liedchen» (ital.: ‹canzoncina›) *Johnny Guitar, Luna Rossa* und *Sono carcerato e mamma more* – die italienische Schlagertitel aus den 1950er-Jahren bezeichnen und die Pasolini hier als «Lieder aus früheren Zeiten und vergangener Tage» (im italienischen Original nämlich französierend als «canzoni *d'antan*») bzw. im anschließenden *Gomorra*-Kapitel als «liebliche alte Musik» umschreibt – handelt es sich u. a. um ein Selbstzitat: Diese Liedertexte werden bereits von den Jugendlichen gesungen, die Pasolini lange vor dem Abfassen von *Porno–Theo–Kolossal* schon in seinen sozialkritischen Romanen *Ragazzi di vita* (1955) und *Una vita violenta* (1959) auftreten lässt [Anm. v. D. R.].

12 Den Ausdruck *Ammazzatore di Testaccio* könnte man wörtlich ins Deutsche etwa mit der Wendung ‹Schlachter des Scherbenhügels› übersetzen. Die künstliche, teils leicht hügelige, bis zu ca. 54 m hohe Erhebung des *Monte Testaccio* (wörtlich etwa: ‹großer Kopf›) – im Volksmund auch *Monte dei Cocci* genannt – ist in der römischen Antike als Scherbenhügel von nicht weiter verwendbaren Amphoren entstanden, die hier, unweit des Tiberhafens, auf diese Weise noch bis ins Mittelalter entsorgt wurden. Im Hafengebiet und Herzen des alten Roms gelegen, war das Gebiet rund um den *Testaccio* ein Dreh- und Angelpunkt, an dem Rom seinen Handel mit den übrigen römischen Provinzen abwickelte, und erfüllte bis zum Mittelalter die Funktion einer Mülldeponie. Danach wurde der Testaccio zum Austragungsplatz von Volksveranstaltungen, die – wie hier bei Pasolini – von antiken öffentlichen Spielen (wie dem *ludus Testacie*, eine besondere Art des Stierkampfs) bis zu den populären *Ottobrate Romane* (den römischen Abschlussfeiern der Weinlese) im 19. Jahrhundert reichten. Im frühen 20. Jahrhundert entwickelte sich der *Testaccio* zu einem traditionellen Arbeiterviertel, in dem sich bis 1975 – also zu Pasolinis Lebzeiten – der zentrale römische Schlachthof *(Macello)* befand. Nachdem dieser geschlossen wurde, hat sich der *Testaccio* zunehmend auch dank der Einrichtung zahlreicher städtischer Kultureinrichtungen (u. a. einer Außenstelle des Museums für zeitgenössische Kunst MACRO) gentrifiziert und sich auch gastronomisch zunehmend dem Tourismus geöffnet. Pasolini gefiel das Viertel offensichtlich noch besonders wegen seiner Einfachheit und Ursprünglichkeit [Anm. v. D. R.].

13 Mit dem Stadionnamen *Torino* – den Pasolini ebenfalls in Anführungszeichen gesetzt hat – kann sowohl schlicht die Hauptstadt der nordwestlich gelegenen Region Piemont und viertgrößten Stadt Italiens als auch der Name des populären Fußballvereins Juventus-Turin (dann hier in italienischer Kurzform: «Torino») oder der des FC Turin (ital.: «Torino FC») gemeint sein. Warum Pasolini in den Kontext Roms den Namen der norditalienischen Metropole Turin einträgt, ist dennoch irritierend. Ob Pasolini,

der selbst zeitlebens begeistert Fußball spielte, ein Anhänger des Clubs Juventus-Turin war und diesem mit dem Stadionnamen seine Referenz erweisen wollte, konnte nicht ermittelt werden. Vielleicht ist der Stadionname auch eine kleine Hommage Pasolinis an Norditalien, seine Heimat. Das Geschehen in diesem Stadion (die Bestrafung des Liebespaares) macht aber eher eine Geste der Distanzierung naheliegender: Das grausame Strafhandeln passt nicht (mehr) zu Rom, denn die Zeiten der brutalen *Circenses* im Kolosseum sind in den 1950er-Jahren längst vorbei. Wie der Stadionname ist auch die Tortur der einander Liebenden ein Fremdkörper in Rom. Möglicherweise gaben auch strukturell-dramaturgische Überlegungen den Ausschlag für die Wahl dieses Eigennamens: Mit dem Strafvollzug rückt Sodom/Rom in die Nähe des gewaltgesättigten Gomorras/Mailand, das die nächste Reisestation sein wird, sodass der Name der Stadt Turin hier den Ortswechsel nach Norditalien in proleptischer Funktion ankündigt [Anm. v. Reinhold Zwick und D. R.].

14 Die Bombe, die Pasolini in seiner Erzählung «unter der Lokomotive» explodieren lässt, erinnert gerade im Zusammenhang mit dem «Bahnhof» (hier: von Gomorra, eigentlich Mailand), in den der Zug einfährt, im Rückblick an die sog. *Strage di Bologna* – den Bombenanschlag auf den Hauptbahnhof von Bologna – 1980. Die Bombe brachte damals das Dach des Wartesaals, nachdem sie zuvor in einem Koffer versteckt und im Wartesaal deponiert worden war, zum Einsturz, was die Zahl der Todesopfer (insg. 85) in die Höhe trieb. Dieses Blutbad hat Pasolini nicht mehr erlebt, allerdings gingen dem tragischen Ereignis eine Reihe anderer terroristischer Angriffe, die der neofaschistischen Rechten Italiens zugeschrieben werden, zu seinen Lebzeiten voraus: Der Anschlag auf eine Bank (Banca Nazionale dell'Agricoltura) auf der Piazza Fontana (daher: *Strage di piazza Fontana*; 17 Tote) im Herzen Mailands (entspricht bei Pasolini: «Gomorra») 1969 gilt gemeinhin als Auftakt der gewaltsamen *Anni di piombo* («Bleierne Jahre») in Italien. Es folgten noch während der unmittelbaren Schaffensperiode, in der *Porno-Theo-Kolossal* zu verorten ist (1969–1975), weitere Terroranschläge im öffentlichen Raum, die außer den Todesopfern z. T. jeweils über hundert Verwundete forderten. Dazu gehören im Jahr 1974 – gut ein Jahr vor Pasolinis Tod – ein Bombenattentat auf den zentralen Platz der Stadt Brescia (wie Mailand in der Lombardei gelegen) im Mai 1974 (8 Tote) – die sog. *Strage di Brescia* – sowie dasjenige auf den Italicus-Express im August 1974 *(Strage dell'Italicus)*, nahe Bologna (12 Tote). Die Verkettung der dem Unglück von Bologna von 1980 vorangegangenen Bombenangriffe mag den in Bologna geborenen Pasolini tagespolitisch inspiriert haben, wobei er deren ultimative Eskalation in seiner Geburtsstadt 1980 fast visionär im *Gomorra*-Kapitel antizipiert, indem er den Bahnhof als Ort des Verbrechens wählt und explizit auf dessen gespenstisches Dach verweist [Anm. v. D. R.].

15 *Cinerama* bezeichnet eine in den westlichen Kinos der 1950er-Jahre aufkommende Filmvorführungstechnik (mit drei synchron laufenden 35-Millimeter-Filmkameras) und kennzeichnet zugleich einen Meilenstein der kinematografischen Geschichte. Ursprünglich vom US-amerikanischen Filmpionier Frederic («Fred») Waller (1886–1954) aus New York erfunden, behauptete sich dieses nach der gleichnamigen Cinerama-Firma (wobei sich der zusammengesetzte Firmenname von den englischen Hauptwörtern ‹cinema› und ‹panorama› ableitet) benannte und von ihr entwickelte, extreme Breitwand-Filmformat ab 1952 auf dem Markt, das (nach The Power of Love, 1922) als ein konkreter Vorläufer des heute als 3D-Technik figurierenden Vorführungsformats gelten könnte. – Deutlich meldet sich hier Pasolini nicht nur als Drehbuchautor, Filmemacher und Regisseur einer narrativen, visuell starken Erzählung zu Wort. Vielmehr scheint er sich bei dieser Filmdarstellung einer pornografischen Szene im Rahmen seines eigenen Films *(Porno-Theo-Kolossal)* auch interne Hinweise zu notieren zur praktischen *Film-im-Film*-Umsetzung seines Werks aus der Warte eines filmtechnisch und -geschichtlich interessierten Cineasten, der die

Realisierung des Films von vorneherein mitdenkt: Die Technik sollte sowohl zur von ihm im *Gomorra*-Kapitel erzählten als auch für den Kinostart von *Porno–Theo–Kolossal* zuletzt vorgesehenen modernen Zeit (d.h. zu den Jahren 1975–1976) passen und bestmögliche Leinwandeffekte hervorbringen [Anm. v. D.R.].

16 Die *Porta Ticinese* (dt. wörtlich: ‹Tessiner Stadttor›) ist ein Mailänder Stadttor, das aus der römischen Antike stammt und entweder – wahrscheinlich zeitgleich mit den Stadtmauern – noch unter Caesar oder unter Augustus errichtet wurde, um damit den Grundstein für die Stadt Mailand zu legen [Anm. v. D.R.].

17 Die nachfolgende Schilderung der schrecklichen Tode der Wüstlinge von Gomorra steht in der Tradition des frühchristlichen Genres der *De mortibus persecutorum*-Literatur (dt.: ‹Vom Sterben der Verfolger›), so benannt nach dessen gleichnamigem ‹Klassiker› aus der Feder des Kirchenvaters Laktanz (230–320 n.Chr.). Vorläufer finden sich bereits im Alten Testament, v.a. bei der Schilderung des grausamen Todesleidens des Seleukiden-Königs und nicht minder grausamen Judenverfolgers Antiochus IV. Epiphanes (in 2 Makk 9) [Anm. v. Reinhold Zwick].

18 Pasolini bezieht sich mit dem – auch im Original in dieser Fußnote in doppelte Anführungszeichen gesetzten und durch Großschreibung hervorgehobenen – italienischen *Terminus technicus* «Kolossal» (indem er die deutsche Schreibweise *Kolossal* dieses deutsch-französischen Fachbegriffs übernimmt und nicht die französische – *Colossal* – mit ‹C›) auf das gleichnamige Filmformat, das in der Kinofachsprache mit mehreren Filmgenres assoziiert wird und dem im Deutschen gebräuchlicheren Terminus eines ‹Monumentalfilms› entspricht. Für ausführliche Erklärungen zur Begriffsgenese und zum transmedialen Genre des Kolossalfilms vgl. den Begleittext (Kap. 4) von Dagmar Reichardt [Anm. v. D.R.].

19 Die Ortsbezeichnung «Numantia» kennen wir heute nur noch als eine in Nordspanien gelegene Ausgrabungsstätte in der spanischen Provinz Soria auf einer 1.100 m hohen Erhebung oberhalb des Flusses Duero – zu finden ca. 12 km nordöstlich der heutigen Stadt Soria und ca. 160 km westlich von Saragossa. Historisch gesehen war Numantia die Hauptstadt der Kelten bzw. Keltiberer im Norden der Iberischen Halbinsel, um die in der Antike während der Spanischen Kriege (154–133 v.Chr.) immer wieder erbitterte Machtkämpfe zwischen Rom und den Keltiberern entbrannten, bis Numantia im Jahr 133 v.Chr. endgültig von den Römern eingenommen und der Krieg zugunsten des Römischen Reichs besiegelt wurde. Dieser Sieg der Römer war mittels einer grausamen Belagerungstechnik errungen worden, die eine Einkesselung der Stadt vornahm, um die Bewohner von Numantia auszuhungern und verdursten zu lassen. Die Stadt Numantia selber und deren Einwohner sind in die Geschichte als stark befestigtes Widerstandszentrum eingegangen, dessen Bevölkerung sich aus Furcht, ihre Unabhängigkeit verlieren zu können, der römischen Besatzungsmacht in keiner Weise unterordnen wollte und es vorzog, sich größtenteils selbst auszulöschen, statt erobert zu werden und sich den Römern zu ergeben. Näheres zur Bedeutung von Numantia ist im Begleittext (Kap. 4) von Reinhold Zwick nachzulesen [Anm. v. D.R.].

20 Pasolini benutzt hier im Original das Wort «profughi», was im Deutschen wörtlich übersetzt ‹Flüchtlinge› bedeutet. Seit der Europäischen Flüchtlingskrise 2015/2016, in der Italien eine zentrale politische Rolle gespielt hat, ist die tendenziell eher noch an den II. Weltkrieg erinnernde Bezeichnung ‹profugo› (dt. auch: ‹Vertriebener›) in der italienischen Amtssprache aber den Ausdrücken ‹rifugiati› oder ‹migranti› (bzw. genauer aus italienisch-nationaler Sicht: ‹immigranti›) gewichen, sodass Pasolinis Wortwahl heute eher antiquiert wirkt. Im vorliegenden Erzählkontext bietet sich hier im Deutschen deshalb eher die Übersetzung als «Gefangene» (ital. eigentlich: ‹prigionieri›) als flüssiger und passender an [Anm. v. D.R.].

21 Seit dem Mittelalter auch unter dem Namen ‹Spanische Reiter› bekannte, jedoch schon seit Urzeiten verwendete Barrieren, zunächst aus (z. T. angespitzten) Holzstangen gefertigt, die dazu eingesetzt wurden, Lager zu befestigen und (feindliche) Reiter fernzuhalten. Pasolini benutzt auf Italienisch den Ausdruck «cavalli di Frisia», weswegen im Haupttext die gleichbedeutende Bezeichnung «Friesische Reiter» gewählt wurde [Anm. v. D. R.].

22 *Il Manifesto* ist eine seit 1971 in Rom herausgegebene Tageszeitung der italienischen revolutionären Linken, die traditionell der Kommunistischen Partei Italiens (PCI) nahestand, die Idee des Eurokommunismus im Italien der zweiten Hälfte des 20. Jahrhunderts mit verbreitet hat, aber *formaliter* keinem Parteiorgan angehört und somit bis heute als unabhängiges allgemeines Presseorgan mit genossenschaftlicher Personalstruktur fungiert [Anm. v. D. R.].

23 Mit «Charlot» meint man im Italienischen die durch den britischen Filmregisseur und Schauspieler Charlie Chaplin (1889–1977) im anglophonen Kulturraum als «The Tramp» oder «The Little Tramp» bekannt gewordene Kunstfigur, die Chaplin in einer Reihe früher Stummfilme interpretiert und zugleich für seinen berühmten gleichnamigen Film (THE TRAMP, 1915) verkörpert und filmisch entworfen hat. Auf Pasolinis filmische Vorbilder und Vorläufer sowie die komödiantische Ausrichtung seines geplanten Films geht der Begleittext (Kap. 4–5) von Dagmar Reichardt näher ein [Anm. v. D. R.].

24 Pasolini bezieht sich hier auf den in Italien bekannteren antikonformistischen, Stalin kritisch gegenüberstehenden russischen Dichter, Literaten und Schriftsteller jüdisch-polnischer Abstammung Ossip Ėmil'evič Mandel'štam, geboren 1891 in Warschau (damals russisch) und 47-jährig verstorben 1938 in einem sibirischen Übergangs-Gulag nahe Wladiwostok, wo er Stalins politischen Säuberungsaktionen zum Opfer fiel. Die zwei zitierten Verse («Ich trinke, habe aber noch nicht entschieden, welchen von den beiden Weinen ich wählen werde – ob den fröhlichen Asti Spumante oder den Châteauneuf-du-Pape») bilden *realiter* die Schlussverse eines Gedichts von Mandel'štam (datiert vom 11.4.1931), die in einer aus dem Russischen ins Italienische übersetzten Gedichtsammlung (Ossip Ėmil'evič Mandel'štam, *Poesie*, hg. von Serena Vitale, Milano, Garzanti, 1972, S. 92) veröffentlicht wurden. Nachdem Pasolini diesen italienischen Lyrikband für die Tageszeitung *Il Tempo* am 3.12.1972 rezensiert hatte, adaptierte er die beiden zitierten Verse von Mandel'štam für sein *Porno–Theo–Kolossal*-Drehbuch, wobei er aus einem «Castel del Papa»-Wein (wie bei Mandel'štam in italienischer Übersetzung) hier einen «Châteauneuf-du-Pape» macht, um das französische Ambiente im *Numantia*-Kapitel zu spiegeln [Anm. v. D. R.].

25 Mit der Stadt *Ur* nimmt Pasolini Bezug auf den heutigen als *Tell el-Mugejjir* bezeichneten Ort, der als eine der ältesten sumerischen Stadtgründungen gilt und als ehemaliges Zentrum in Mesopotamien (Zweistromland, heute zum Irak gehörend) eine bedeutende, als UNESCO-Weltkulturerbe anerkannte archäologische Ausgrabungsstätte im heutigen Irak ist, die in der Nähe der heutigen Stadt Nasiriya liegt. Während die Anfänge der Stadt Ur historisch bis in die Zeit um ca. 4.000 v. Chr. zurückreichen, stammt gemäß des Alten Testaments der Bibel (Gen 11,28.11) der Patriarch Abraham aus Ur [Anm. v. D. R.].

26 Als *Bambocciante* wird in der Kunstgeschichte ein Künstler bezeichnet, der im 17. Jahrhundert einer historischen römischen Gruppe – bestehend aus überwiegend flämischen, niederländischen und italienischen (aber auch französischen u. a. m.) Genremalern – angehörte, die dem ‹edlen› Barockklassizismus derbere Szenen aus dem Volksleben (mit Darstellungen von Bettlern, kleinen Handwerkern, Vaganten u. Ä.) nach dem Vorbild Caravaggios (1571–1610) entgegensetzte. Der Ausdruck *Bam-*

bocciante geht zurück auf den holländischen Maler, Kupferstecher und Kopf der diasporischen Künstlergruppe, Pieter van Laer (ca. 1599–1642), der über ein Jahrzehnt in Rom gelebt und gewirkt hat und dort den Beinamen ‹Bamboccio› (dt. etwa: ‹Lumpenpuppe›) auf Grund seines nachteilhaftigen, äußeren Erscheinungsbildes erhielt [Anm. v. D. R.].

27 Pasolini schreibt hier das italienische Lexem ‹terra› – wie gegen Ende unserer Ausführungen in Anmerkung 3 vermerkt – ungewöhnlicher Weise mit großem Anfangsbuchstaben (bei Pasolini: «Terra»), so als wende sich Epifanio an eine Personifikation der ‹Erde› (so wie Pasolini im ganzen Drehbuch auch den «Kometen» durch im Italienischen unübliche Großschreibungen hervorhebt, indem er im Originaltext öfters «la Stella» – statt ‹la stella› – oder, wie hier wieder im vorherigen Satz, «la Cometa» schreibt). Zugleich könnte die Großschreibung wie bei der Wendung ‹Utopie-Stadt› (bei Pasolini: «Città-Utopia») zu Beginn der Kapitel *Gomorra* und *Numantia* auf eine besonders kritische, respektvolle, mehrdeutige oder komplexe Idee bzw. konzeptuelle Aneignung von der ‹Erde›, dem ‹Kometen› bzw. einer ‹Utopie-Stadt› etc. *an sich* seitens Pasolinis hindeuten. Näheres zur Bedeutung dieser Schreibweisen ist im Begleittext (Kap. 6) von Dagmar Reichardt nachzulesen [Anm. v. D. R.].

Reinhold Zwick

EINE REISE AN DAS ENDE DER IDEOLOGIEN UND UTOPIEN

Pier Paolo Pasolinis letztes Filmprojekt *Porno-Theo-Kolossal*

Die Filmerzählung *Porno-Theo-Kolossal*[1] (nachfolgend: *PTK*) aus dem Nachlass von Pier Paolo Pasolini erschien erstmals 1989 in der italienischen Zeitschrift *Cinecritica*, also knapp eineinhalb Jahrzehnte nach dem gewaltsamen Tod ihres Autors in der Nacht vom 1. auf den 2. November 1975. Pasolini hatte die Filmerzählung bzw. das lange Treatment nur fünf Wochen vor seinem Tod vorläufig abgeschlossen, wobei das Skript wegen kleiner fehlender Passagen (z.B. Titel von Liedern, die eingebunden werden sollten) und einiger Inkonsistenzen (z.B. in den Rollennamen) sicherlich nochmals hätte überarbeitet werden müssen. Der unerwartete Tod Pasolinis verhinderte nicht nur die Realisierung dieses Projekts, sondern auch die Umsetzung anderer Vorhaben, vorab des geplanten Films über den Apostel Paulus, zu dem das Drehbuch bereits des längeren fertig vorlag.[2] Zum Ende seines Lebens hin

1 In diesem Begleittext wird nachfolgend immer mit den Originaltiteln von Texten und Filmen gearbeitet. In Anpassung an die hier vorgelegte Übersetzung wird zur Wahrung einer einheitlichen Schreibweise beim Titel *Porno-Theo-Kolossal* die an das Deutsche angepasste Form beibehalten (außer in Zitaten oder bei der Titelaufnahme von Beiträgen und Büchern).

2 Vgl. Pasolini 2007; zur Entstehungsgeschichte: Zwick, Nachwort, ebd., S. 157–182, bes. S. 160–163.; ferner: Zwick 2008.

trat in Sachen Film freilich ganz stark, wo nicht ausschließlich *PTK* in den Vordergrund: In Interviews im Herbst 1975 sprach Pasolini davon, dass er direkt nach SALÒ O LE 120 GIORNATE DI SODOMA (SALÒ ODER DIE 120 TAGE VON SODOM; nachfolgend: SALÒ), posthum uraufgeführt am 22.11.1975,[3] als nächstes *PTK* realisieren wollte, ja dass dieser Film dann wohl überhaupt sein letzter werden sollte. Das Filmprojekt *PTK* ist zumindest für den späten Pasolini noch bedeutsamer als sein geplanter Paulus-Film.

Das vorliegende Skript von *PTK* entzieht sich klaren Genre-Zuordnungen: Für ein Drehbuch ist es, was die dafür üblichen Regieanweisungen, technischen Angaben etc. angeht, deutlich zu wenig ausgearbeitet; und für ein Treatment ist es zu lang, sodass noch am ehesten offenere Bezeichnungen wie «Szenario» oder die (hier favorisierte) Einordnung als «Filmerzählung» geeignet sind. Hinter dem sperrigen und irritierenden Titel, der womöglich nur ein Arbeitstitel war (s.u.), verbirgt sich eine komplexe, ausgesprochen dystopisch gefärbte Tragikomödie, die Pasolini selbst im Skript als «eine einzige gewaltige Metapher» (17)[4] bezeichnet hat. In diesem Projekt laufen wie in einer Brennlinse alle wichtigen Lebensthemen Pasolinis zusammen, sodass es aus heutiger Perspektive nicht nur für sein Filmschaffen auch den Charakter eines Vermächtnisses hat.

1 Entstehungsgeschichte

Das *PTK*-Projekt reicht bis in die Mitte der 1960er-Jahre zurück, in jene enorm produktive Phase, die als Zeit einer förmlichen kreativen ‹Explosion› als die ‹Herzkammer› von Pasolinis filmischen und literarischen Arbeiten aller kommenden Jahre angesehen werden kann. – An das Ende seines *PTK*-Typoskripts setzte der Autor als eine Art Subscriptio die Zeitangabe: «(1967–1975)». Sie ist zugleich ein Impuls, die Entstehungsgeschichte und die Wandlungen, die das Projekt in diesen Jahren durchlaufen hat, in dessen Würdigung mit einzubeziehen. Näher besehen liegt der Ursprung von *PTK* sogar noch etwas früher: in der Zeit von UCCELLACCI E UCCELLINI (GROSSE VÖGEL – KLEINE VÖGEL), dessen Kinostart am 4.5.1966 war.

---

3 Nach der Uraufführung beim 1. Filmfestival von Paris startete der Film in den italienischen Kinos am 10.1.1976 und am 30.1.1976 in den deutschen. Alle Angaben nach: Freunde der Deutschen Kinemathek (Hg.) 1994, S. 166.

4 Seitenangaben im Haupttext in runden Klammern beziehen sich durchgängig auf die Übersetzung von *PTK* von Dagmar Reichardt im vorliegenden Band.

Die erste Projektskizze: Die Episode *I magi randagi* (Frühjahr 1966)

Nach UCCELLACCI E UCCELLINI, in dessen Hauptrollen Ninetto Davoli und der große italienische Volksschauspieler Totò (1898–1967) brillierten, wollte Pasolini einen Episodenfilm mit Totò in allen Hauptrollen entwickeln – Arbeitstitel CHE COSA È IL CINEMA? (WAS IST DAS KINO).[5] Eine der Episoden, die ihm vorschwebten, hatte Pasolini bereits mit Totò in der Hauptrolle für den von Dino De Laurentiis produzierten Kompilationsfilm LE STREGHE (dt. Titel: HEXEN VON HEUTE) fertiggestellt, der am 22.2.1967 uraufgeführt wurde:[6] LA TERRA VISTA DALLA LUNA (dt. Titel: DIE ERDE VOM MOND GESEHEN). Ein weiterer, wieder auf Totò und Ninetto Davoli zugeschnittener Kurzfilm wurde im März und April 1967 gedreht: CHE COSA SONO LE NUVOLE? (WAS SIND DIE WOLKEN?). Dieser Film wurde später als dritte Episode in den erneut von Dino De Laurentiis produzierten Episodenfilm CAPRICCIO ALL'ITALIANA aufgenommen, der am 13.4.1968 in den italienischen Kinos startete, in Deutschland allerdings nie verliehen wurde. Ursprünglich wäre sicherlich auch dieser Kurzfilm Teil von Pasolinis eigenem Episodenfilm-Projekt geworden, nicht anders als – in einer Art Zweitverwertung – LA TERRA VISTA DALLA LUNA. Darauf weist sehr deutlich die kurze Titelsequenz von CHE COSA SONO LE NUVOLE?:[7] Die Kamera zeigt von außen eine armselige Werbewand eines kleinen Theaters und ein Stück Straße vor diesem, in dem anschließend der größte Teil der Handlung des Films spielt: eine geraffte, freie Bearbeitung des Othello-Stoffes, gegeben vor einem sehr engagiert mitgehenden Publikum, wobei die Schauspieler Marionetten vorstellen: Totò den Jago, Ninetto Davoli den Othello. Die etwas versetzte Titelsequenz zeigt zunächst ein auf der Straße liegendes, schon halb zerrissenes Plakat zu einem Stück mit dem Titel LA TERRA VISTA DALLA LUNA und ruft so den bereits abgedrehten Kurzfilm gleichen Titels auf. An der Außenwand des Theaters hängen drei weitere Plakate, die dessen Programm ankündigen. Alle Plakate sind einfache Reproduktionen bekannter Gemälde von Diego Velázquez, auf die in großen Lettern die Titel der Stücke, die gegeben werden, und andere Informationen geklebt sind. Auf dem linken der drei Plakate steht – gesetzt über *Las Meninas* (1656) – OGGI / CHE COSA SONO LE NUVOLE? / REGIA / PIER PAOLO PASOLINI (dt.: Heute / Was sind die Wolken? / Regie / Pier Paolo Pasolini), auf dem rechten – über dem Gemälde

5 Vgl. Salvini 2004, S. 26; näher zu diesem Projekt ebd., S. 18–27; vgl. auch Luglio 2016, S. 9.

6 Freunde der Deutschen Kinemathek (Hg.) 1994, S. 99.

7 Den Hinweis auf diese Titelsequenz verdanke ich Signorelli 2016, o.S.

Prinz Baltasar Carlos und sein Zwerg (1632) – PROSSIMAMENTE / MANDOLINI (Demnächst / Mandolinen). Das in unserem Zusammenhang interessanteste Plakat ist das mittlere: Über einer Reproduktion des *Porträts von Philipp IV. in Fraga* (1644) steht zu lesen: DOMANI / LE AVVENTURE DEL RE MAGIO RANDAGIO / E IL SUO SCHIAVETTO SCHIAFFO (Morgen / Die Abenteuer des herumirrenden Magierkönigs / und seines Dieners Ohrfeige). Mit dem zentralen Plakat gibt Pasolini einen ersten visuellen Hinweis auf ein Filmprojekt, das er dann im Lauf der folgenden Jahre zu *PTK* weiterentwickeln wird. Und es wird deutlich, dass es ursprünglich als Kurzfilm gedacht war und mit den drei anderen auf den Plakaten genannten Titeln zu dem von ihm geplanten Episodenfilm zusammengebunden werden sollte. Als Totò dann nur wenige Tage nach den Dreharbeiten zu CHE COSA CONO LE NUVOLE?, in dem er noch so munter und lebendig agiert hatte, völlig überraschend verstarb, wurden diese Pläne jäh durchkreuzt.

Die Grundidee zu den «Abenteuern des herumirrenden Magierkönigs» reicht allerdings noch etwas weiter zurück: in das Jahr 1966. Im Herbst dieses Jahres erhielt Pasolini von dem Produzenten Dino De Laurentiis das Angebot, einen Film für das US-amerikanische Fernsehen zu drehen.[8] Dies war der Impuls für eine erste Skizze zu einem Film rund um die Heiligen Drei Könige (ital. «Re Magi»; dt. wörtlich «Magierkönige»). Pasolinis langjähriger enger Mitarbeiter Sergio Citti erinnert sich – und beansprucht dabei die erste Idee für sich selbst:

> Als wir an LA TERRA VISTA DALLA LUNA arbeiteten [d.i. im November 1966],[9] schlug De Laurentiis Pier Paolo vor, ein einstündiges Special für das Weihnachtsprogramm des amerikanischen Fernsehens zu machen. So entstand eine Idee über die Heiligen Drei Könige, der Pier Paolo den Titel *I Re Magi randagi* («Die herumirrenden Magierkönige») geben wollte. Am Ende blieb das Projekt aber liegen. [...] Die Geschichte von den Magierkönigen wird dann, zumindest teilweise, in *Porno–Teo–Kolossal* wiederkehren, den Pier Paolo ausgehend von einer Idee von mir ausgearbeitet hat.[10]

Zwar zerschlugen sich die Pläne für die Fernsehproduktion, aber – wie die oben beschriebenen Plakate in CHE COSA SONO LE NUVOLE? dokumen-

8 Vgl. Salvini 2004, S. 28 (auch ebd. Anm. 71).

9 Freunde der Deutschen Kinemathek (Hg.) 1994, S. 99.

10 Zit. n. Salvini 2004, S. 28 (Übers. R.Z.).

tieren – der Gedanke, eine der Episoden des geplanten Kompilationsfilms den Abenteuern (nicht mehr mehrerer, sondern nur mehr) eines Magierkönigs zu widmen, blieb lebendig.[11]

Der in Italien bis heute sehr populäre Totò war der designierte Hauptdarsteller aller Episoden des geplanten Films, mehr noch: Pasolini hatte die Rollen ganz auf ihn zugeschnitten. In den 1960er-Jahren war Totò seltener auf der Kinoleinwand zu sehen gewesen, doch Pasolini verhalf ihm mit UCCELLACCI E UCCELLINI zu einem Comeback. Als Pasolini am 15. April 1967 bei Dreharbeiten in Afrika die ihn bestürzende, alle seine Pläne durchkreuzende Nachricht vom Tode Totòs erreichte, verfasste er noch am selben Tag einen sehr persönlichen Nachruf auf den Schauspieler, mit dem er noch so viel vorgehabt hätte. Dieser Nachruf erschien am 16. April 1967, einen Tag nach Totòs Tod, in der Tageszeitung *Paese Sera*. Pasolini schreibt: «Er wurde aus unserem Leben genommen, als wäre er aus meinem gestohlen worden, als ein Teil von mir selbst.» Und mit Blick auf den geplanten, und bereits teilweise realisierten Episodenfilm, näherhin auf die Magierkönig-Episode, fährt er fort:

> Ich habe mir bereits eines nach dem anderen all die Gesichter vorgestellt, die er [Totò] in Gestalt des herumirrenden Magierkönigs gemacht hätte, eines Magierkönigs, der wegen der tausend Wechselfälle und der tausend guten Taten, die er getan hatte, zu spät zur Krippe kommt, der an Entbehrung und Erschöpfung stirbt; und den ein Engel an der Hand nimmt und ins Paradies bringt, tanzend zu den Klängen einer Musik von Mozart.[12]

Diese Anmerkungen im Nachruf sind das erste Zeugnis von Pasolinis Grundidee zu einer Magierkönig-Geschichte und ihrer noch schemenhaften Kontur, wobei sich besonders das Finale im Grundzug bis in die Endfassung von *PTK* durchhalten wird.

Der zunächst als Kurzfilm angedachte Magierkönig-Film konnte wegen Totòs Tod nicht realisiert werden – oder sollte es auch nicht, da er zu sehr auf ihn ausgelegt war –, aber, wie Laura Salvini meint, «Pasolini

11 Sergio Citti entwickelte die Idee später selbst weiter, aber in eine ganz andere Richtung als Pasolini, und drehte 1996 den Film I MAGI RANDAGI, IT/FR/DE, 130 Min. (mit Ninetto Davoli, Rolf Zacher u.v.a.), der mit Pasolinis Projekt nichts mehr gemeinsam hat; vgl. auch Salvini 2004, S. 28–29, Anm. 71.

12 Zit. n. Salvini 2004, S. 28 (Pier Paolo Pasolini, in: *Paese Sera* vom 16. April 1967). Der Nachruf ist auch abgedruckt in: Pasolini 2001, S. 3231 (Übers. R.Z.).

verliebte sich trotzdem in das Projekt und beschloss wahrscheinlich, dass er es nur vorübergehend zurückstellen würde. Tatsächlich war er sich sofort der Möglichkeiten bewusst, die ihm diese Geschichte bot.» Denn das Projekt, so Salvini weiter, «passte perfekt zu seiner neuen Poetik und verlangte erneut die Verwendung *märchenhafter, pikaresker* Lösungen»[13] – wie er sie schon bei Uccellacci e uccellini und den beiden fertigen kurzen Filmen mit Totò eingesetzt hatte.

Pasolini verfolgte das Vorhaben weiter, konnte sich ihm aber nur sporadisch widmen. Gleichwohl nahm die Erzählung langsam Gestalt an. Dabei verfinsterte sie sich allerdings zusehends: Was anfangs als komödiantischer Film gedacht war, als eine Art philosophisch-theologische und politische Komödie in der Spur von Uccellacci e uccellini wurde immer dystopischer, ja nachgerade apokalyptisch.

Das erste Exposé (Winter 1968)

Das Projekt begegnet bereits in der Weihnachtszeit 1968 aufs Neue. Giulia Maria Crespi, die Verlegerin des *Corriere della Sera,* bittet damals Pasolini um eine Geschichte über den Frieden, die ihre Kinder am Heiligen Abend an der Krippe vorlesen könnten. Pasolini schreibt in dieser Zeit regelmäßig Kolumnen für Crespis Zeitung, und im Frühjahr 1968 hatte sie ihm gestattet, in ihrer Villa bei Pavia die Szenen für Teorema (dt. Verleihtitel: Teorema – Geometrie der Liebe) zu drehen,[14] in denen es zur intimen Begegnung zwischen dem geheimnisvollen Gast und der Frau des Industriellen kommt. Deshalb wollte Pasolini die Bitte Crespis nicht ausschlagen, stand aber gerade mitten in den Vorbereitungen zu einer unmittelbar bevorstehenden Afrikareise,[15] sodass er keine neue Geschichte entwickeln konnte. Deshalb griff er auf die Magierkönig-Idee zurück, arbeitete sie weiter aus und schickte das Ergebnis Giulia Maria Crespi in einem Brief vom 20.12.1968. Begleitend notierte er einige Gedanken dazu, dass Frieden bisweilen – wie zum Beispiel bei dem Priester Camillo Torres (1929–1966), der gegen die kolumbianische Diktatur zur Waffe gegriffen hatte – auch mit Gewalt herbeigeführt werden oder dies zumindest versucht werden könne. Die anschließende Skizze der Magierkönig-Erzählung ist das erste Exposé des eineinhalb Jahre zuvor angedachten Films. Pasolini schreibt:

13 Salvini 2004, S. 29 (Herv. R.Z.).

14 Vgl. Luglio 2016, S. 12.

15 Vgl. Signorelli 2016, o.S.

Die Geschichte «handelt von einem Magierkönig … Ihr wisst, dass die Heiligen Drei Könige viele waren … nicht nur drei. Einer dieser Heiligen Drei Könige (beladen mit üppigen Geschenken; er war sehr reich), mit seinem endlosen Kinn und seinen großen lustigen Augen, macht sich auch auf seinem Kamel auf den Weg. Hinter ihm, die kostbaren Geschenke tragend, trabt auf seinem Esel ein junger Mann mit Schnurrbart und mit einem undurchdringlichen, aber lustigen Gesicht … Ja, alles ist komisch in dieser Geschichte, liebe Giulia Maria … Man kann, warum nicht, an *Don Quijote und Sancho Panza* denken, an Paare dieser Art … Die beiden gehen weg, dem Stern folgend, und sie gehen, gehen …

Der König ist gesprächig, der Diener ist ein Griesgram, dem man die Worte mit einem Zahnstocher aus dem Mund bohren muss …

Und sie gehen, und sie gehen, und da geraten die beiden … in einen Krieg … Nun, es muss ein kleiner Krieg zwischen dem oberen Zuckerhut und dem unteren Zuckerhut gewesen sein: aber es war trotzdem ein Krieg … Ich überlasse es Ihnen, sich die Selbstgespräche von König Totò in dieser Misere vorzustellen. Aber Tatsache ist, dass die Umstände stärker waren als der Stern: SIE WAREN VON HÖHERER GEWALT.

Was bringt ein Krieg mit sich? Zunächst einmal Tote. König Lutscher [Succhione] und sein Diener Schnauzbärtchen stehen vor einem Schlachtfeld voller Toter, unter dem Mond. Wie in DIE HARFE VON BURMA[16] beginnen die beiden, sie zu *begraben*, es gibt so viele, und so viele Gräber, die noch ausgehoben werden müssen. Aber dann, nachdem man sie begraben hat, sollte man ihnen nicht zur Erinnerung an sie ein kleines Denkmal errichten, irgendetwas mit einer schönen Inschrift? […] Und so fangen sie an, an dem Schatz zu knabbern, den sie dem *König der Könige bringen* wollen. […] Dann beginnen sie wieder, dem Stern zu folgen.

Nun ja, aber man kann einen Krieg nicht mit einem Kriegsfriedhof beenden!

Und in der Tat stießen der König und sein Diener bald darauf auf eine Menge nackter Menschen, völlig NACKT … Was für ein Skandal, was für eine Peinlichkeit, was für ein Leid! Traurigkeit! Diese nack-

16 Ein von Pasolini zuvor im selben Brief erwähnter berühmter Antikriegsfilm von Kon Ichikawa (JP 1956).

ten Menschen müssen doch *bekleidet* werden, was sagen Sie dazu, Schnauzbärtchen? Och, das liegt an dir, du bist der König.

Und dann muss man noch ein bisschen mehr vom Schatz des Glaubens naschen. Die Nackten werden wieder bekleidet; und: allesamt kehren sie gut gekleidet und glücklich wieder auf die Straße zurück, um ihre Hosen, Hüte, Taschentücher usw. vorzuführen …

Ich kürze ab, liebe Giulia Maria.

Nach den *Nackten* kommen die *Hungrigen*, und nach den *Durstigen* kommen die *Kranken*. Wie lange hat doch dieser Stern warten müssen! Als der redselige König und sein maulfauler Diener wieder anfangen, ihm zu folgen, war der Schatz dahingeschmolzen. Sie gehen mit leeren Händen.

Und als sie schließlich an der Krippe ankommen, über der der Stern verweilt, ist alles vorbei. Zu viel Zeit ist vergangen! Jahre möglicherweise! Ja, die Kriege und Nachkriegszeiten sind lang! Der König ist alt geworden, er kann nicht mehr aufrecht stehen, er ist krank, er ist arm; er hat überhaupt nichts mehr, nicht einmal die Hoffnung. Als der Stern über dem Stall zu stehen kommt, stürzt der arme König zu Boden. Er kann es nicht fassen! Welche Traurigkeit ringsum: Es gibt keinen Ochsen, kein Eselchen, keine Mama, keinen Papa, kein Baby. Der König der Könige ist geboren worden, er ist erwachsen geworden, und er ist weg: vielleicht ist er schon am Kreuz gestorben. Dort, in diesem alten Stall, gibt es nichts als das nutzlose Licht des Sterns. Da tut der König, voller Verzweiflung, seinen letzten Atemzug. Genau in diesem Moment kommt eine plötzliche Wendung: Der Diener Schnauzbärtchen, maulfaul und mit einem Watschengesicht, nimmt seinen kleinen Schnurrbart ab, wirft seine düstere Kleidung weg, nimmt seine Mütze von Malandro da Fraccanappa ab, und ein strahlender Jüngling kommt zum Vorschein, alles ein Lächeln, fulminant und unerschöpflich. Eine schöne Musik spielt, ein himmlischer Tanz. Der Engel, denn es handelt sich um einen Engel, nimmt den toten König bei der Hand, der aufwacht und glücklich und mit Genugtuung erkennt, was vor sich geht; und so bewegen sich die beiden, einander bei den Händen haltend und tanzend weg … Aber ja, dem Himmel entgegen.»[17]

17 Auszug aus dem Brief an Giulia Maria Crespi, der sich vollständig findet in: Pasolini 2001, S. 2757–2760, hier: S. 2758–2760 (Übers. R.Z.; Kursivierungen und Auslassun-

Die Weihnachtsgeschichte für die Kinder von Giulia Maria Crespi, bei der Pasolini klar war (und dies durch seinen Zeitmangel entschuldigte), dass sie eigentlich nicht zum Vorlesen durch Kinder geeignet ist, folgt im Grundzug der ersten kurzen Skizze im Nachruf auf Totò (s.o.). Von den dort benannten «Wechselfällen» und vielen «guten Taten», die die Ankunft des Magierkönigs bei der Krippe derart verzögern, dass die Heilige Familie längst den Stall verlassen hat, blieben in der ausgefalteten Version für Giulia Maria Crespi nur die «guten Taten». In der letzten Fassung von 1975 werden aber umgekehrt gerade diese verschwunden sein und nur die «Wechselfälle» bleiben und stark ausgebaut sein. Das bereits in der ersten Skizze etwas konkretisierte Finale wird auch in der Crespi-Version beibehalten, aber in seinem positiven Charakter nicht ganz so deutlich akzentuiert wie in der ersten Skizze im Nachruf auf Totò. Führte dort der Engel den Magierkönig noch dezidiert «ins Paradies», so geleitet er ihn jetzt «gen Himmel», wobei dessen heilvolle Kontur nur mit der Großschreibung «Cielo»[18] angedeutet ist. Das könnte bereits ein kleiner Vorschein auf den ‹leeren Himmel› der letzten Fassung sein. Deren stark dystopischer Zug fehlt der Crespi-Fassung jedoch noch. Stattdessen unterstreicht Pasolini den damals noch deutlicher ausgeprägten komödienhaften Duktus, insbesondere durch die typischen Komödiennamen «König Lutscher» und «Diener Schnauzbärtchen», und durch den Kontrast von redselig und wortkarg, eine der typischen Komödien- und Pikaro-Konstellation, für die Pasolini dezidiert als Modell Don Quijote und Sancho Panza, die Helden von Miguel de Cervantes benennt. Dominant ist in der Crespi-Fassung freilich der biblische Hintergrund, näherhin der Einfluss des Matthäusevangeliums, das Pasolini außerordentlich schätzte und mit dem er auch durch seine Filmbearbeitung Il Vangelo secondo Matteo bestens vertraut war.[19] Nur im Matthäusevangelium findet sich die Episode von den Magiern, die im Osten den Stern des Messias aufgehen sehen und ihm bis zur Krippe folgen (Mt 2,1–12). Und nur in diesem Evangelium begegnet Jesu Rede vom «Weltgericht» (Mt 25,31–46), die die Handlung der

gen in eckigen Klammern sind von mir; alle anderen Auslassungen und Hervorhebungen stammen von Pasolini). Vgl. zum Brief an Giulia Maria Crespi auch die frz. Übersetzung eines langen Briefauszugs bei Luglio 2016, S. 14f. – Der Brief wurde in dem eben genannten Band II von *Per il cinema* (= Pasolini 2001) erstmals veröffentlicht und fehlt deshalb in der italienischen Ausgabe der Briefe Pasolinis (Pasolini 1988) und folglich auch in der deutschen Auswahledition: Naldini (Hg.) 1991.

18 Pasolini 2001, S. 2760 («verso il Cielo»).

19 Vgl. Zwick 1997, S. 162–184.

Crespi-Version strukturiert. Beim Gerichtshandeln des in Herrlichkeit wiederkommenden «Menschensohns» nach Mt 25 unternimmt dieser die berühmte Scheidung in die «Böcke» und die «Schafe». Während die «Böcke» verflucht und in das ewige Höllenfeuer geworfen werden, sind die «Schafe» gesegnet und gehen in das Gottesreich ein. Das ihnen auf ewig zuteilwerdende Heil begründet Jesus so: «Denn ich war *hungrig* und ihr habt mir zu essen gegeben; ich war *durstig* und ihr habt mir zu trinken gegeben; ich war *fremd* und ihr habt mich aufgenommen; 36 ich war *nackt* und ihr habt mir Kleidung gegeben; ich war *krank* und ihr habt mich besucht; ich war *im Gefängnis* und ihr seid zu mir gekommen» (Einheitsübersetzung; Herv. R.Z.). Die darüber erstaunten «Gerechten», die sich nicht entsinnen können, so an Jesus gehandelt zu haben, werden vom Menschensohn aufgeklärt: «Was ihr für einen meiner geringsten Brüder getan habt, das habt ihr mir getan» (Mt 25,40). Zweifelsohne ist der Magierkönig von Pasolini als ein solcher Gerechter angelegt: Er vollbringt in klarer Anbindung an Mt 25 vier der sechs von Jesus namhaft gemachten guten Taten: Hilfe für Hungernde, Dürstende, Kranke und Nackte (oben im langen Zitat durch Kursivierung hervorgehoben). Das Ensemble dieser guten Taten ist in der christlichen Tradition als «Die Werke der Barmherzigkeit» bekannt und wirkmächtig geworden. Die erste gute Tat des Königs, die Bestattung der Toten, wurde in der christlichen Tradition später noch als siebtes Werk hinzugenommen. Szenisch etwas ausgeführt ist nach den Bestattungen der Toten nur noch die Bekleidung der Nackten; die anderen Taten werden nur benannt (Hilfe für Hungrige, Dürstende, Kranke). Durch die angedachte Serie der barmherzigen Taten wird die Geschichte zu einem Stationendrama. Allerdings ist die Aufnahme der biblischen ‹Werke› nicht ungebrochen, sondern etwas ironisiert und an den erstrebten Komödiencharakter angepasst: Nach dem Begräbnis der Toten braucht es dann eben noch ein schmuckes kleines Denkmal, und die eben noch Nackten stolzieren eitel mit ihrer neuen Garderobe einher. Das ändert freilich nichts daran, dass der Magierkönig durch sein Handeln zu einem «Gerechten» par excellence wird, dem wie den «Schafen» bei Matthäus am Ende ein himmlischer Lohn zuteil werden wird. In maximaler Intensität überragt dieser Lohn das Sterben des Königs, das im Zeichen von größter Erschöpfung und tiefster Verzweiflung über das viel zu späte Anlangen an der Krippe gestanden hatte.

Dass der Messias einstmals geboren wurde und seinen Weg gegangen ist, vielleicht schon bis ans Kreuz, steht allerdings in der Crespi-Version noch nicht in Frage. Darauf weist auch die österlich gestimmte Erscheinung des Engels, als der sich der Diener entpuppt: der «strahlende junge Mann» ist statt vom Matthäus- vom Markusevangelium, inspiriert, wo die Frauen im leeren Grab anstelle des toten Jesus einem Engel in Gestalt eines Jünglings mit leuchtend weißem Gewand begegnen, der auf der rechten, der glücksverheißenden Seite sitzt (vgl. Mk 16,5). Das Pasolini zufolge «unerschöpfliche Lächeln» seines Engels erinnert an die für künstlerische Darstellungen der Verkündigung der Empfängnis Jesu an Maria (vgl. Lk 1,26–38)[20] typischen lachenden Engel. Die so durch Jugend, Strahlen, Lächeln und Tanzen des Engels und auch durch den Score mit einer heiteren Musik unmissverständlich auf ein Happy End weisende Engelfigur steht in starkem Kontrast zu dem furchterregenden, «wie ein Blitz» leuchtenden «Engel des Herrn», der in der matthäischen Auferstehungs-Szene, verbunden mit einem «gewaltigen Erdbeben» vom Himmel herabsteigt (Mt 28,2–4). Mit ihm verbindet die Schluss-Szene der Crespi-Fassung nur das Moment der Bewegung zwischen Himmel und Erde, wobei Pasolini das *Herab*steigen des Engels in ein *Hinauf*steigen (und Geleiten des auferstandenen Magierkönigs) invertiert.

Im Vorhof von *Porno–Theo–Kolossal*: Das Treatment *Il cinema* (1973)

Die in einem privaten Brief niedergelegte Crespi-Version der Magierkönig-Geschichte wurde erst ein Vierteljahrhundert nach Pasolinis Tod bekannt. Anders war es mit seiner nochmals deutlich erweiterten und stark modifizierten Fassung, an die er sich 1973 gemacht hatte, also fünf Jahre nach der Crespi-Version. Die grundlegende Neufassung der alten Filmidee, die erstmals ganz deutlich auf *PTK* vorausweist, erhielt von Pasolini den lakonischen und sehr offenen Titel *Il cinema (Das Kino)*. Gerade in seiner Offenheit weist dieser aber darauf hin, dass das Projekt jetzt auch die Züge eines ins Grundsätzliche weisenden filmtheoretischen Vorhabens angenommen hatte und von Pasolini als eine Art theoretische Positionsbestimmung – der Film zwischen Fiktion und, so Pasolini, «geschriebener Sprache der Realität»[21] – in narrativer Form verstanden wurde.

20 Die Verbindung zur Verkündigungsszene wird in der letzten Version von *PTK* dann durch den Namen «Nunzio» für den Diener unterstrichen (s.u.).

21 Zit. n. Luglio 2016, S. 17. – Für eingehendere (am Ende allerdings etwas diffus bleibende) Überlegungen zur schwierigen Auslotung von Pasolinis möglichen Überlegungen, die zum Titel *Il cinema* geführt haben könnten, vgl. ebd., S. 16–19.

Erstmals spricht Pasolini in einem Artikel für die Zeitung *Il Giorno* vom 29.12.1973 wieder öffentlich von dem Projekt, das als Kurzfilmidee unter dem Titel «Die Abenteuer des herumirrenden Magierkönigs» begonnen hatte. In diesem Artikel geht er zunächst auf den Abschluss seiner sogenannten «Trilogie des Lebens»[22] ein, dann kommt er auf sein nächstes Projekt zu sprechen: Er habe ein fünfseitiges Treatment mit dem Titel *Il cinema* geschrieben, in dem er von der Reise eines Magierkönigs erzähle. Die Geschichte solle in Neapel beginnen, und ursprünglich sei Totò als Hauptdarsteller vorgesehen gewesen. Nun wolle er die Rolle dem bedeutenden Schauspieler und Dramatiker Eduardo De Filippo (1900–1984) anvertrauen, der wie Totò ebenfalls aus Neapel stammt. De Filippo hat selbst viele Stücke geschrieben, die in Neapel handeln und im neapolitanischen Dialekt geschrieben sind. – Doch De Filippo ist zu dieser Zeit durch eine Theatertournee gebunden und leidet auch unter Herzproblemen, die eine Operation erforderlich machen.[23] Deshalb kann Pasolini sein Vorhaben aktuell nicht realisieren, aber es bleibt ebenso wie der Plan, den Magierkönig mit De Filippo zu besetzen, in Pasolini weiter lebendig.

Das Treatment *Il cinema* wurde erstmals 2006 zusammen mit dem Text von *PTK* in dem Booklet veröffentlicht, das der DVD *La voce di Pasolini*[24] beiliegt.[25] Diese ausgezeichnet zusammengestellte, reiche DVD versammelt viele Ton- und Filmdokumente zu Pasolinis Werk sowie Aufnahmen von Lesungen von Auszügen aus seinen Arbeiten durch den Schauspieler Toni Servillo.

Da das Szenario zu umfangreich ist, um hier zur Gänze eingebunden werden zu können, folgt eine *Inhaltsübersicht* mit einigen ausgewählten wörtlich zitierten Passagen (in eigener Übersetzung):

Die *Stationen der Reise* des Magierkönigs werden in *Il cinema* erstmals sowohl durch mythische oder zumindest mythisch aufgeladene als auch durch moderne Städte konkretisiert: Der nach dem designier-

---

22 Es handelt sich um die Filme IL DECAMERON (1971), I RACCONTI DI CANTERBURY (1972) und IL FIORE DELLE MILLE E UNA NOTTE (1974).

23 Vgl. Signorelli 2016, o.S.

24 *La voce di Pasolini* (DVD mit Booklet), 2006; darin: Pasolini, *Il cinema*, S. 93–97; Ders., *Porno–Teo–Kolossal*, S. 99–146. *Il cinema* liegt auch in französischer Übersetzung vor: Luglio 2016, S. 119–125.

25 Die Inhaltsskizze des Filmprojekts, die Michael Braun in seinem Beitrag «Dem Leitstern folgen» (*TAZ* vom 12.12.2012) gibt, mit dem er m.W. als erster in Deutschland auf *PTK* aufmerksam gemacht hat, bezieht sich auf die Version von *Il cinema*, obwohl Braun im Text selbst den Eindruck erweckt, es gehe um die (davon deutlich unterschiedene) Fassung letzter Hand.

ten Hauptdarsteller Eduardo De Filippo mit «Eduardo» benannte Magierkönig bricht in seiner Heimatstadt *Neapel* zu einer langen Reise auf – als einer von jetzt gleich «Dutzenden von Magierkönigen» [93],[26] die sich auf die Suche nach dem durch einen Stern angezeigten neugeborenen Messias machen. Begleitet wird er von seinem Diener Ninetto – ebenfalls benannt nach dem für ihn vorgesehenen Darsteller Ninetto Davoli –, wobei der Diener in Anlehnung an Davolis Heimat Rom vereinzelt auch den Namen «Romanino» erhält. – In teilweiser Umkehrung der Abfolge in der Endfassung von *PTK* führt der Weg der beiden Protagonisten, die wieder als Gespann im Stil von Don Quijote und Sancho Panza vorgestellt sind, zunächst in das als «Gomorra» angesprochene Mailand, dann nach «Sodom» (Rom) und schließlich nach «Numantia», die alte , von den Römern eroberte und zerstörte Hauptstadt der Ibero-Kelten (Paris). Mit den nach der Bibel (und womöglich auch archäologisch)[27] in der Jordansenke zu verortenden Städten Sodom und Gomorra (vgl. Gen 18,30–19,29) kommen erstmals auch alttestamentliche Motive in den Plot. Die Reise von der einen zur anderen Stadt soll jeweils durch Zugfahrten erfolgen, welche als komische Zwischenspiele inszeniert sein sollen. Offen bleibt nur, wie am Ende die Krippe erreicht wird und auch wo sich diese befinden soll.

Gomorra soll «das metaphorische Bild einer typischen modernen Stadt» [94] sein. In dieser Stadt, die von einer forcierten Heterosexualität geprägt ist, herrscht ein von exzessiver Gewalt und von Verbrechen gekennzeichnetes «soziales Chaos» [94]. Doch Pasolini verbindet dies hier noch mit *keiner* expliziten Notiz vom Untergang dieser Stadt, von dem die Bibel erzählt. Ihre Zerstörung ist nur implizit über die Namensgebung eingetragen.

Die zweite Station, *Sodom*, soll wie in der letzten Fassung von *PTK* durch Rom vorgestellt werden, allerdings noch nicht dezidiert durch das Rom der 1950er-Jahre. Auf diese Zeit weist lediglich die angedachte Inszenierung im für die fünfziger Jahre typischen «neo-

26 Die Seitenangaben im Haupttext in eckigen Klammern beziehen sich nachfolgend auf die Edition des Textes von *Il cinema* im Booklet zur DVD *La voce di Pasolini*.

27 In den letzten Jahren wird vermehrt angenommen, dass es sich bei den Ruinen einer Stadt gewaltigen Ausmaßes aus der mittleren Bronzezeit nahe bei Tall el-Hammam im Ostjordanland um das biblische Sodom handeln könnte. Jedenfalls sei die Stadt plötzlich untergegangen und erst nach sieben Jahrhunderten wieder besiedelt worden. Vgl.: https://www.focus.de/wissen/mensch/archaeologie/die-staette-ist-riesig-biblische-stadt-entdeckt-forscher-wollen-sodom-gefunden-haben_id_5012924.html.

realistischen Stil von Rossellini und Fellini» [95]. Sodom ist nicht nur insofern das Gegenstück zu Gomorra als es eine Stadt ist, in der die Homosexualität regiert, sondern auch wegen ihres durch und durch friedlichen, harmonischen Charakters. Da Pasolini jetzt aber der neu in das Projekt eingetragenen «leitenden Erzählung» [95] von Lot und seinen Töchtern Rechnung tragen will, geht Sodom am Ende vollständig in einem Feuersturm unter, allerdings noch ohne expliziten Hinweis auf ein dafür ursächlich gemachtes Strafgericht Gottes. Wie dann auch in der Endfassung von *PTK* irritiert dieses düstere Ende angesichts der entschieden positiveren Zeichnung Sodoms, zumal vor dem Hintergrund, dass zuvor für das durch und durch verkommene Gomorra kein solcher Untergang konstatiert wurde.

Für die dritte Station, *Numantia*, steht Paris, das aber nicht wie in der letzten Fassung durch ein faschistisches Heer belagert wird, sondern durch eines nach dem «Typ der US-Armee in Vietnam» [95]. Die Belagerten wollen nicht unter das Joch der Feinde geraten und beschließen auf den Vorschlag eines berühmten Dichters hin in demokratischer Willensbildung den kollektiven Selbstmord. So kommen die beiden Reisenden in eine Stadt voller Toter. Das Ende der Numantia-Episode beschreibt Pasolini in *Il cinema* am ausführlichsten und auch am dichtesten an der letzten *PTK*-Fassung: Im «Café de Flore», dem berühmten Künstler- und Intellektuellen-Treff im Pariser Viertel Saint Germain, stoßen Eduardo und Romanino auf besagten Dichter, der als einziger nicht den Mut zur von ihm vorgeschlagenen Selbsttötung aufgebracht hat. Nachdem die Eroberer auch dorthin vorgedrungen sind, veranstaltet deren Befehlshaber dort ein Gelage, bei dem der Magierkönig und sein Diener als Koch und Kellner zugegen sind. Der Kommandeur lädt den Dichter zu einem Wein ein und es entwickelt sich ein bizarrer Disput zwischen beiden, ob es sich bei dem servierten Getränk um einen Châteauneuf-du-Pape oder einen süßen Orvieto handelt [96]. Als der Dichter eisern auf seiner irrigen Auffassung, es sei ein Orvieto, beharrt, wird er erschossen und ruft sterbend: «Es lebe die Revolution.»

Nach einigen weiteren, nicht näher ausgeführten «surrealen Zwischenstopps» [97] langen Eduardo und Ninetto endlich, aber viel zu spät am vollkommen verlassenen Geburtsort des Messias an. Das Finale hat Pasolini gleich zu Beginn von *Il cinema* skizziert. Es unterscheidet sich deutlich von den ersten Projektskizzen:

«Der Messias ist nicht nur bereits geboren worden, sondern hat sein Leben verbracht, ist gestorben und hat eine *Religion gegründet, die ebenfalls geendet* hat.

Der Magierkönig, der umsonst an diesem Ort ankam, stirbt.

Der schroffe, grobe und gedankenlose Diener, der den Magierkönig beim Sterben begleitet hat, offenbart sich: Er ist ein Engel; und er nimmt den Magierkönig bei der Hand, um ihn in das Paradies zu führen, das er verdient hat. *Aber es gibt kein Paradies. Die beiden* wenden sich wie Lots Töchter[28] um und *erstarren zu Salz.*» [93; alle Herv. R.Z.]

Alles hat sich gegenüber den ersten Entwürfen verfinstert: Wie der Messias ist auch die von ihm begründete Religion gestorben; das Paradies gibt es nicht; und selbst der eigentlich als ewig lebend gedachte Engel kann «zu Salz erstarren», als der tragende Glaube erloschen ist. Dieser deprimierende Schluss wird in der finalen Version wieder etwas aufgehellt, aber der Kontrast zu den ersten Fassungen der Filmidee ist bemerkenswert. Pasolini hat gespürt, dass sich die Geschichte in *Il cinema* sehr ins Tragische und Dystopische verschoben hat und denkt deshalb anlässlich des Wegs von Eduardo und Ninetto/Romanino durch das in einen großen Friedhof verwandelte Numantia nach, wie er den Zuschauer:innen wieder etwas Erleichterung verschaffen könne. Dabei fällt ihm freilich nur ein, dass der Diener eine Flöte aus der Hand eines toten Kindes nimmt und eine fröhliche Weise zu spielen beginnt [vgl. 96] – ein sehr deprimierender Aufhellungsversuch.

Mit dem Paradies verschwindet in *Il cinema* auch die Serie der in der Crespi-Version vom Magierkönig geleisteten «Werke der Barmherzigkeit». Zwar veräußert er auch hier nach und nach den eigentlich als Geschenk für das Messiaskind vorgesehenen Schatz, aber nicht mehr für caritative Handlungen, sondern um die Bewohner von Gomorra und Sodom bei ihren «Lastern», vorab ihren erotischen Aktivitäten zu unterstützen, ungeachtet von deren, gelinde gesagt, mangelhafter moralischer Integrität. Die gerade in Gomorra äußerst verwerflichen Handlungen der Menschen interessieren den Magierkönig jetzt, in einer Mischung aus «Neugier und Mitleid», gerade deshalb, weil sie «bösartig» sind [94]: «Der Magierkönig gibt sich selbst und seine Schätze [...], um anderen in ihren Lastern, die sie unglücklich machen, zu helfen: um ihnen ein wenig Glück zu schenken» [94]. In Sodom tut er dies bei-

28 In der Bibel tut dies nur die (von Pasolini ausgelassene) Frau Lots: vgl. Gen 19,26.

spielsweise, indem er einer «Schwuchtel, die kein Geld hat», hilft, «einen Jüngling zu bezahlen» [95]. Der Schatz wird so zwar noch eingesetzt und nicht wie in der letzten Fassung am Ende gestohlen, aber nicht mehr zum Tun des Guten. Immerhin ist der Magierkönig in den ersten beiden Städten aber noch ein aktiv Handelnder, und noch nicht ein nur beobachtender und entsetzter Zeuge der Vorgänge wie in der Fassung letzter Hand.

Trotz der zunehmenden Verdunklung der Geschichte ist Pasolini sehr daran gelegen, den bereits mit der ersten Projektidee verbundenen Komödienton durchzuhalten. Dies zeigt sich insbesondere in seinen Hinweisen zu den von ihm vorgesehenen Inszenierungsstilen, die trotz der Kürze des Treatments häufiger und detaillierter sind als in der letzten Version. Die dezidiert als ‹Komische Zwischenspiele› geplanten Zugfahrten sollen in Schwarzweiß und wie Slapstick-Szenen von Buster Keaton und Charlie Chaplin gearbeitet sein [94]. – Das von der Messiaserwartung aufgewühlte *Neapel* soll nach Art des ‹cinéma vérité› ins Bild gesetzt sein [93]. – Für *Gomorra* schwebt Pasolini ein wilder Genre- und Stilmix vor [94]: aus Krimi, Western, Musical und «Giallo» (Gelb), jenem derben, oft brutalen und sexistischen Genre zwischen Thriller und Exploitation, dessen Name sich von den seinerzeit beliebten gelben Groschen-Romanen ableitet und das im Italien der späten 1960er- und 1970er-Jahre enorm populär war. – Nicht nur wegen der in *Sodom* regierenden ‹sanfteren› Homosexualität, sondern auch wegen des für diese Stadt vorgesehenen durchgehend neorealistischen Inszenierungsstils à la Rossellini und Fellini erscheint Sodom gegenüber Gomorra entschieden klarer und sympathischer [vgl. 95]. – In *Numantia* soll der Film bei den Szenen der mit Toten übersäten Stadt in den «Kolossal»-Stil, also in das Genre des Monumentaltfilms wechseln, wie auch zuvor schon beim Untergang Sodoms. Der Kolossal- bzw. Monumentalfilm ist ein Format, mit dem gerade das italienische Kino eine ebenso lange wie reiche Tradition begründet hat. Besonders das Ende der Numantia-Episode, vorab die Schluss-Sequenz im «Café de Flore», soll dagegen im Stil des Autorenfilms gedreht werden, für den Pasolini als Vorbilder, die er auch zu zitieren plant, Sergej Eistenstein, Carl-Theodor Dreyer und Jean-Luc Godard benennt [95]. Mit Ausnahme der Hinweise zum komischen Stil bei den Zugfahrten, entfallen in der letzten Version von *PTK* alle diese Anmerkungen zu den Stil-Ideen, aber die Hinweise Pasolinis in der Fassung von 1973 dürften auch zwei Jahre später gültig bleiben. Auch für die finale Version ist aufgrund der ganz unterschiedlichen Atmosphären in den einzelnen Städten ein den Vorstellungen in *Il cinema* korrespondierender Wirbel unterschiedlichster Filmstile naheliegend, und auch eine Zuordnung zu den einzelnen Stationen, die den Hinweisen in *Il cinema* folgt.

Die letzte Fassung: *Porno–Theo–Kolossal* (1975)

Da Eduardo De Filippo, auf den inzwischen in Nachfolge Totòs das Projekt ganz zugeschnitten war, ab Ende 1973 für geraume Zeit nicht zur Verfügung stand, verzögerte sich die Realisierung des Magierkönig-Projekts weiter. Andere Vorhaben standen an und traten in den Vordergrund, etwa der ebenfalls schon lange gehegte Plan eines Films über den Apostel Paulus, vor allem aber der große Roman *Petrolio* und SALÒ. Als die im März 1975 begonnenen[29] Arbeiten an diesem Film, der Pasolinis letzter werden sollte, im Sommer 1975 abgeschlossen waren, nahm sich Pasolini nochmals seines Treatments über den Magierkönig an und arbeitete es zu der in diesem Band vorgelegten langen Filmerzählung aus. Das fertige Typoskript schickte er unmittelbar nach dessen Abschluss am 24. September 1975 an De Filippo, verbunden mit der drängenden Erneuerung der Einladung, die Hauptrolle zu übernehmen. Der dem Brief beigelegte Filmtext wurde erstmals 1989 in der Zeitschrift *Cinecritica* publiziert. Anders als die Filmerzählung ist der Brief an De Filippo schon länger bekannt.[30] Wie Pasolini in ihm anmerkt, hat er die jetzt mit *Porno–Theo–Kolossal* betitelte Filmerzählung erstmals in seinem Leben aus Zeitgründen auf Band diktiert. Rechnet man die Zeit für das kaum von ihm selbst besorgte Abtippen mit ein, wird der Text wenige Tage vorher abgeschlossen worden sein. In seinem Brief an De Filippo gibt Pasolini wichtige Hinweise zur Intention und zum Charakter von *PTK*. Deshalb soll er hier ausführlicher zitiert werden:[31]

> De Filippo erhalte jetzt, so Pasolini, «endlich *schriftlich* den Film», von dem er ihm «schon seit Jahren erzähl(t)» habe.
>
> «Im wesentlichen ist alles da. Es fehlen die Dialoge, sie sind noch provisorisch, weil ich fest mit Deiner Mitarbeit rechne, meinetwegen

29 Vgl. Freunde der Deutschen Kinemathek (Hg.) 1994, S. 88.

30 Vgl. Pasolini 1988, S. 742.

31 Der längere Auszug folgt der deutschen Übersetzung durch Maja Pflug in der im Verlag Klaus Wagenbach erschienenen Auswahl-Ausgabe der Gesamtausgabe der Briefe Pasolinis: Naldini (Hg.) 1991, S. 300 (Herv. i. O.).

auch ad hoc beim Drehen. Epifanio vertraue ich gänzlich Dir an: aprioristisch, es ist eine Parteinahme, eine Wahl. Epifanio bist Du. Das ‹Du› des Traums, scheinbar idealisiert, in Wirklichkeit real.»

Aufgrund des Diktats sei der Text «zumindest linguistisch gesehen, mündlich. In der Tat wirst Du beim Lesen sofort eine etwas bleierne, repetitive, pedantische Art bemerken. Geh drüber weg. Es war mir aus praktischen Gründen unmöglich, es anders zu machen.

Ich selbst habe ihn heute – gerade eben – zum ersten Mal ganz gelesen. Und er hat mich traumatisiert: überwältigt mit seinem ‹ideologischen› Engagement, das ja wie ein ‹Poem› wirkt, und erdrückt mit dem organisatorischen Aufwand.

Ich hoffe, mit all meiner Leidenschaft, nicht nur, daß der Film Dir gefällt und daß Du annimmst, ihn zu machen: sondern auch, daß Du mir hilfst und mich ermutigst, ein solches Unternehmen zu verwirklichen.»

Für Pasolini ist bereits die schriftliche Fassung von *PTK* ein «Film»: ein Film in Worten, der zu kreativer Imagination und zur Vervollständigung der vor dem ‹inner screen› evozierten Bilder anregt. Der von Pasolini auf das Tonbanddiktat zurückgeführte Eindruck der *Mündlichkeit* kommt dabei der Vorstellungsbildung zugute: denn die sprachlich unprätentiöse Mündlichkeit eines Erzählers, der, wie Pasolini, das von ihm Erzählte selbst vor dem inneren Auge hat, ja vor diesem als Film ablaufen sieht, ist unmittelbarer und bildproduktiver als ein elaboriertes, sprachlich fein ziseliertes Erzählen.[32] Denn bei einem solchen bindet die Schönheit der Sprache viel Aufmerksamkeit. Das innere Ohr, das der Sprachgebung zugewandt ist, konkurriert gleichsam mit dem inneren Auge um die Vorherrschaft.

Freunden und Bekannten gegenüber hat Pasolini in den letzten Wochen vor seinem Tod (in der Nacht auf den 2. November 1975) wiederholt davon gesprochen, dass er nur noch *PTK* realisieren und dann mit dem Filmemachen aufhören wolle, um sich ganz dem Schreiben zu wid-

32 Dieser Eindruck von Mündlichkeit kennzeichnet auch das Pasolini bestens vertraute Matthäusevangelium, vorab aber das Markusevangelium, eine der Vorlagen von Matthäus. Wie ich in meiner Untersuchung zu dessen narrativer Organisation eingehend erläutert habe, lässt sich der Erzählstil von Mk als der einer «fingierten Mündlichkeit» fassen (Zwick 1989, bes. S. 599–602). Auch in diesem Evangelium dient die scheinbare ‹Mündlichkeit› zur Herstellung von Unmittelbarkeit im Angesprochensein und als Impuls zur Visualisierung des Gelesenen oder Gehörten vor dem inneren Auge (vgl. auch ebd., S. 602–607).

men.[33] In einem seiner letzten Interviews sagte er dazu ganz unmissverständlich:

> Nach Salò werde ich einen Film drehen, der mir sehr am Herzen liegt, und dann werde ich mich in meinem Landhaus isolieren, um das Buch meines Lebens [d.i. *Petrolio*; R.Z.] zu schreiben. Es ist eine Entscheidung, die mit viel Nachdenken gereift ist. Dieses Ultimatum nicht einzuhalten, würde bedeuten, den Roman noch weiter zu verschieben, ein Opfer, mit dem ich mich keinesfalls abfinden möchte: Bin ich nicht mehr Dichter als Filmemacher? Das Leben ist, wie Sie sehen können, ein ewiger Neubeginn. Sagen wir, dass ich meine Filmkarriere mit Salò und dem nächsten Film beenden werde.[34]

Welcher dieser «nächste Film» sein sollte , präzisiert Pasolini in den gerade fünf Wochen zwischen dem Brief an De Filippo und seinem gewaltsamen Tod: in einem nicht genau datierten Brief von Anfang Oktober an den Kritiker Gian Carlo Ferretti.[35] Hier erklärt er mit Bestimmtheit, dass er unmittelbar nach SALÒ als nächstes *PTK* und nicht sein ebenfalls lange gehegtes und eigentlich schon besser für Dreharbeiten vorbereitetes Paulus-Projekt realisieren wolle:[36] Diese wichtige Ankündigung fügt Pasolini gleich zu Beginn des Briefes nur als eine Art Zwischenbemerkung ein:

> In einer Woche werde ich den Film [d.i. SALÒ] fertig haben (abgesehen davon, dass ich sofort mit *Porno-Teo-Kolossal*, dem neuen Film, beginnen werde), und so werde ich die Gelegenheit nutzen, um eine neue literarische Zusammenarbeit mit dem ‹Corriere› zu vereinbaren, eine Kolumne mit dem Titel «Che dire?» («Was soll ich sagen?»).

Der Tod Pasolinis machte dann alle Pläne zunichte.

---

33 Signorelli (2016, o.S.) verweist dazu auf: Siciliano 1978, S. 381 sowie auf Bertini 1979, S. 160.

34 Zit. n. Signorelli (ebd.). – Quelle Signorellis: *Interview mit Dino Taranto* in: Betti/Gulinucci (Hg.) 1991, S. 315.

35 Vgl. Pasolini 1988, S. 744 (der Brief fehlt in der dt. Auswahl-Ausgabe). Vgl. auch: Ferretti 2005, S. 34. – Den Hinweis verdanke ich Maggi 2009, S. 109.

36 Vgl. dazu Zwick 2007, S. 162f.

2 Struktur und literarischer Charakter

Struktur

In der letzten Fassung von *PTK* erweitert Pasolini seine in *Il cinema* vorgenommene Konkretisierung des Reisewegs des Magierkönigs – Neapel, Gomorra, Sodom, Numantia – um den Zielort «Ur». Dabei verortet er die finale Station nicht nur geografisch klar (im Südosten des Zweistromlands von Euphrat und Tigris), sondern entfaltet und variiert zugleich das eingangs von *Il cinema* skizzierte Ende seiner beiden Helden auch inhaltlich. Die Inszenierung der letzten Reiseetappe soll sich markant von den vorangegangenen abheben. In einer extradiegetischen Vorbemerkung zum «Ur»-Kapitel schreibt Pasolini:

> Das Finale nimmt das langsame, ruhige Tempo eines ‹Adagio› an, das sich in drei Phasen unterteilt und zunehmend leichter, phantasmagorischer und absurder wird. Folglich ändert sich auch der Erzählrhythmus, der immer komischer und zugleich geheimnisvoller und surrealer wird. Vorgesehen ist ein durchgehender musikalischer Continuo-Kommentar (während vorher die Musik immer ‹echt› war) usw. (57)

Nicht nur durch den kommentierenden und zugleich emotionalisierenden Score und die Intensivierung des Komischen, Geheimnisvollen und Surrealen sticht das «Finale» heraus, sondern auch durch seine einzig hier begegnende Untergliederung in drei Unterkapitel bzw. ‹Akte›, die die Annäherung an die Schluss-Situation als eine Bewegung in drei Stufen strukturieren. In mehrfacher Hinsicht erweist sich das Finale zugleich als ein *Epilog*, der mit dem explizit durch die Überschrift als solcher ausgewiesenen «Prolog» in Neapel eine inclusio bildet: Das Neapel- und das Ur-Kapitel sind vom Umfang her die deutlich kürzesten und annähernd gleich lang. Der Rahmencharakter der beiden Kapitel wird auch dadurch signalisiert, dass die Filmerzählung im Kosmos beginnt und dort auch endet. Die Kamera blickt eingangs aus der Satellitenperspektive auf die Erdkugel und zoomt dann hinab auf Neapel; am Ende steigen die Protagonisten selbst in den Himmel hinauf und blicken schließlich wieder von dort auf die Erde hinab – und abermals richtet sich der Fokus, jetzt allerdings nur auditiv, auf Neapel. Ur und Neapel sind auch insofern korreliert, als sie antithetisch besetzte Orte sind: Neapel ist mit seinem pulsierenden Leben und seiner vitalen

Frömmigkeit das genaue Gegenteil von Ur, das mit Verlassenheit, Wüste und Glaubensverlust verbunden ist.

Ausgehend von der Klammer durch Neapel und Ur als Prolog und Epilog, die dann nochmals umfangen wird von einem ‹kosmischen› Auftakt und einer ‹kosmischen› Coda, können die drei zentralen Reisestationen als Teil einer konzentrischen Ringkomposition begriffen werden, die sich folgendermaßen darstellt:

Kosmos
Neapel
Sodom
Gomorra
Numantia
Ur
Kosmos

Derartige konzentrische Strukturen, die sich als zusätzliche semantisierte Ebene über die Entwicklung der äußeren Handlung legen, sind im biblischen Erzählen sehr geläufig. Eine Konzentrik durchgreift etwa das Markusevangelium[37] und strahlte von dort auch auf das Matthäusevangelium aus. In der Konzentrik der Makrostruktur von *PTK* rückt gegenüber *Il cinema* nun Gomorra in die Mitte, welche als das Achsenelement immer auch das am stärksten mit Bedeutung aufgeladene Segment ist. Und in der Tat ist die Gomorra-Episode die thematisch und an intertextuellen Bezügen reichste der drei Stationen (s.u.). In ihr verdichtet sich in besonderer Weise die Kultur-, Gesellschafts- und Ideologiekritik Pasolinis, in der Gestalt, die sie in seinen letzten Jahren angenommen hatte und wie sie etwa in seinen *Scritti corsari* versammelt ist, die im Todesjahr des Autors erschienen sind.[38]

Unbeschadet ihrer konzentrischen Substruktur ist die Erzählung als ein ‹*Roadmovie*› organisiert. Ein solches waren bereits Uccellacci e uccellini und mit den Wanderungen durch Galiläa und dem finalen Zug nach Jerusalem auch Il Vangelo secondo Matteo – zwei Filme, die beide vielfältig auf *PTK* ausgestrahlt haben. Im Unterschied zur vergleichsweise kleinräumigen Topografie in diesen beiden frühen Filmen weitet sich der erzählte Raum nun aber auf Italien, Frankreich (mit Paris

37 Vgl. Iersel 1993, S. 272–292.

38 Die deutsche, leider stark gekürzte Ausgabe erschien unter dem Haupttitel *Freibeuterschriften* bereits 1978 bei Wagenbach (Berlin).

als Setting für das antike spanische Numantia) und den Nahen Osten. Mit den europäischen Metropolen und einer außereuropäischen Region als Locations korrespondiert die Reise des Magierkönigs auch der des Völkerapostels Paulus in Pasolinis ihm gewidmeten Filmprojekt, das er über lange Zeit parallel zu *PTK* entwickelt hat. Hier wie dort werden die modernen Städte – auch im Paulusfilm sollten zu ihnen Rom, Mailand und Paris zählen – anachronistisch mit antiken bzw. in *PTK* mit teilweise mythischen Orten identifiziert. In beiden Projekten hätte das aber bei der Inszenierung nicht mit irgendwelchen aufwändigen Historisierungen verbunden sein sollen, einmal abgesehen von der mit bescheidenen Mitteln realisierbaren Imagination des Roms der 1950er-Jahre für Sodom bzw. das Paris unter der Naziherrschaft im Paulus-Projekt.

Das neben der Konzentrik und dem Reisemotiv dritte wichtige Merkmal der Makrostruktur sind die *refrainartigen Momente*: die Zugfahrten zwischen den Städten, die «Schlafberichte» und die stets unerwartet, durch Interventionen des verborgenen Engels Ninetto/Nunzio ins Spiel kommenden Neapolitaner. Mit den Landsleuten Epifanios und den Zugfahrten soll jeweils ein komischer Zug in die Erzählung kommen, der den Rezipienten in all der Düsternis der Situationen und Ereignisse etwas Erleichterung verschaffen soll. Mit den «Schlafberichten», bei denen der Erzähler in Sodom, Gomorra und Numantia den schlafenden Eduardo/Epifanio verlässt und in den auktorialen Modus wechselt, kommen kontrastiv zu den komischen Refrain-Elementen jeweils dramatische, folgenschwere Begebenheiten in den Blick. Den Refrain-Charakter der drei wiederkehrenden Elemente (Zugfahrten, Neapolitaner, Schlafberichte) hebt Pasolini wiederholt explizit hervor, so etwa gleich bei der ersten der drei Zugfahrten:

> Während der Zug ratternd nordwärts fährt, ergibt sich die erste kleine Szene (die sich im Laufe des Films mehrmals wiederholen wird), in der Ninetto (der Situation geschuldet) ein neapolitanisches Lied zu singen beginnt, während Eduardo einen ‹komischen Konterpart› gibt. (92)

Literarischer Charakter

Wie Pasolini bereits im Brief an Eduardo De Filippo angemerkt und dabei auf die Textentstehung via Diktat hingewiesen hat, sind die Sprache und die Syntax der Filmerzählung stark dem mündlichen Sprechen angenähert: in der Wortwahl meist einfach und wiederholt auch im Umgangston oder im neapolitanischen und römischen Dialekt gehalten, im Satzbau mit vielen Parataxen und nicht selten auch unvollständig, wie im Telegrammstil, wobei das Skizzenhafte die Leser:innen zu kreativen Ergänzungen stimulieren kann. Unbeschadet dieses ihres Grundzugs ist die Sprachgebung doch enorm variantenreich und wechselt gelegentlich auch in einen elaborierten, mitunter poetisch durchgearbeiteten Ton.

Ebenso vielfältig wie die Sprache ist die *Erzählhaltung.* Vorherrschend ist eine personale Erzählperspektive mit Eduardo/Epifanio als Perspektivträger. Diese Perspektive ist meist im Stil eines dichten Begleitens der Führungsfigur mit Blicken ‹über die Schulter› (im Filmjargon: ‹over shoulder shot›) gestaltet. Die personale Perspektive intensiviert sich in denjenigen Passagen, die Pasolini ausdrücklich als ‹gesehen mit den Augen Epifanios› markiert, die er also mit subjektiver Kamera inszeniert wissen will. Die dominant personale Perspektive wird freilich immer wieder unterbrochen: sei es, dass der Erzähler Eduardo/Epifanio verlässt (meist als dieser schläft) und in den auktorialen Modus wechselt; sei es, dass Pasolini überhaupt aus der Erzählerrolle heraustritt und sich in extradiegetischen Einschaltungen und auch in Fußnoten als Autor zu Wort meldet, um konzeptionelle Überlegungen einzutragen oder um etwa auf Quellen und noch weiter Auszuarbeitendes hinzuweisen.

Zu den vielfältigen Wechseln im Sprachstil und in der Erzählhaltung kommen schließlich noch die unterschiedlichen *Inszenierungsstile.* Pasolini äußert sich zu diesen in der letzten Fassung von 1975 nur selten, am meisten noch, wenn es um die komischen Passagen geht. Man darf allerdings davon ausgehen, dass die nur eineinhalb Jahre zuvor in der vorletzten Version *Il cinema* breiter ausgeführten stilistischen Ideen weiterhin leitend sein dürften. Zumindest werden sie nirgends revidiert, und auch die Hinweise zu den komischen Szenen, vorab den Zugfahrten, korrespondieren exakt den früheren Anmerkungen zu diesen. Lässt man die angedachten Filmstile, derer sich Pasolini den Hinweisen in *Il cinema* zufolge bedienen und durch Zitate und Anspielungen an jeweils markante Regisseure, die für einen dieser Stile stehen, anreichern wollte, nochmals Revue passieren, dann ergibt sich wohl auch für *PTK* ein Parcours durch folgende Filmstile: cinéma vérité (für Neapel), Neorealismus (Rom), ein Mix aus Krimi, Western, Musical und ‹Giallo› (Gomorra), Autorenfilm (Numantia), und – ohne dass dies Pasolini expliziert hätte – beim Finale an der Geburtshöhle ein Umschwung ins Mystery- oder Fantasy-Genre. Eingelagert sollen zudem immer wieder Sequenzen nach Art des «Kolossal»- bzw. Monumentalfilms sein, insbesondere in den drei Vernichtungsszenarien beim Ende von Sodom, Gomorra und Numantia, aber wohl auch zwischendurch, etwa beim Opferfest im Stadion von Sodom oder bei der Hinrichtungssequenz auf dem Domplatz von Gomorra. Hinzu kommen schließlich noch die Wechsel ins Groteske und den Slapstick nach Art der Stummfilme von Charlie Chaplin und Buster Keaton bei den komischen Intermezzi, allen voran bei den Zugfahrten. Diese sollen auch durch einen Wechsel ins Schwarzweiß abgehoben und als Zwischenspiele markiert sein. – Über all das legt sich dann noch eine sehr variantenreiche Gestimmtheit der Szenen: im weiten Bogen von Burleske und Pikaro bis zu Tragik, Apokalyptik, Horror (in der Domplatz-Szene) und Vision.

Sprache, Erzählhaltung und Inszenierung gewinnen damit einen außerordentlichen Facettenreichtum, der selbst stilistisch so hybride Filme Pasolinis wie UCCELLACCI E UCCELLINI und IL VANGELO SECONDO MATTEO hinter sich lässt. Am ehesten kann *PTK* in dieser Hinsicht noch die furiose Inszenierung von LA RICOTTA an die Seite gestellt werden. Zweifelsohne wäre *PTK* damit die konsequenteste, ja förmlich überbordende Einlösung von Pasolinis Konzept eines Kinos der «Kontamination» bzw. des «Pastiche» geworden[39] – als deren Höhepunkt und zugleich deren Summe: Die unter die Stichworte «Kontamination» und «Pastiche» gefasste gezielte Verbindung heterogener, bisweilen auch sich reibender, dissonanter, ja gegensätzlicher Momente sei für ihn, wie Pasolini einmal sagte, geradezu das «Zeichen, unter dem ich arbeite».[40]

3 Die beiden Protagonisten

Eduardo / Epifanio

Mit dem Wechsel von Totò zu dem neuen designierten Hauptdarsteller Eduardo De Filippo (1900–1984) nahm das Projekt deutlich ernstere, ja streckenweise ausgesprochen düstere Züge an. In den frühesten Hinweisen Pasolinis auf seine Geschichte des Magierkönigs sollte diese noch als ein Kurzfilm auf der Linie von LA TERRA VISTA DALLA LUNA realisiert werden und baute ganz auf die komödiantischen Fähigkeiten Totòs, vorab auf sein formidables Mienenspiel. Sogar in seinem Nachruf auf ihn

39 Vgl Luglio 2016, 10 (dort unter Hinweis auf: Pasolini, *Una visione del mondo epico-religiosa*, in: Pasolini 2001, S. 2871).

40 Zit. n. Zigaina 1989, S. 23.

(s.o.) hatte Pasolini voller Trauer davon gesprochen, wie er sich «all die Gesichter vorgestellt (habe), die er [Totò] in Gestalt des herumirrenden Magierkönigs gemacht hätte.» Eduardo De Filippo hatte als Schauspieler ein ganz anderes Profil: Mienenspiele auf dem schmalen Grat zwischen Ausdruckskraft und Grimassieren, auf dem sich Totò bewegt hatte, lagen ihm fern. Zwar brillierte De Filippo auch in komischen Rollen, aber er entwickelte diese vor allem über den Dialog und subtilere Mittel; auch gab er sich eher als Gentleman oder Grand Seigneur. Anders Totò, der in seinen Rollen – par excellence in UCCELLACCI E UCCELLINI – gerne als derangierter Gernegroß agierte, der wie Chaplin einen viel zu weiten Anzug trägt und erfolglos seinen proletarischen oder kleinbürgerlichen Hintergrund zu überspielen sucht.

Die Unterschiede zwischen Totò und De Filippo werden deutlich, wenn man ihre Auftritte in Hauptrollen des einzigen Films, der sie beide im Cast führt, vergleicht: in Vittorio de Sicas L'ORO DI NAPOLI (DAS GOLD VON NEAPEL), den Dino De Laurentiis im Jahre 1954 produziert hatte. Die zeitgenössischen Filmplakate werben mit den Namen von Totò und De Filippo und mit Silvana Mangano, die später in Pasolinis EDIPO RE (1967) und insbesondere in TEOREMA (1968) zwei der eindrucksvollsten Rollen ihrer Karriere hatte. Neben den drei Genannten erscheint in der späteren Kinowerbung auch Sofia Loren, die in diesem Film ihre erste Rolle überhaupt bekommen hatte. Totò und De Filippo spielen jeweils die Hauptrolle in der ersten und der letzten der sechs Episoden, die der Film vereint. Die literarische Vorlage, aus der die Episoden ausgewählt wurden, sind die allesamt in Neapel angesiedelten fünfunddreißig Kurzgeschichten und Miniaturen aus der Feder von Giuseppe Marotta (1902–1963),[41] die dieser unter dem Titel *L'oro di Napoli* (Titel der dt. Ausgabe: *Das Gold von Neapel*)[42] versammelt und 1947 veröffentlicht hat.[43] Neben De Sica und Cesare Zavattini wirkte Marotta auch am Drehbuch mit und sorgte für Präzision im Lokalkolorit. Totò und De Filippo agieren in De Sicas Film nicht gemeinsam vor der Kamera, sondern in den genannten Episoden getrennt voneinander. De Filippos Episode fehlte in

41 Vgl. einführend zu Giuseppe Marotta den ihm gewidmeten Artikel unter: https://it.wikipedia.org/wiki/Giuseppe_Marotta_(scrittore).

42 Unter diesem Titel erschien erstmals 1954 im Karl Rauch Verlag (Düsseldorf) eine von Hellmut Ludwig besorgte, ungekürzte deutsche Übersetzung. Diese wurde 1958 unverändert in die Reihe «Fischer Bücherei» des Fischer-Verlags (Frankfurt a.M. / Hamburg) übernommen.

43 Erstausgabe im Verlag Bompiani (Mailand); mehrere Neuausgaben bei wechselnden Verlagen.

der deutschen Kinofassung, ebenso wie die dritte Episode *Il funeralino* über das Begräbnis eines Kindes.[44] In seiner Episode *Der Tyrann – Il guappo* verkörpert Totó einen kleinbürgerlichen Familienvater, der als «Pazziarello» – eine typisch neapolitanische Figur: ein Straßenkünstler, der im bunten Phantasiekostüm für alles Mögliche Werbung macht[45] – arbeitet und sich seines tyrannischen Untermieters zu erwehren sucht. De Filippo ist in seiner Episode der in ihrem Titel genannte «Professor». Diesen Ehrentitel oder auch Spitznamen haben ihm die Menschen in Neapel verliehen, weil er eine Art Privatgelehrter ist, der gegen Bezahlung «Weisheit verkauft»,[46] indem er für alle erdenklichen Lebenslagen und Probleme Ratschläge erteilt oder gleichsam ‹in die Sterne sieht› und Prognosen macht. Mit seiner Tätigkeit und auch mit seinem trotz prekärer Finanzen distinguierten Auftreten weist die Figur des ‹Professors› durchaus auf den gelehrten Epifanio Pasolinis voraus. Es ist sehr wahrscheinlich, dass Pasolini bei seiner Liebe zu Neapel den Episodenfilm des von ihm verehrten De Sica, dessen eigentlicher «Hauptdarsteller» die Stadt selbst ist (so ein Vorspanntitel), gekannt hat. L'ORO DI NAPOLI dürfte Pasolinis Zeichnung von Neapel und auch die Entwicklung seines Magierkönigs beeinflusst haben, auch wenn er die Figur ganz anders angelegt hat als De Sica seinen Gelehrten. Zudem verwandelt sich Pasolinis alter Gelehrter im Laufe der langen Genese des Projekts nachhaltig. In der Crespi-Fassung und in *Il cinema* ist der Magierkönig eine aus menschlicher Anteilnahme, aus einer Haltung der Barmherzigkeit aktiv handelnde Figur: in der Crespi-Fassung, indem er unter deutlichen Bezugnahmen auf Mt 25,31–46 viele der sogenannte Werke der Barmherzigkeit vollbringt, in *Il cinema* hingegen, indem er in pervertierter Empathie Menschen bei ihren Lastern unterstützt und damit seine für das Messiaskind vorgesehenen Schätze verschwendet. In der letzten Version greift Epifanio sein Geschenk nicht mehr an, sondern hütet es wie seinen Augapfel. Und er beeinflusst nicht mehr aktiv handelnd die Ereignisse auf seinen Reisestationen, sondern diese sind nur mehr Widerfahrnisse, die er durchstehen und denen er zu entkommen suchen muss. Epifanio

44 Auf der neuen DVD-Edition von «Pidax-Film» in der Reihe «Film-Klassiker» (2020) ist die alte deutsche Synchronfassung dankenswerter Weise um die beiden fehlenden Episoden ergänzt (allerdings nur in der italienischen Originalfassung ohne Untertitel).

45 Vgl. die Kurzinformation (o. Vf.) zum Stichwort «Pazzariello» auf der Homepage «Napoligrafica. Tutto di Napoli» unter: https://www.napoligrafia.it/tradizioni/mestieri/pazzariello.htm.

46 Marotta, Der «Professor», in: Marotta 1958, S. 109–113, hier: S. 109.

ist so am Ende der Projektgeschichte von einem Akteur in die Rolle eines Zeugen gewechselt, dessen Wahrnehmung auf weite Strecken (mit Ausnahme der ‹Schlafberichte›) den Blick der Zuschauer:innen bestimmt, bis dahin, dass sier vieles durch Epifanios Augen sehen sollen. Epifanios Irritationen, seine Betroffenheit, sein Erschrecken oder auch seine Empörung etc. sollen die Zuschauer:innen teilen. Epifanios Reaktionen sind die Richtschnur für die intendierten Wertungen seitens des Publikums.

In Epifanios Sicht der Dinge, die grundständig einer traditionellen Werteordnung verpflichtet ist, scheint zweifelsohne auch Pasolinis eigene Haltung auf. Insofern kann die Figur des Magierkönigs hinsichtlich ihrer Moralität durchaus als zumindest partielles Alter Ego ihres Urhebers verstanden werden. Davide Luglio meint dazu in seinem langen Vorwort zur französischen Edition von *PTK* pointiert, dass in der Figur des Magierkönigs «die Figur Pasolinis selbst wie ein roter Faden auftaucht».[47] Pasolinis eigene Entwicklung spiegelt sich in den Wandlungen der Epifanio-Figur im Laufe der Entstehungsgeschichte: anfangs gründet das Handeln des Magierkönigs noch in einer deutlich christlichen Inspiration; in *Il cinema* – in einer Zwischenstufe – verkehrt sich diese zum Mitleid für die Lasterhaften; und in *PTK* schließlich hat das christliche Erbe keine Folgen mehr für das praktische Handeln während des langen Wegs zur Geburtsgrotte. Denn der Magierkönig *handelt* am Ende der Projektentwicklung nicht mehr an den Menschen, denen er begegnet, sondern ist zu allererst nur mehr Beobachter und Zeuge der Ereignisse. In diese selbst greift er nicht mehr gestaltend ein, sondern muss ihnen immer wieder nur heil zu entkommen suchen. In einer analogen Bewegung zu Epifanios Wandlung verändert sich in der Projektgeschichte auch der ‹Himmel› des Finales, indem dieser immer ‹leerer› wird. Dies reflektiert zweifelsohne etwas von Pasolinis eigener, in seinen letzten Lebensjahren dramatisch beschleunigten Entfernung von Glaube und Religion. Diese geht einher mit einer Verschiebung vieler anderer Dimensionen seines Denkens und Schaffens in Richtung Kulturpessimismus und Dystopie. Was Pasolinis Magierkönig freilich in Bewegung bringt und hält, ist bei all dem doch sein unerschütterlicher Glaube an die Bedeutung des Kometen und seine Hoffnung auf einen neuen Messias und das mit ihm verbundene Neuwerden der Welt (vgl. 46). Beides bleibt zutiefst religiös grundiert, selbst wenn man den Kometen als Metapher für die Ideologie begreift, wie es Pasolini empfiehlt. Für seinen Glauben

47 Luglio 2016, S. 44.

und seine Hoffnung setzt Epifanio seine gesamte Existenz ein. Den maximalen Einsatz symbolisiert auch die überaus kostbare goldene Krippe mit Spielmechanik, die er als Gabe darbringen will. Sie hat sicher sein gesamtes Vermögen aufgezehrt, lebt er doch in einfachen Verhältnissen in der Altstadt Neapels. Nachdem ihm die Krippe gestohlen wurde, gibt Epifanio am Ende, als mit seiner Hoffnung sein ‹élan vital› (Henri Bergson) zerbrochen ist, das einzige, was ihm noch geblieben ist: sein Leben.

Ninetto / Nunzio

Wie Totò und Ninetto Davoli (geb. 1948) in Uccellacci e uccellini (1966), dort in den Rollen von Vater und Sohn mit dem sprechenden Familiennamen «Innocenti» (Unschuldige), bilden auch Eduard/Epifanio und Ninetto/Nunzio ein sehr gegensätzliches, und allein dadurch komisches Paar. War Ninetto in Uccellacci e uccellini ein lebenslustiger, unbeschwerter und etwas leichtfertiger junger Mann, so sollte er in *PTK* ein mürrischer, wortkarger und schroffer Diener sein, dem so gar nichts Dienerhaftes, nichts auch nur annähernd irgendwie Beflissenes anhaftet. Damit kontrastiert er stark mit seinem empathischen Herrn, und auch mit dessen Redseligkeit, ja Geschwätzigkeit, die ihm zumindest in der vorletzten Fassung *Il cinema* noch zugedacht war, die sich allerdings in der Endversion weithin verflüchtigt hat. Ninetto/Nunzio erscheint auch in *PTK* weithin teilnahmslos, von den Widerfahrnissen während der Reise unberührt, und wiederholt wird vermerkt, dass er seinem Herrn beharrlich den Gefallen verweigert, in dessen Sicht der Dinge und dessen Betroffenheit mit einzustimmen. Mit diesem Grundprofil unterscheidet sich die Ninetto Davoli zugedachte Rolle deutlich von seiner früheren Präsenz in Pasolinis Lang- und Kurzfilmen, die immer primär komisch und geprägt von jugendlicher Unbekümmertheit angelegt war. Ganz selten wechselte Ninetto bei Pasolini ins Ernste, so insbesondere in Porcile (Der Schweinestall): Exponiert als fröhlicher, auf seiner Flöte heitere Weisen spielender Gaukler wird seine Figur zum Ende hin zu der eines betroffen Anteil nehmenden Zeugen des Prozesses gegen den jungen Outcast, der zum ‹Kannibalen› wurde. Als einziger wohnt Ninetto der Hinrichtung dieses Mannes mit tiefer Erschütterung bei.[48] Aber auch in *PTK* wird die sichtlich von der Paarung

48 Dazu und zu den christomorphen Zügen im Finale der Kannibalen-Handlung von Porcile (1969) eingehend: Zwick 2014, S. 194–214, bes. S. 199–209.

Don Quijote und Sancho Panza inspirierte Konstellation aufgebrochen, anfangs nur sporadisch, zum Ende hin aber immer häufiger, bis sie sich schließlich im dritten und letzten Akt des «Ur»-Kapitels völlig umkehrt: dann als offenbar wird, dass Ninetto/Nunzio in Wahrheit ein Engel ist. Ja er entpuppt sich sogar als ein Gott besonders eng verbundener «wirklicher, wahrhaftiger *Engel des Herrn*» (62; Herv. R. Z.), wie ein solcher auch in der für *PTK* wichtigen Kindheitsgeschichte des Matthäusevangeliums wiederholt Josef in Traumoffenbarungen erscheint (Mt 1,20.24; 2,13). Dieses Geheimnis, diese seine andere, wahre Natur, die der Diener lang hinter seinem ruppigen Auftreten verbirgt,[49] deutet sich allerdings schon bald an: in seinen wie beiläufig eingestreuten Vorschlägen an Eduardo/Epifanio – erstmals in Sodom beim Rat, eine Postkarte zu kaufen (20) –, die sich dann als überraschend hilfreich erweisen und aus schwierigen Situationen heraushelfen: Der Postkarten-Kauf führt beispielsweise zur Bekanntschaft mit dem ersten der Neapolitaner in der Fremde,[50] der die Reisenden dann über Sodom aufklärt und ihr Führer durch die Stadt und ihre Sitten wird (vgl. 21 f.). Ohne des Dieners wiederholte «geheimnisvolle Weisung» (41), wie sie im Skript genannt wird, wäre Epifanio nie an der Geburtshöhle angelangt.

Zu dieser Helferrolle, wie sie auch die Vorstellung von einem sogenannten Schutzengel regiert, kommt zum Ende der Geschichte hin vereinzelt doch auch seitens Nunzios etwas Mitgefühl mit Epifanio, ja am Ende «tröstet» er ihn sogar dezidiert (62).

Recht früh, bei der Zugfahrt nach Gomorra (32) wird die wahre Identität des anfangs mit Ninetto angesprochenen Dieners durch den Namenswechsel zu «Nunzio» signalisiert. Denn Nunzio ist eine Kurzform des seltenen männlichen Vornamens «Annunzio» (der Angekündigte, Verkündete), mit dem das biblische, gerade auch in der Kindheitsgeschichte Jesu prominente Motiv des Verkündigungsengels aufgerufen wird. Endgültig als Engel offenbart sich Nunzio allerdings erst in der letzten Szene: Nach dem Tod Epifanios löst sich zuerst aus Nunzios irdischem Leib eine strahlende Lichtgestalt. Als gleichsam ‹entpuppter› Engel bewirkt Nunzio dann auch eine Erweckung der Seele seines fast

49 Ohne dass eine Beeinflussung durch Pasolini denkbar wäre, ähnelt dieser Engel einer der beiden Gestalten, in denen der Engel Gabriel in Jean-Luc Godards JE VOUS SALUE, MARIE (1982) auftritt: als unwirscher, etwas verlotterter Mann, der auch handgreiflich werden kann.

50 Näheres zur Rolle der Neapolitaner im Begleittext von Dagmar Reichardt (*Pasolinis unvollendete Vollkommenheit*; Kap. 3) im vorliegenden Band.

nackt, so wie er dereinst geboren worden war, gestorbenen Herrn und auch dessen Verwandlung. Epifanio wird zu einer transzendenten, elegant in einen weißen Sommeranzug gekleideten Figur, die von Nunzio dann bei der Hand genommen und «singend und tanzend» (62) hinauf gen Himmel führt wird. Als die beiden immer weiter in kosmische Höhen steigen, ermüdet überraschenderweise auch Nunzio, der als Engel eigentlich ‹unermüdlich› sein müsste, und wird so wieder irdischer. Und jetzt, in seiner Engelsgestalt, zeigt Nunzio erstmals auch Emotionen: Unruhe, Bestürzung, ja schließlich sogar eine «fatale Entmutigung» (63). Denn er findet das Paradies, in das er Epifanio geleiten wollte, nicht mehr vor. Überall herrscht «um sie herum nur Schweigen und Leere» (63). Der Engel ist ratlos; der Gott, der ihn Epifanio an die Seite gegeben haben muss, ist verschwunden. So bleibt ihm gegenüber Epifanio nur der Ratschlag, einfach abzuwarten – und der Trost: «Irgendwas wird geschehen» (so der letzte Satz von *PTK*). Damit teilt der Engel Nunzio am Ende die tiefe Desillusionierung Epifanios, ermuntert aber dennoch zum Aushalten der Leere, in der Hoffnung auf ein diese wendendes Ereignis.

Mit seiner Bestürzung am Ende der langen Reise unterscheidet sich der Engel, den Ninetto Davoli im letzten Filmprojekt Pasolinis vorstellen sollte, nachhaltig von dem ersten Engel, den er bei diesem gegeben hat: von dem fröhlichen himmlischen Boten in Gestalt eines Briefträgers mit dem sprechenden Namen «Angelo» («Engel») in TEOREMA (1968). Seine beiden Auftritte rahmen dort die Ereignisse in Gegenwart eines numinosen Gastes in einer Industriellen-Familie, indem ‹Angelo› einmal die Ankunft und dann die Abreise des Fremden ankündigt.[51]

An der wachsenden Isolierung und Desillusionierung Pasolinis in seinen letzten Lebensjahren haben also auch seine Engel teil: Mit der im Lauf der Entstehungsgeschichte von *PTK* zu beobachtenden Verdunkelung des Finale verliert sich am Ende auch die heitere Souveränität und die Gewissheiten, die sie zuvor lange getragen haben.

---

51 Vgl. Zwick 2014, S. 74f. (Angelos Auftritt in den Sequenzen 12 und 32).

4 Die Städte der Reise[52] – Interpretationsansätze

Neapel

Pasolini verbindet mit Neapel die Vorstellung einer irgendwie aus der Zeit gefallenen, vormodernen Stadt, in der noch alte, traditionelle Werte aus der Zeit vor Ihrer Zersetzung durch den Konsumismus herrschen. Pasolini, der sich selbst programmatisch als eine «Kraft der Vergangenheit» bezeichnet hat,[53] ist ein großer Anwalt dieser Kultur, die er dabei freilich auch idealisiert hat.[54] Das Neapel-Bild Pasolinis trifft sich mit der Auffassung von Vittorio de Sica, die dieser im Umfeld seines bereits erwähnten Films L'ORO DI NAPOLI so ausgedrückt hat:

«Eines der Geheimnisse Neapels liegt in seiner über die Jahrhunderte unveränderlichen Art, welche die Menschen, ihre Gewohnheiten und ihre Philosophie ausmacht.»[55]

Diesen Geist atmet das Buch von Giuseppe Marotta, das De Sicas Film als Vorlage gedient hat; und für diesen Geist steht auch der gebürtige Neapolitaner Eduardo De Filippo, der seiner Heimatstadt zeitlebens eng verbunden blieb und auch viele seiner literarischen Werke im neapolitanischen Dialekt verfasst hat.[56]

---

52 «Ur» erhält als Stadt kein eigenes Profil; und direkt dort finden auch keine signifikanten Ereignisse statt. «Ur» hilft vornehmlich zur groben geografischen Verortung der in seiner Nähe in einer einsamen Gegend gelegenen Geburtshöhle. Insofern braucht auf «Ur» im Rahmen dieses Städte-Kapitels nicht näher eingegangen zu werden. – Vgl. aber zu «Ur» im Horizont der mythischen Topografie die Ausführungen im Begleittext von Dagmar Reichardt (bes. Kap. 1) im vorliegenden Band.

53 Im *Vorwort* zu dem von ihm herausgegebenen Band *Kraft der Vergangenheit* (1988) schreibt Christoph Klimke treffend: «Der Anfang eines seiner [Pasolinis] Gedichte ‹Ich bin eine Kraft der Vergangenheit / allein der Tradition gehört meine Liebe› muß wohl als Grundsatzerklärung zu seiner Arbeit verstanden werden» (S. 7). – Pasolini lässt dieses Gedicht auch selbst einmal programmatisch Orson Welles in seiner Rolle als Regisseur und Pasolinis Alter Ego in LA RICOTTA zitieren. Das fragliche Gedicht erschien im Band *Poesia in forma di rosa* (1964), online unter: https://www.squilibri.it/blog/pier-paolo-pasolini-io-sono-una-forza-del-passato.html: Die beiden Anfangsverse lauten im ital. Original: «Io sono una forza del Passato. / Solo nella tradizione è il mio amore».

54 Vgl. dazu eingehend Maggi 2009, S. 6 f., S. 155 u. passim, v. a. unter Berufung auf eine differenzierte Untersuchung von Ernesto De Martino (2002), in der dieser viele tiefgreifende und schon länger zurückreichende Verwerfungen der alten Traditionen auch im vermeintlich archaischen italienischen Süden darlegt.

55 Zit. n. Apra 1994, S. 103 (hier wiederum zit. n.: https://de.wikipedia.org/wiki/Das_Gold_von_Neapel.

56 In seiner wunderbaren, stark autobiografischen Liebeserklärung an Neapel in Form des Films È STATA LA MANO DI DIO (2021) lässt der Regisseur Paolo Sorrentino einmal (in der Sequenz über einen Familienausflug nach Capri) explizit eine seiner Figuren

Sodom

Mit der Wahl des Ortsnamens «Sodom» für seine erste «Stadt der Utopie» (24) hebt Pasolini eine weithin mythische Stadt auf die Bühne seiner Erzählung, die gemeinhin für Homosexualität und Ausschweifung steht – und für ihre Ächtung durch Gott, die in seinem Strafgericht in Gestalt der vollständigen Vernichtung in einem Feuersturm dramatisch eskaliert (vgl. bes. Gen 19). Sodom gab der Sodomie ihren Namen, ursprünglich verstanden als Praxis des Analverkehrs zwischen Männern, der als widernatürlich und in höchstem Maße sündhaft bewertet wurde. Ausgehend vom Moment des Widernatürlichen weitete sich die Bedeutung von «Sodomie» später auch auf den Bereich des Verkehrs von Männern mit Tieren (Zoophilie), was schließlich zum heute dominanten Verständnis wurde. Der vieldiskutierte Schlüsseltext zur Ächtung der Homosexualität und ihrer Einordnung als todeswürdiges Vergehen findet sich im alttestamentlichen Buch Leviticus: «Schläft einer mit einem Mann, wie man mit einer Frau schläft, dann haben sie eine Gräueltat begangen; beide werden mit dem Tod bestraft» (Lev 20,13; vgl. Lev 18,22). Der Text steht im Kontext anderer Vorschriften über das Geschlechtsleben, die Teil des sogenannten Heiligkeitsgesetzes sind. Dieses ist im babylonischen Exil (586–539 v. Chr.) entstanden und insbesondere um die Reinerhaltung Israels als des auserwählten Volkes bemüht. Dies führt zu Abgrenzungsbemühungen gegenüber den Nachbarvölkern, zu deren Kultur offensichtlich auch eine tolerante Einstellung gegenüber dem sexuellen Verkehr unter Männern gehört hat. Zwei biblische Erzählungen wurden und werden gerne zur Vertiefung des in Lev 20,13 formulierten Verbots herangezogen: eine abgründige Episode im «Buch der Richter» (Ri 19), in der die Männer der Stadt Gibea mit einem durchreisenden Israeliten sexuell verkehren wollen und von dessen Gastgeber seine Herausgabe fordern. Als ihnen dies verweigert wird, vergehen sie sich an der ihnen ‹ersatzweise› angebotenen Nebenfrau des Gastes, die die Massenvergewaltigung nicht überlebt. Die andere, strukturell ähnliche und entstehungsgeschichtlich wohl ältere Episode findet sich im Buch Genesis (19,1–29) – und diese ist es, die von Pasolini in *PTK* adaptiert wird: Zwei Engel mit männlichem Erscheinungsbild kommen nach Sodom und werden von Lot, dem dort lebenden Neffen Abrahams beherbergt. Die

---

an den «großen Eduardo de Filippo» als bedeutenden Sohn der Stadt erinnern. Überhaupt ist der Film hinsichtlich seiner Haltung gegenüber Neapel De Sicas L'ORO DI NAPOLI eng verbunden.

Männer der Stadt wollen mit den beiden Gästen verkehren und verlangen mit gewaltbereiten Drohgebärden ihre Herausgabe. Doch Lot sind seine Gäste heilig und er verweigert ihnen dieses Begehren, bietet den Männern aber stattdessen seine beiden noch jungfräulichen Töchter an, verbunden mit der Lizenz: «tut mit ihnen, was Euch gefällt» (Gen 19,8). Doch die Engel schreiten ein, schlagen die Angreifer mit Blindheit und geleiten Lot, seine Frau und ihre Töchter sicher aus der Stadt, um sie vor dem von ihnen angekündigten göttlichen Strafgericht zu retten. Kaum haben sie die Stadt verlassen, lässt Gott auf Sodom sowie dessen Nachbarstadt Gomorra und die ganze Gegend «Schwefel und Feuer regnen» (Gen 19,24). Obwohl die Engel den Flüchtenden verboten hatten, sich nach Sodom umzuwenden, kann Lots Frau dieser Versuchung nicht widerstehen und erstarrt im schockierenden Anblick der Vernichtung zur «Salzsäule» (Gen 19,26). – In beiden Episoden wird deutlich, dass es in ihnen kaum, jedenfalls nicht in erster Linie um Homosexualität oder um Verkehr zwischen Männern an sich geht, sondern um *gewalttätige* sexuelle Übergriffe, um versuchte und, wie in Ri 19, vollzogene Vergewaltigung.

Pasolini hat diese Differenz wahrgenommen, als er die Lot-Handlung in seiner Filmerzählung rezipierte – unter Auslassung von Lots Frau. Zwar verweist Pasolinis römisches «Sodom» insgesamt mit dem gewählten Städtenamen auf die biblische Sodom-Handlung, aber auch bei Pasolini bricht das göttliche Zorngericht erst dann über die Bevölkerung herein, als eine Horde junger Männer sich gewaltsam in sexueller Absicht der schmucken Kadetten bemächtigen will, die Lot beherbergt und schützen will. Insofern ist auch bei Pasolini der Untergang der Stadt nicht bereits eine Folge der dort regierenden Homosexualität, sondern Gottes Reaktion auf massive sexualisierte Gewalt. Dass dieses Zorngericht dann freilich unterschiedslos alle Einwohner trifft, bleibt verstörend. Verstörend ist dies darüber hinaus auch deshalb, weil Pasolini selbst homosexuell war und sich nach seinem Zwangsouting auch zeitlebens dazu bekannt hat, und zum anderen, weil das Rom der 1950er-Jahre, das Sodom vorstellen soll, nach Pasolinis Flucht aus dem Friaul dorthin und nach entbehrungsreichen Anfangsjahren für ihn ein Raum der Lebensentfaltung und des künstlerischen Durchbruchs mit seinen ersten Romanen und seiner Lyrik wurde.

Wie die Handlung um das junge Liebespaar, das seiner heterosexuellen Orientierung nachgibt, deutlich macht, hat die Ordnung in Sodom auch repressive Züge, allerdings entschieden moderatere als solche bei der brutal durchgesetzten Intoleranz in Gomorra sichtbar werden. Als

Abweichler werden die beiden Liebenden auch in Sodom verfolgt und bestraft. Es zeigt sich aber, dass die erste Auskunft, dass sie – so wörtlich übersetzt – «gelyncht» (24) würden, nicht als Tötung im Sinne eines Akts roher Selbstjustiz durch einen aufgebrachten Mob zu verstehen ist, sondern ‹nur› als wohl schwere Misshandlung. Und auch die Strafe, die beim großen Fruchtbarkeitsfest vor der versammelten Einwohnerschaft in Gestalt einer jeweils gleichgeschlechtlichen Vergewaltigung vollzogen wird, ist keine Todesstrafe. Natürlich kann sie mit einer Stigmatisierung und dem ‹sozialen Tod› des Paares verbunden sein; sie kann aber auch den Charakter einer Sühne haben, mit der die Schuld abgegolten und Reintegration eröffnet wird. Zwar gibt Pasolini darüber keine Auskunft, die zweite Möglichkeit ist aber angesichts des insgesamt friedlicheren, harmonischeren Zusammenlebens in Sodom die wahrscheinlichere. Immerhin kennt Sodom mit dem Borghese-Viertel, das in der römischen Realität der 1950er-Jahre von Homosexuellen bevorzugt wurde, ein kleines Refugium für Abweichler von der dominanten sexuellen Orientierung, in *PTK* also vor allem für Heterosexuelle. Auch die Herrschaftsstrukturen in der Stadt sind klar geordnet, werden von einer freundlich und zuvorkommend agierenden Polizei kontrolliert und auch durch den regelmäßigen Wechsel des Oberhaupts zwischen Frauen und Männern ausbalanciert. Insofern ist es keine bloße Ironie, wenn Pasolini Sodom mit der «Stadt Gottes» (25) vergleicht, jenem Modell einer realen Staatsordnungen entgegengesetzten idealen «Civitas Dei», das der Kirchenvater Augustinus entwickelt hat. Großen Einfluss hatte dieses Modell gerade auch auf die von Pasolini erwähnten «mittelalterlichen Utopisten» (ebd.).

Wichtige Inspirationen für die Zeichnung der durch eine je anders gepolte klare binäre Opposition zwischen homo- und heterosexuell gekennzeichneten Welten von Sodom und Gomorra fand Pasolini in einem Buch, das seinerzeit international Furore gemacht hatte, und auf das er explizit in einer seiner Anmerkungen (27) hinweist, indem er notiert: «Die Ideologie von Sodom (ist) zum großen Teil in Norman Browns[57] *Corpo d'amore* abgehandelt.» Bei diesem Buch handelt es sich um das nach *Life Against Death: The Psychoanalytical Meaning of History* (1959) zweite Hauptwerk des amerikanischen Sozialphilosophen Norman O. Brown (1913–2002), dessen Originaltitel *Love's Body* (1966)[58]

57 Die italienische Übersetzung erschien bereits 1969 bei Mondadori (Mailand).

58 Erstausgabe: New York, Random House 1966; heute auch erhältlich als Reprint der Erstausgabe durch die «University of California Press» (Berkeley 1990).

auch für die um einen langen Untertitel und eine «Kritik von Herbert Marcuse» erweiterte deutsche Ausgabe[59] übernommen wurde. Wie schon *Life Against Death* wurde auch dieses Buch kurz nach seinem Erscheinen geradezu zum ‹Kultbuch›. Pasolinis Konzeption wie auch seine Kritik an den auf rigide Ab- und Ausgrenzung zielenden mono-homosexuell bzw. mono-heterosexuell angelegten Gesellschaftsordnungen in Sodom und Gomorra, die er dann der Vernichtung im göttlichen Strafgericht anheimfallen lässt, sind erkennbar von Browns *Love's Body* beeinflusst.[60] Wie Brown verfolgt auch Pasolini einen ganzheitlichen, auf die Überwindung binärer Oppositionen zielenden Ansatz.[61] Anders als Brown denkt er aber zumindest in *PTK*[62] nicht an eine Überwindung und Auflösung dieser Oppositionen, verbunden mit einer Idealisierung des Hermaphroditischen,[63] sondern an eine von Grund auf tolerante, anti-hegemoniale Koexistenz beider (und anderer) sexueller Orientierungen. Als «Kraft der Vergangenheit», wie er sich bezeichnet hat, und als nicht selten zu Idealisierungen neigender Anwalt einer zunehmend vom Neokapitalismus und Konsumismus aufgeriebenen alten Kultur und Wertordnung teilt Pasolini jedoch Browns Auffassung von einem «long fall from the grace of a natural, instinctual innocence.»[64] Dieser Kerngedanke zieht in das Werk Browns eine apokalyptische Spur ein, die dann im erst 1991, also ein Viertel Jahrhundert nach *Love's Body*, erschienenen Nachfolgeband *Apocalypse and/or Metamorphosis*[65] ganz nach vorne rückt. Pasolini, dessen Spätwerk, und so auch *PTK*, ebenfalls ein tief apokalyptischer Zug[66] und eine Faszination für die Metamorphose durchgreift, hätte wohl auch in diesem letzten großen Buch Browns manch Inspirierendes gefunden. Beflügelt wurde Pasolinis Brown-Rezeption gewiss auch dadurch, dass ihm dessen Grenzgän-

59 Erstausgabe: München: Carl Hanser 1977; danach auch als Ullstein-Taschenbuch: Frankfurt a.M. u.a. 1979.

60 Für eine umfassende Diskussion des (von ihm allerdings überbewerteten) Einflusses von *Love's Body* auf *PTK* vgl. Maggi 2009, passim.

61 Bezeichnend hierfür ist bereits der Untertitel der deutschen Ausgabe von *Love's Body*: *Wider die Trennung von Geist und Körper, Wort und Tat, Rede und Schweigen.*

62 Anders gestalten sich die Dinge allerdings in seinem großen Romanfragment *Petrolio*, dessen Hauptfigur Männliches und Weibliches in sich vereint. Dazu eingehend Maggi 2009, Kap. 3 über *Petrolio* (S. 157–255).

63 Für eine kurze Orientierung über Browns *Love's Body* vgl. Bauer o.J.

64 So der Verlagsprospekt der «University of California Press» zu *Love's Body* unter: https://www.ucpress.edu/book/9780520071063/loves-body-reissue-of-1966-edition.

65 Erneut erschienen in Berkeley bei der «University of California Press».

66 Vgl. Zwick 2012.

gertum zwischen den unterschiedlichsten Disziplinen sehr ähnlich war: im Falle von Brown zwischen «Psychoanalyse, Mystik, Religion, Mythologie, Philosophie, Politischer Theorie und Literatur.»[67] All dies beschäftigte auch Pasolini.[68]

Gomorra

Im Alten Testament wird Gomorra in der Erzählung vom Untergang Sodoms (Gen 19,24) erwähnt, verschiedentlich aber auch bereits vorher (Gen 10,19; 13,10, 14,2.10f.). Später erscheint der Ort immer nur in Verbindung mit Sodom und diesem nachgestellt, ohne ein eigenständiges Profil zu erhalten. Gomorra partizipiert an der Sündhaftigkeit Sodoms, wobei in der Bibel offen bleibt, worin diese bei Gomorra näherhin bestanden haben soll und inwiefern sie sich womöglich von der Verworfenheit Sodoms unterscheidet. Bereits im Alten Testament etabliert sich «Sodom und Gomorra» als feste Wendung, um Zustände oder Orte maximal widergöttlichen Treibens zu markieren, denen die Vernichtung im Zorngericht Gottes gewiss ist. Wie Sodom gilt auch Gomorra als Ausbund von Laster und Verderbtheit, ja als derart von Grund auf verdorben, dass sogar der dort angebaute Wein als «Drachengift» (Dtn 32,32) apostrophiert wird. In diesem Sinn findet sich die Verbindung «Sodom und Gomorra» wiederholt in der prophetischen Unheilsverkündigung: bei Jesaja (1,9f.; 13,19), Jeremia (23,14; 49,19; 30,40), Amos (4,11) und Zefanja (2,9). Von dort strahlt die Wendung auch auf das Neue Testament aus: Paulus zitiert Jes 1,9 in seinem Römerbrief (9,29); in den sogenannten Katholischen Briefen dient der Untergang von «Sodom und Gomorra» als mahnendes Exemplum für das Ergehen aller Gottlosen (2 Petr 2,6; Jud 7); und im Pasolini bestens vertrauten Matthäusevangelium rekurriert einmal auch Jesus im Rahmen seiner Drohrede gegen die Orte, die seine missionierenden Jünger nicht aufnehmen, auf die atl. Zwillingsstädte, wobei er die Verbindlichkeit seiner Worte durch die vorangestellte «Amen»-Formel unterstreicht: «Amen, ich sage euch: Dem Gebiet von Sodom und Gomorra wird es am Tag des Gerichts erträglicher ergehen als dieser Stadt» (Mt 10,15).

Da «Gomorra» in der Bibel fast ausschließlich nur in der Verbindung mit Sodom angesprochen und mit keiner eigenen Narration bedacht

67 Bauer o.J., o.S.

68 Vgl. dazu bes. Zigaina 1989, passim; sowie Zwick 2014, passim.

wird, bot es sich für Pasolini als große Leerstelle zur freien Füllung an. So gestaltet er ‹sein› Gomorra als komplementäre Größe zu Sodom, d.h. als Stadt, in der jetzt die Homosexualität die verbotene, streng sanktionierte Abweichung darstellt.

Die Vorherrschaft der Heterosexualität in Gomorra ist eine brutale Tyrannei und unterscheidet sich grundlegend von der vergleichsweise ‹sanften' Regentschaft der Homosexualität in Sodom. Pasolini lässt Gomorra zur «Utopie», oder treffender, zur zutiefst dystopischen Vision einer «Stadt der Gewalt» (42) werden: Allenthalben grassieren schwerste sexuelle Übergriffe, Kriminalität und eine Menschenverachtung, die sich ganz in der Spur der entgrenzten Barbarei der Wüstlinge in Pasolinis letztem, kurz vor der finalen Fassung von *PTK* abgedrehten Film SALÒ bewegt. In Gomorra sind selbst die sogenannten Ordnungshüter Agenten einer anarchischen Enthemmung: statt ein Minimum an Ordnung zu garantieren, partizipieren sie selbst an den Exzessen.

In das Schreckensszenario, das sich dem Magierkönig in Gomorra darbietet und ihn fassungslos macht, zeichnet Pasolini alle großen Themen seiner Gesellschafts- und Kulturkritik ein, ja bündelt sie förmlich wie in einer Brennlinse (s.u.). Dabei soll auch der vorgesehene Inszenierungsstil seine Verachtung für das Treiben in Gomorra unterstreichen. Den Anweisungen der vorletzten Fassung *Il cinem* zufolge sollte Gomorra ja in einem wilden Stilmix von brutalen und vulgären populärer Genres gestaltet sein, die für Pasolini gleichermaßen Ausdruck *und* Agenten des Niedergangs traditioneller Wertmaßstäbe sind: Genres, die den Geist des Konsumismus, darunter auch die Degradierung der Sexualität zur Ware, befeuern und – so gerade im Fall des von ihm filmästhetisch zu zitieren gesuchten «Giallo»-Kinos – zur Desensibilisierung, ja Verrohung des Publikums führen. Für «Sodom» hatte Pasolini dagegen, wie erwähnt, eine Inszenierung im von ihm hochgeschätzten neorealistischen Stil angedacht, mit dem er auch selbst in seinen ersten Filmen gearbeitet hatte, vorab in ACCATTONE (1961) und MAMMA ROMA (1962). Schon deshalb wäre das Geschehen in Sodom weitaus unanstößiger erschienen als das Inferno in Gomorra.

Wie in Sodom werden auch in Gomorra die allgemein herrschenden Verhältnisse an einem breiter entfalteten Fallbeispiel abweichenden Verhaltens exemplifiziert. Nach dem heterosexuellen Liebespaar in Sodom besteht die Abweichung in der forciert heterosexuellen Verfasstheit von Gomorra nun natürlich in einer homosexuellen Begegnung. Anders als in Sodom steht diese allerdings nicht unter dem Vorzeichen eines liebenden Entflammens, sondern ist von vornherein ganz auf die Befriedigung des sexuellen Begehrens zentriert. Der ältere Mann, der sich in einem Pornokino einem blühenden Jüngling nähert und mit ihm, als dieser ihn nicht abweist, zu schnellem Sex in die Toilette verschwindet, ist auf Pasolini selbst transparent – vom Alter und Altersunterschied her, seiner steten Suche nach unverbindlichem Sex und auch, was die Korrespondenz des Jünglings mit seinen eigenen sexuellen Präferenzen angeht. Die Intimitäten in der Toilette, die, kaum haben sie begonnen, entdeckt werden, haben für die beiden Ertappten furchtbare Konsequenzen, denen gegenüber die Strafe für das Liebespaar in Sodom geradezu harmlos wirkt: Sie werden zum Tod verurteilt, wobei die grausame Hinrichtung wiederum vor einem großem Publikum vollzogen wird, das sich dieses Mal im Tod der Abweichler seiner eigenen Identität vergewissern kann.

Der Schauplatz der staatlich angeordneten Folter und Ermordung der beiden Homosexuellen und der postmortalen Schändung ihrer Leiber ist nicht zufällig der berühmte Mailänder Domplatz, also ein dezidiert religiös semantisierter Raum. Denn die Hinrichtung wird von der Obrigkeit als ein kryptoreligiöses Ritual inszeniert, das – vergleichbar den Aktionen der Wüstlinge in SALÒ – als eine extrem menschenverachtende Liturgie choreografiert ist. Die beiden Delinquenten werden dabei zu Märtyrerfiguren, die für ihre sexuelle Orientierung mit ihrem Blut einstehen müssen. Die christliche Tradition wird nicht allein durch den Schauplatz aufgerufen, sondern besonders auch mit der Gipfelszene der Pervertierung, nicht nur in Gomorra, sondern in der gesamten Filmerzählung: Als der Leichnam des älteren Mannes an einen Helikopter gehängt und so hoch über den Domplatz gezogen wird, dass sein Blut die gesamte Menge bespritzt, die darüber in Ekstase, in gleichsam religiöse Verzückung gerät. Das Blut des Opfers erneuert den Bund im Zeichen der skrupellosen Gewalttätigkeit und des absolut entgrenzten Begehrens, der die Gomorra-Gemeinde jenseits aller individuellen Egoismen zusammenhält. Die Szene mit dem gemeinschaftsstiftenden Vergießen des Bluts eines Opfers, das sich nicht vor Gott, sondern nur im Urteil eines verkommenen Gemeinwesens schuldig gemacht hat, ist in seiner Funktion und Wirkung für dieses wie auch in der Art und Weise seines Vollzug eine sinistre Parodie der Kreuzigung Christi – auf der Linie der satanischen Parodie des Gotteslamms durch das «Große Tier» und den Antichrist in der Offenbarung des Johannes (vgl. Offb 13). Wie das Opfer auf dem Domplatz via Helikopter wird Christus auf Golgotha am Kreuz erhöht und sein Blut, das auf vielen Gemälden der christlichen Bildtradition wie auf dem Domplatz förmlich in Fontänen aus seinen Wunden fließt, bekommt eine heilsmittlerische Kraft zugeschrieben. Wo auf dem Domplatz die Menge nach den Tropfen des Opferblutes hascht, da fangen auf zahllosen christlichen Gemälden Engel das Blut Christi in Kelchen auf. Damit wird bildhaft der theologische Zusammenhang zwischen dem Kreuzestod Jesu Christi und der Stiftung des neuen Bundes ‹in seinem Blut› angezeigt, wie dies formelhaft in den Einsetzungsworten beim Messopfer erinnert wird. Auf manchen Gemälden wird der Kreuzestod auch durch explizite Hinweise (etwa den Eintrag eines Priesters bei der Konsekration von Brot und Wein in die Golgotha-Szene) in Beziehung zu der gottesdienstlichen Feier der Eucharistie gesetzt. Was sich in *PTK* auf dem Mailänder Domplatz ereignet, ist am Ende ebenfalls eine ‹Messe›, allerdings die schwärzest denkbare.

Vor dem Hintergrund von Pasolinis lebenslanger Christusbezogenheit und Teilidentifikation mit dem verfolgten und leidenden Gottessohn[69] ist es nicht zufällig, dass gerade dem Tod der Homosexuellen dieser religiöse Subtext eingezeichnet wird. Und nicht zufällig hat die Domplatz-Szene auch Vorläufer und Gegenbilder in früheren Filmen Pasolinis. So wird in den vielfach alles andere als erotischen und lebensbejahenden, sondern auch von Gewalt und Tod zerfurchten *Racconti di Canterbury* ein Homosexueller in einem weitläufigen Kreuzganghof vor den versammelten politischen und religiösen Autoritäten und vielen ‹Ehrengästen› hingerichtet. Seine brutale Verbrennung auf einem Eisengestell über einem Scheiterhaufen zitiert das Martyrium des Hl. Laurentius, der der Legende nach ebenfalls bei lebendigem Leib auf einen glühenden Rost gelegt und verbrannt wurde. Die Szene in Gomorra spielt aber auch an auf das Menschenopfer zu Beginn von Pasolinis Medea, um das er die Tragödie von Euripides, seine antike Vorlage, erweitert hat. Diese den Film eröffnende Opfer-Sequenz war Pasolini von allen Sequenzen des Films die wichtigste, und sie hatte er mit der größten Sorgfalt ausgearbeitet.[70] Der junge Mann, der dort an ein Kreuz gebunden und im wörtlichen Sinn geschlachtet wird, sieht seinem Tod lachend entgegen, weil er sich als freiwilliges Opfer hingibt, auf dass durch seinen nach dem Tod zerstückten Leib und sein Blut dem Volk und den Feldern Fruchtbarkeit und eine Erneuerung des Lebens geschenkt wird – in Anlehnung an das von Pasolini hochgeschätzte Je-

69 Dazu eingehend: Zwick 2014, passim.

70 Zu dieser Sequenz: ebd., S. 263–280.

suswort: «Wenn das Weizenkorn nicht in die Erde fällt und stirbt, bleibt es allein; wenn es aber stirbt, bringt es reiche Frucht» (Joh 12,24). Auch in der Eröffnungssequenz von MEDEA schwingt viel von Pasolini selbst mit, was emblematisch das bekannte Foto vom Set verdichtet, auf dem er sich selbst mit ausgebreiteten Armen an das Opferkreuz stellt.[71] Und folgt man der von Giuseppe Zigaina (1924–2015), Pasolinis Freund seit Jugendtagen, leidenschaftlich verfochtenen, freilich auch sehr umstrittenen These, dass Pasolinis gewaltsamer Tod von ihm selbst vorbereitet, also eine Art verdeckter ‹assistierter Suizid› war, ein selbstbestimmtes Opfer als Fanal für die Gesellschaft, die ihn zusehends ausgestoßen und seine ‹Botschaft› ignoriert hatte,[72] folgt man also dieser These, dann kann man auch in der Domplatz-Szene einen dunklen Vorschein von Pasolinis eigenem Tod, nur wenige Wochen nach der Fertigstellung der letzten Fassung von *PTK*, erkennen: Denn von diesen Kontexten her kann hinter der so pervertiert anmutenden Erzähloberfläche ein Hinweis auf das Kreuzesopfer Jesu Christi verborgen sein, und zugleich vielleicht sogar ein Hinweis auf die semantischen Koordinaten, in denen Pasolini – folgt man Zigaina – sein eigenes Sterben verstanden hat. Wie in SALÒ ist Pasolini auch auf dem Domplatz unbedingt auf der Seite der Opfer, die hier wie dort zu Passionsfiguren werden. Deshalb spricht in der letzten Sequenz von SALÒ bezeichnenderweise eines der Opfer der Wüstlinge vor seinem Tod die (im Markusevangelium) letzten Worte Jesu am Kreuz: «Mein Gott, warum hast Du mich verlassen?» (Mk 15,34)

Numantia

Mit Numantia, der antiken Hauptstadt der Ibero-Kelten, die im Jahre 133 v.Chr. nach langer Belagerung von den Römern unter Führung von Scipio Aemilianus erobert und zerstört wurde,[73] wird mit der dritten Reisestation der mythische Raum von Sodom und Gomorra verlassen. Damit endet auch die explizite Präsenz Gottes in der Erzählung, die in Sodom und Gomorra noch mit den Rekursen auf das göttliche

71 Diese Fotografie ist auch das Titelbild von Zwick 2014.

72 Vgl. Zigaina 1989; Ders. 1995; sowie die großen Katalogbände zu einem von Zigaina initiierten Ausstellungsprojekt zu seinen Thesen, das im deutschen Sprachraum in führenden Museen, etwa in Graz, Leipzig und München, zu sehen war: Zigaina/Steinle (Hg.) 1995; Schwenk/Semff (Hg.) 2005.

73 Für einen historischen Überblick vgl. den Artikel «Belagerung von Numantia» unter: https://de.wikipedia.org/wiki/Belagerung_von_Numantia.

Strafgericht über diese Städte aufgerufen worden war. In Anlehnung an Überlieferungen zum Ende des historischen Numantia löscht sich bei Pasolini die Einwohnerschaft der Stadt durch einen selbstbestimmten kollektiven Selbstmord aus.

Numantia soll Pasolini zufolge «eine weitere Utopie-Stadt» (47) vorstellen: Diese Utopie ist nicht mehr mit der Hegemonie einer sexuellen Orientierung verbunden, und auch die Körperlichkeit und der Geschlechtsverkehr – im weiten Bogen von Lust bis zu barbarischer Gewalt – spielen keine Rolle mehr. Die mit der Stadt verbundene Utopie ist dieses Mal eine dezidiert politische: Wie Pasolini in einer seiner Fußnoten anmerkt, ist die durch Numantia repräsentierte Utopie die «Utopie des gelebten Sozialismus» (47). Indem er diese Auskunft dieses Mal in eine Fußnote auslagert, mindert er die Bedeutsamkeit des utopischen Charakters der Stadt. Pasolini sympathisierte zeitlebens mit dem Sozialismus, aber seine Begegnung mit dem real existierenden Sozialismus, wie er ihn bei einer Russland-Reise erlebt hatte,[74] führte zu einer nachhaltigen Desillusionierung. – Wie der geordnete Entscheidungsprozess in Numantia zeigt, der in den Beschluss zum kollektiven Suizid mündet, war das Gemeinwesen in Friedenszeiten, also vor dem Ausnahmezustand, in dem es Epifanio und Nunzio kennenlernen, harmonisch, stabil und funktionsfähig. Das Zusammenleben war tolerant, friedlich und durch und durch demokratisch geregelt. Dies bleibt auch so in der Situation der existenzbedrohenden Belagerung, in der die Übernahme der Stadt durch die feindlichen Truppen nur eine Frage der Zeit ist. Mit der Belagerung kommt Pasolini erst in Numantia auf das Kriegs-Setting zurück, das in der frühen Crespi-Fassung noch das ganze Projekt beherrscht und dort den Magierkönig zu seinen vielen Werken der Barmherzigkeit veranlasst hatte, die seine Reise massiv verzögerten und seine für den Messias gedachte Gabe aufzehrten. Indem Pasolini die in der Crespi-Version unter dem Eindruck des Vietnam-Kriegs noch angedachten amerikanischen Truppen als Belagerer nun durch ein faschistisches Heer ersetzt, rückt er das Paris, das Numantia vorstellen soll, an das von den Nazis besetzte Paris heran, das in seinem Filmprojekt über den Apostel Paulus für das biblische Jerusalem unter römischer Okkupation steht. Im Ausnahmezustand zeigt nun auch der «gelebte Sozialismus»,

74 Im Auftrag der Zeitschrift *Vie nuove* reiste Pasolini Ende Juli 1957 nach Moskau, wo im Lenin-Stadion das erste weltweite kommunistische «Festival der Jugend» stattfand (vgl. Naldini 1991, S. 170–171).

der bis dahin allen Einwohnern ein gutes Auskommen ermöglicht hatte, einen totalitären Zug: Denn dem Mehrheitsbeschluss zum kollektiven Selbstmord müssen auch jene Folge leisten, die vielleicht doch ein Leben unter einer Nazi-Herrschaft der pathetischen Behauptung der Freiheit in Gestalt der Freiheit zum Tode vorgezogen hätten, selbst wenn sie möglicherweise im Sog des Kollektivs den Suizid-Entscheid mitgetragen haben sollten.

Nicht mehr um sexuelle Abweichung und deren Sanktionierung, sondern um das Thema Suizid dreht sich auch die zentrale, am detailliertesten geschilderte Handlung der Numantia-Episode: die Handlung um den gefeierten, weltberühmten Dichter, der als erster den Vorschlag des kollektiven Suizids einbringt und am Ende der einzige ist, der ihn dann nicht mitmacht. Epifanio und Nunzio stoßen auf ihn nach ihrem Gang durch die Stadt voller Toter. Der Dichter ist der einzige noch lebende Einwohner und hält sich in seinem ‹Hauptquartier›, dem Intellektuellen-Treffpunkt «Café de Flore» in Saint Germain auf, das schon zu Pasolinis Lebzeiten durch Stammgäste wie Jean-Paul Sartre und Simone de Beauvoir weltberühmt geworden war. Die bizarre Konfrontation zwischen dem Künstler und dem Anführer der faschistischen Eroberer, die bereits in *Il cinema* die am breitesten entfaltete Szene war, hat Pasolini nochmals ausgebaut. Sie lag ihm also besonders am Herzen. Die Szene ereignet sich kurz bevor sich der Komet wieder in Bewegung setzt und Epifanio und Nunzio die Stadt in Richtung Ur verlassen (55 f.): Der Dichter ist scheinbar zu den Faschisten übergelaufen und zu deren Siegesfeier geladen. Er folgt der Aufforderung des kulturbeflissenen feindlichen Heerführers und gibt einige, kontextgelöst dunkle Verse des russischen Dichters Osip Mandelstam (1891–1938) zum Besten. Sie handeln von einer Wahl zwischen dem süßen Schaumwein Asti Spumante und einem Châteauneuf-du-Pape, einem hervorragenden Rotwein von völlig anderer Geschmackscharakteristik. Darauf lässt der faschistische Heerführer einen Asti servieren, und es besteht kein Zweifel, dass diesem Wunsch nachgekommen wird und auch dass der General beide so diametralen Getränke zu unterscheiden weiß. Gleichwohl behauptet der Dichter, es handle sich um einen Châteauneuf und weigert sich beharrlich anzuerkennen, dass es sich um Asti handelt. Ultimativ fordert ihn der Heerführer auf, zuzugeben, dass es ein einen Asti ist, und als der Poet an seiner Behauptung festhält, verurteilt ihn der Kommandeur zum Tod durch Erschießen. Das Todesurteil wird sofort auf einem Platz vollstreckt, als eine zynische Art ‹Zwischengang› beim Festgelage. – Pasolini hat den merkwürdigen Streit so inszeniert, dass er nicht anders verstanden werden kann, als dass der Dichter mit seiner ebenso beharrlichen wie absurden Behauptung seinen Tod provoziert hat. Er brauchte die Faschisten, um auf indirekte Weise wie seine Mitmenschen zu sterben. Da er es nicht durch eigene Hand schaffte, bedurfte es dazu der rüden Besatzer, denen selbst ein solch geringes ‹Delikt› wie die unerschrockene Widerständigkeit des Dichter bei der Weinbestimmung für eine standrechtliche Hinrichtung genügt. Insofern ist auch der von ihm selbst provozierte Tod des Dichters ein Selbstmord, allerdings ein sehr grotesk eingefädelter assistierte Suizid. Sterbend kann der Dichter deshalb triumphieren und mit gereckter Faust und dem Ruf «Es lebe die Revolution» sterben.

Das Suizid-Motiv wird bereits mit der Wahl des Dichters Osip Mandelštam aufgerufen, hatte dieser doch 1935 nach seiner ersten Verhaftung unter Stalin wegen ‹konterrevolutionärer Umtriebe› einen Selbstmordversuch unternommen. Interpretiert man Pasolinis gewaltsames Ende in der Spur von Giuseppe Zigaina als von ihm selbst organisierten Tod, also ebenfalls als eine ungewöhnliche Form eines assistierten Suizids, dann erscheint auch der Tod des Poeten in Numantia – wie schon die Hinrichtung auf dem Domplatz von Gomorra – transparent auf Pasolinis eigenen Tod hin. Und auch Pasolini hat sich zuvorderst als Poet und nicht als Filmemacher verstanden.

5 Intertextuelle Verbindungen

Es wurde bereits deutlich, dass Pasolinis letztes Filmprojekt mit vielen anderen filmischen und literarischen Werken, aber auch solchen der bildenden Kunst vernetzt ist – und natürlich obendrein mit einem ebenfalls breiten Repertoire an nicht-künstlerischen Arbeiten aus so unterschiedlichen Bereichen wie Soziologie, Politik, Psychologie, Religionswissenschaft, Philosophie und Theologie (s. u.). Die intertextuellen Verbindungen werden in einer weiten Spanne von expliziten Referenzen bis hin zu hintergründigen Anspielungen realisiert. Hinzu kommen sogenannte ‹Echos›, die nicht intentional begründet sein müssen, sondern aus dem Resonanzraum von Pasolinis breitgefächerten Interessen und Kenntnissen auf *PTK* ausgestrahlt haben, auf das Projekt gleichsam ‹übergesprungen› sind. Das komplexe Netzwerk, das *PTK* am Ende mit Pasolinis gesamtem Schaffen verklammert, kann hier nur ausschnitthaft skizziert werden.

Der Titel *Porno – Theo – Kolossal* als Schlüssel

Der erst mit der Fassung letzter Hand eingeführte Titel *Porno – Theo – Kolossal*, die eine Art Dreiklang bilden, signalisiert die Multiperspektivität und die *Eckpunkte* des weiten thematischen und ästhetischen Feldes, in dem sich das Projekt bewegt. Ob der Titel *Porno – Theo – Kolossal* bei einer Realisierung des Films beibehalten worden wäre, kann mit Blick auf die verschiedenen anderen Titel, die das Vorhaben im Laufe seiner langen Entstehungsgeschichte getragen hatte, bezweifelt werden. Die ersten Skizzen firmierten noch unter dem Titel *Le avventure del Re Magio randagio*. Dieser wurde in der vorletzten Fassung abgelöst durch den sehr offenen und deshalb auch dunklen Titel *Il cinema*,[75] bis dann schließlich der letzten Fassung der Titel *Porno – Theo – Kolossal* vorangestellt wurde. Die lange anhaltende Unsicherheit Pasolinis, welchen Titel er seinem Film geben sollte, belegt ein Interview, das er zwischen der vorletzten und der letzten Fassung gegeben hat. Auf die Frage, ob er nach SALÒ nun endlich sein Projekt SAN PAOLO realisieren wolle, antwortete er:

> Nein, ich mache das mit Eduardo, das *Il cinema* oder *Ta kai ta* heißen wird, was auf Griechisch «Dies und Das» bedeutet: Es ist ein griechischer Ausdruck, der den Heiligen Paulus zitiert. Oder ich nenne es *Circenses*, ich weiß nicht, oder vielleicht *Dromenon Legomenon* [Das was getan wir und das was gelesen wird; R. Z.], was ein weiterer Titel ist, der im Rennen ist: Ich entscheide mich, wenn es soweit ist.[76]

Ob die Entscheidung für *PTK* dann endgültig war, muss dahingestellt bleiben.

Mit «*Porno*» wird eine Extremposition im weiten Spektrum der im Filmprojekt geführten Auseinandersetzung mit Körperlichkeit und Sexualität aufgerufen. Die Spannweite derselben reicht in *PTK* von der liebenden Begegnung zwischen dem heterosexuellen jungen Paar in Sodom, dessen intime Begegnung von Unschuld und Respekt geprägt ist, bis hin zur derben, vulgären Szene im Pornokino von Gomorra, bei dem

---

75 Diesen Titel versucht Luglio (2016, bes. S. 18 f.) zu ergründen, indem er darauf verweist, dass für Pasolini der Film grundsätzlich eine «Sprache der Wirklichkeit» war und sich das *PTK*-Projekt eben um das Verhältnis von Wirklichkeit und Ideologie bewege. – Mit dem Titel *Il cinema* sei das Projekt auch eine Art narrativ formatierte Poetologie des Kinos überhaupt.

76 Pasolini, «Il cinema in forma di poesia», in: Pasolini 2001, S. 3022 (zit. n. Luglio 2016, S. 19). Ebd., S. 3230, zit. n. Luglio, ebd.

die Geschlechtsorgane in Großaufnahme auf die gewaltige Leinwand projiziert sein sollen. Die in Gomorra völlig hemmungslos auf offener Straße ausgelebten Begierden oder die Raserei der nackten jungen Männer, die «auf die Stadt losgelassen» werden (42), sind massiv gewaltpornografisch aufgeladen. Auch die gleichgeschlechtliche Vergewaltigung als Strafe für das junge heterosexuelle Liebespaar in Sodom bewegt sich in dieser Spur, ist allerdings aus einer distanzierten Beobachterposition gesehen und dadurch etwas ‹entschärft›. Das durch die Art seiner Bestrafung gedemütigte Paar verkörpert bei seinem gegenseitigen erotischen Erwachen und Einander-Entdecken den reinen, unschuldigen Eros, wie er streckenweise in Pasolinis «Trilogie des Lebens», seinen drei Langfilmen vor SALÒ, gefeiert wird, besonders in IL FIORE DELLE MILLE E UNA NOTTE (1974), dem Abschluss der Trilogie. Dass dieser Film wie schon seine beiden Vorgänger IL DECAMERON (1971) und I RACCONTI DI CANTERBURY (1972) ganz entgegen Pasolinis Intentionen als ‹Sexfilme› vermarktet und gerade deshalb zu seinen größten internationalen Kinoerfolgen wurden; dass ausgerechnet diese drei Filme zur ‹heißen› Ware des neokapitalistischen Konsumismus wurden, hat Pasolini so tief enttäuscht, ja verbittert, dass er ein Jahr nach Abschluss des FIORE einen fulminanten *Widerruf der «Trilogie des Lebens»*[77] publizierte:[78] Er schwor ihr ab, weil sie statt einem befreiten, wertschätzenden Eros zuzuarbeiten, von einem Markt aufgesogen wurde, für den die Sexualität ein lukratives Geschäft war. Dabei wurde den erotischen Bildern Pasolinis, die immer auch den Zusammenhang von ‹Eros und Thanatos› erinnerten, ihr eigentlicher Impetus ausgetrieben und die Filme wurden am Ende auf das Niveau von Pornografie herabgezogen. Es ist deshalb gut denkbar, dass Pasolini mit dem provokanten Titelwort «Porno» seiner tiefen Enttäuschung über die fehlgeleitete Rezeption der Trilogie Ausdruck geben wollte. Als wollte er sagen: ‹Jetzt bekommt ihr die Pornografie, auf die ihr aus seid!›, um dann freilich diese Erwartung – in der Spur von SALÒ – durch eine radikal anti-voyeuristische Haltung und konsequente Parteinahme für die Opfer der sexualisierten Gewalt zu unterlaufen.

Die Titel-Komponente *«Teo»* steht zum einen für die im Projekt narrativ verhandelte Frage nach Gott (griech. «theos»), zum anderen für die

---

77 So der Titel der dt. Übersetzung in: Pasolini 1996, S. 65–69. – Für die italienische Originalausgabe unter dem Titel *Abiura dalla «Trilogia della vita»* siehe: Pasolini 1976.

78 Der Text erschien erstmals als Artikel im *Corriere della Sera* vom 15. Juni 1975 (vgl.: https://letteredidattica.deascuola.it/letteratura/risorse/biblioteca-01database-brani/abiura-dalla-trilogia-della-vita/.

«Theologie» als eine Eckposition im Fächer der Geistes- und Gesellschaftswissenschaften, die Pasolini in *PTK* einbindet. Innerhalb der Theologie kommen in der letzten Fassung von *PTK* besonders die Eschatologie, also die Lehre von den letzten Dingen, die Messianologie und die Apokalyptik zum Tragen, aber mit der Frage nach dem Wesen des Menschen im Horizont seiner Geschöpflichkeit (vorab Geschlechtlichkeit) und seines Handelns auch die theologische Anthropologie und die Ethik. Mit Blick auf letztere stand in den frühen Fassungen des Projekts mit der prominenten Rolle der sogenannten Werke der Barmherzigkeit die christliche Tugendlehre im Vordergrund. Diese wurde in der Fassung letzter Hand durch die sexualethischen Problemstellungen abgelöst.

Das Titelstichwort «*Kolossal*» markiert zum einen eine Grenzposition in ästhetischer Hinsicht:[79] den Kolossal- oder Monumentalfilm, der eine Eckposition des breiten Spektrums der für das Projekt angedachten Inszenierungsstile besetzt, und dem am anderen Ende das cinéma vérité und der Autorenfilm gegenüberstehen. Zugleich weist diese Titelkomponente aber auch auf die immensen, eben ‹kolossalen› Kosten hin, die mit einer tatsächlichen Umsetzung des Projekts verbunden gewesen wären, und auf den «organisatorischen Aufwand», über den Pasolini bereits in seinem wichtigen Brief an Eduardo De Filippo vom 24.9.1975 (s.o.) gestöhnt hatte.

Sieht man die Titelstichworte in ihrer Reihung und vor dem Hintergrund des *Widerrufs der «Trilogie des Lebens»*, dann haben sie durchaus etwas Marktschreierisches, was freilich mit bitterer Ironie getränkt ist – als wollte Pasolini sagen: ‹Hier bekommt ihr jetzt alles, worauf ihr ja so sehr aus seid: Porno und Religion und großes Spektakel!› –, um dann diese Erwartungen heftig durchzurütteln.

Filme

Etliche motivliche Verbindungen zwischen *PTK* und anderen Filmen Pasolinis wurden bereits angesprochen. In einer kleinen Zusammenschau mit ergänzenden Hinweisen soll nochmals das bunte Kaleidoskop der Anspielungen, Referenzen und Zitate skizziert werden: Der wichtigste Bezugspunkt ist von der Projektgeschichte her natürlich

79 Besonders auf dem Titelstichwort «Kolossal» baut Dagmar Reichardt im 4. Kap. ihres Begleittextes (im vorliegenden Band) eine andere Deutung des Filmtitels auf als sie von mir vertreten wird.

Uccellacci e uccellini, ein sich noch in einem geografisch kleinen Raum bewegendes Roadmovie mit dem Gespann Totò und Ninetto Davoli. Wie später *PTK* ist bereits dieser Film eine tragikomische Bearbeitung von gesellschaftskritischen, politischen, ideologischen, philosophischen und auch (vorab in der zentralen Franziskus-Episode) theologischen Fragen, die Pasolini zeitlebens besonders wichtig waren. Und auch an den komödienhaften, bisweilen burlesken Humor dieses Films wollte Pasolini in *PTK* wieder anknüpfen, was freilich angesichts der zunehmend dystopischen Züge, die dieses sein letzten Filmprojekts im Lauf seiner Entstehungsgeschichte angenommen hat, immer schwieriger wurde und in der Endfassung bisweilen etwas bemüht wirkt. Auch rückte mit Eduardo De Filippo als designiertem Hauptdarsteller ein ganz anderer Schauspielertyp ins Zentrum, dessen Komik subtiler, leiser war und der nicht schon allein mit ‹schräger› Mimik zum Schmunzeln bringen konnte. – Neben einigen bereits in Uccellacci e uccellini intonierten thematischen Linien hat sich auch manches von dessen stilistischer Vielfalt (z. B. das Slapstickhafte einiger Szenen oder die Referenzen an den Neorealismus und den Autorenfilm) sowie die umgreifende stark metaphorische Aufladung der Inszenierung durchgehalten.

In dem von Pasolini in der vorletzten Projektfassung *Il cinema* näher spezifizierten und genau auf die einzelnen Reisestationen abgestimmten Stilmix schwenkt *PTK* aber besonders in die Spur des frühen Experimentierens in La ricotta ein. Dort rekurrierte er auch erstmals explizit auf die Vorstellung vom göttlichen Gerichtshandeln[80] (über das musikalische Zitat des «Dies irae») und auf die Jesus-Geschichte. War La ricotta eine Art Präludium zur Auseinandersetzung mit dieser, die bald darauf in Il Vangelo secondo Matteo gipfelte,[81] sich aber untergründiger gerade auch in seinem sogenannten Mythischen Quartett (Edipo Re, Teorema, Porcile, Medea),[82] ja selbst in Salò durchhielt, so erscheint *PTK* dann wie ein Epilog, oder gar wie eine Art Abgesang auf die christliche Grunderzählung. Von den biblischen Jesus-Erzählungen wird für *PTK* besonders die Kindheitsgeschichte des Matthäusevangeliums bedeutsam, vorab ihre Handlung um die Magier aus dem Osten – aus eben dem Zweistromland, in dem Epifanio und Nunzio am *Ende* ihrer Reise anlangen –, die dem Stern, der ihnen die Geburt eines Messi-

80 Dazu umfassender: Zwick 2012.

81 Vgl. Zwick 2018.

82 Dazu eingehend: Zwick 2014, passim.

askönigs anzeigt, folgen und dem Kind kostbare Geschenke darbringen: Weihrauch, Myrrhe und – wie dies auch Epifanio vorhatte – Gold (Mt 2,11). Die Begegnung mit dem Kind bleibt Epifanio jedoch versagt, und er ist am Ende auch seiner Gabe und all seiner Habe verlustig gegangen. Es gibt für ihn, anders als für die Magier bei Matthäus keine Rückkehr in die Heimat, sondern nach dem Tod an der vermuteten Geburtshöhle einen Aufstieg in einen Himmel, der sich als ‹leer› erweist. Über die Klänge aus Neapel, die Epifanio am Ende von dort zu ihm hinaufklingen hört, wird das Finale von *PTK* aber dennoch zu einer kleinen Heimkehr und etwas tröstlich gestimmt. Dazu trägt auch der nur für den Epilog in «Ur» vorgesehene durchgängige musikalische Score bei, wie ein solcher schon in Il Vangelo secondo Matteo das Geschehen umfänglich kommentiert hat.

Von den Filmen des Mythischen Quartetts Pasolinis strahlen besonders Teorema und Medea auf *PTK* aus: Medea, wie bereits erläutert, im Kontext der zum pervertierten, kryptoreligiösen Ritual mutierten Hinrichtung auf dem Domplatz in Gomorra, die auf das Menschenopfer im Prolog von Medea anspielt, dessen religiösen Kern aber invertiert. An Teorema knüpft Pasolini in *PTK* einerseits mit einzelnen Erzählzügen an: etwa mit dem Design der Rolle für Ninetto/Nunzio als Engel in säkularer Verkleidung, oder in dem homoerotischen Kontakt zwischen einem älteren Mann und einem blühenden Jüngling im Pornokino von Gomorra, die das Begehrens-Muster des ebenfalls älteren Industriellen Paolo, eines der Protagonisten von Teorema, aber auch von Pasolini selbst aufruft. Darüber hinaus besteht auch eine grundständige Kontinuität zwischen Teorema und *PTK* hinsichtlich der Schlüsselrolle der Sexualität. In beiden Filmen hat diese eine ausgesprochen metaphorische Qualität, unbeschadet, dass sie in *PTK* deutlich konkreter inszeniert und dabei bisweilen ins Drastische, ja Gewaltpornografische verschoben ist.

Auch von den Szenen in Pasolinis «Trilogie des Lebens», die von einer positiven Einstellung zu Eros und Sexualität getragen sind und für diese das Publikum auch einnehmen wollten, findet sich in *PTK* zumindest einmal ein starker Nachklang: in der heterosexuellen Liebes-Episode in Sodom. Diese schlägt dann allerdings radikal um, als die Liebenden zum Opfer der staatlichen Repression werden. Zur massiven sexualisierten Gewalt bei ihrer Bestrafung kommt dann später in Sodom das kaum minder gewalttätige Begehren beim versuchten Übergriff auf die schmucken Kadetten. Besonders dieser wird dann zum Auslöser des göttlichen Strafgerichts. Noch weitaus stärker verschattet werden Eros und Sexualität bei der brutalen Sanktionierung des abweichenden Begehrens in Gomorra, die, wie erläutert, an das Martyrium eines Homosexuellen in I RACCONTI DI CANTERBURY anschließt. – Noch fester geflochten ist freilich das Band, das die von Gewalt, Menschenverachtung und Entwürdigung nur so strotzenden Ausschweifungen in Gomorra und die damit verbundenen Machtstrukturen mit dem kurz vor der letzten Version von *PTK* vollendeten und erst am 22.11.1975, also kurz nach Pasolinis Tod, in Paris uraufgeführten[83] Film SALÒ O LE 120 GIORNATE DI SODOMA verbindet.[84]

Außer den intertextuellen Verbindungen zu Pasolinis eigenen Filmen, hätte *PTK* bei seiner Realisierung gewiss auch ein *dichtes Netz zu anderen Werken der Filmgeschichte* gewoben, beabsichtigte Pasolini doch (seinen Hinweisen in *Il cinema* zufolge), die verschiedenen Stile, in denen er inszenieren wollte, mit Zitaten von Arbeiten großer Regisseure, die jeweils für den einen oder anderen Stil stehen, anzureichern. Schon für sich genommen ruft bereits die literarische Fassung letzter Hand verschiedene Filme in Erinnerung. Das Neapel des Prologs atmet ganz die Atmosphäre von Vittorio de Sicas L'ORO DI NAPOLI, und bei der anarchischen Gewalt in Gomorra erinnert man sich an deren Inszenierung in WEEKEND (1967), entstanden unter der Regie des von Pasolini sehr geschätzten Jean-Luc Godard. Die von Pasolini in *Il cinema* aufgerufenen Stil-Vorbilder im Bogen von Buster Keaton und Charlie Chaplin über Carl-Theodor Dreyer bis eben hin zu Godard lassen einen schier überbordenden Parcours durch die Filmgeschichte und einen bunten Fächer von Stilen und Genres erwarten.

Literarische Werke

Neben den vielen *kritischen* Arbeiten Pasolinis (Essays, Kolumnen etc.), die sich diskursiv mit den in *PTK* narrativ bearbeiteten Themen beschäftigen, sie vertiefen und oftmals zuspitzen, klingen in dem Filmprojekt auch einige seiner *literarischen* Werke nach, vorab seine Prosa. Das Rom der 1950er-Jahre, das für Sodom stehen soll, atmet die Atmosphäre seiner beiden frühen Romane *Ragazzi di vita* (1955) und *Una vita violenta* (1959), mit denen ihm nicht nur in Italien der literarische Durchbruch

83 Freunde der Deutschen Kinemathek (Hg.) 1994, S. 166.

84 Dazu eingehend Maggi 2009, bes. die *PTK* und SALÒ gewidmeten Kapitel 2. u. 4.

gelang. Viele angedachte Locations des Filmprojekts sind auch Schauplätze dieser Romane. Und sie sind Pasolini auch in seinem privaten Leben bestens vertraut gewesen, war doch das Rom der 1950er-Jahre der Raum, in dem er nach seinem Zwangsouting und seiner Flucht aus dem Friaul auch mit Blick auf seine Homosexualität ein freieres Leben führen konnte, ohne dass freilich die Stigmatisierungen von ‹abweichenden› sexuellen Veranlagungen aufgehoben gewesen wären.[85] Gleichwohl ist es vor dem biografischen Hintergrund naheliegend, dass Pasolini sein Sodom/Rom mit der Homosexualität verbunden hat, und nicht nur, weil es bereits in der Bibel analog besetzt ist.

Von den nachfolgenden literarischen Arbeiten Pasolinis ist für *PTK* zum einen besonders das ebenfalls nur als Drehbuch vorliegende Projekt San Paolo bedeutsam – ein in die Gegenwart verlegtes biblisches Roadmovie, zu dem *PTK* etliche Querverbindungen, bis hinein in die Wahl der Schauplätze, aufweist.[86] Noch wichtiger ist jedoch sein großer, unvollendet gebliebener Roman *Petrolio*.[87] An diesem arbeitete Pasolini intensiv in den Jahren, in denen auch die beiden letzten Fassungen des Magierkönig-Projekts entstanden sind.[88] Und diesem Roman, wie überhaupt dem Schreiben, wollte er sich nach Beendigung seines Filmschaffens ausschließlich widmen. Wie *PTK* sein letzter Film, so sollte *Petrolio* seine letzte literarische Arbeit werden. In einer Ankündigung dieses großen Romans schrieb Pasolini dazu:

> Ich habe ein Buch begonnen, das mich über Jahre hinweg an sich bindet, vielleicht für den Rest meines Lebens. Ich möchte nicht darüber sprechen …; nur so viel: es genügt, wenn man weiß, daß es eine Art ‹Summa› aller meiner Erfahrungen, aller meiner Erinnerungen ist.[89]

---

85 Die Bedeutung Roms für Pasolini und sein Schaffen dokumentiert detailreich das Katalogbuch zur großen Ausstellung «Pasolini Roma» (2014) im Berliner Martin-Gropius-Bau (Balló [Hg.] 2014). Vgl. auch den schönen Sammelband *Rom, andere Städte* (= Pasolini 2010).

86 Vgl. dazu eingehend das dem Filmprojekt gewidmete 1. Kapitel in Maggi 2009 (S. 21–106); sowie Kap. IV in Salvini 2004, S. 181–193, bes. S. 182–186.

87 Pasolini 1992; hier herangezogen: die 1994 im Berliner Wagenbach Verlag erschienene deutsche Übersetzung.

88 In einem extradiegetischen Prolog des Romans datierte Pasolini dessen Anfänge in das «Frühjahr 1973», also in das Jahr der vorletzten *PTK*-Version unter dem Titel *Il cinema*. Auch einige unmittelbar diesem Prolog angeschlossene Anmerkungen hat Pasolini auf «Juni 1973» datiert (vgl. Pasolini 1992, S. 12, 14).

89 Zit. n.: o.Vf., Roman: unvollendet! Obszönität: vollendet? Pier Paolo Pasolini: Petrolio, in: Berliner LeseZeichen, Ausgabe 10+11/96: Edition Luisenstadt, 1996; online unter: https://berlingeschichte.de/lesezei/blz96_10/text56.htm.

Das als Fragment posthum veröffentlichte äußerst komplexe und nicht nur wegen seines stark fragmentarischen Charakters oft sehr hermetische Epos *Petrolio* findet seinen Zusammenhalt und Fluchtpunkt in dem janusköpfigen Protagonisten «Carlo», der gespalten ist in einen ‹Carlo der Macht› und einen ‹Carlo der Unterwerfung›. Wie *PTK* ist auch das um diese Doppelgestalt zentrierte Werk durchzogen von einer tiefen, mitunter sehr abgründigen Auseinandersetzung mit Homo- und Heterosexualität, wozu im Roman aber noch der Hermaphroditismus kommt. *Petrolio* entfaltet eine breit ausdifferenzierte, abermals dystopisch gestimmte Gesellschaftskritik, wie sie auch in *PTK* Ausdruck gefunden hat. Wie intensiv die Verbindungen zwischen dem selbst in seiner fragmentarischen Form allenthalben als Pasolinis «Hauptwerk» apostrophiertem Romanprojekt und *PTK* sind, lässt die Ankündigung des Wagenbach Verlags für seine sehr verdienstvolle Edition von *Petrolio* in der kongenialen deutschen Übersetzung von Moshe Kahn erahnen: Pasolinis Bilder in *Petrolio*, so heißt es dort, «sind bittere und satirische Bilder, voll Trauer über die Zerstörung einer vertrauten Welt, voll Wut über den heraufkommenden hedonistischen Konsumismus. Dieser Furor wie auch die ausschweifenden Szenen sexueller Orgien haben [...] nichts von ihrer Brisanz, Provokationskraft und Modernität verloren.»[90] Genau dasselbe könnte auch über *PTK* geschrieben sein.[91]

Natürlich steht *PTK* auch im Dialog mit etlichen *literarischen Werken, die nicht aus Pasolinis eigener Feder* stammen. Auf die Bedeutung der Bibel, vorab des Buches Genesis, des Matthäusevangeliums und der Offenbarung des Johannes wurde bereits wiederholt hingewiesen, und ebenso auf den von Pasolini selbst als Vorbild für das ‹schräge› Gespann seiner beiden Protagonisten wie auch für die pikaresken Momente während ihrer Reise, benannten *Don Quijote* von Miguel de Cervantes (1605).

Ein weiteres großes Werk, das Pasolini zeitlebens fasziniert hat, muss jedoch noch ergänzt werden: Dante Alighieris erst in seinem Todesjahr 1321 vollendetes Epos *Commedia* (dt. Titel: *Die Göttliche Komödie*). Pasolinis explizite Referenzen an die *Commedia* beginnen 1959 in seiner Erzählung *La Mortaccia*,[92] in der eine Prostituierte in die Rolle Dantes schlüpft und

90 Zit. n.: https://www.wagenbach.de/buecher/titel/1012-petrolio-2.html.

91 Für eine eingehende Erkundung der Wechselwirkungen zwischen *PTK* und *Petrolio*: Maggi 2009, der beiden Werken je ein eigenes, großes Kapitel widmet. Daneben auch: Salvini 2004, S. 186–193.

92 Vgl. Salvini 2004, S. 11. – Näher dazu: Caputi 2021.

das *Inferno* schildert. Der Bogen der vielfältigen Bezugnahmen Pasolinis auf Dantes Opus Magnum schließt sich in dem bereits Mitte der 1960er-Jahre begonnenen, aber erst kurz vor seinem Tod, also in der Zeit seiner Arbeit auch an *PTK*, von ihm nochmals aufgenommenen ‹hybriden› Band mit dem an Dante angelehnten Titel *La Divina Mimesis.*[93] Diese schmale Zusammenstellung von größtenteils (vielleicht bewusst) fragmentierten Texten und Fotografien war gerade im Druck als Pasolini verstarb. Auch in *La Divina Mimesis* ist es wieder – wie immer bei Pasolini – allein Dantes *Inferno*, das ihn interessiert und inspiriert. Besonders eindringlich durchmisst er in den beiden ersten, fertig ausgearbeiteten «Gesängen»[94] von *La Divina Mimesis* mehrere «Höllenkreise» und stimmt dabei eine große, bittere Klage über den Niedergang der Zivilisation an, wobei dann auch Dantes Hölle in der zeitgenössischen Wirklichkeit wiedergefunden wird.[95] Die Gesellschaftskritik in den «Gesängen» weist etliche Parallelen zu den dekadenten Städten im großen Mittelteil von *PTK* auf.

Besonders bedeutsam wird Dantes Epos noch in zwei anderen Arbeiten Pasolinis, die im zeitlichen und geistigen Umfeld von *PTK* in Arbeit waren oder bereits abgeschlossen werden konnten: in *Petrolio* und in Salò. – Dantes *Paradies* übergeht Pasolini konsequent, und auch im Finale von *PTK*, wo es erst noch von den beiden Protagonisten erhofft wird, ist es entschwunden. In *Petrolio* hingegen kommt immerhin Dantes Mittelteil, das «Purgatorium» (oder «Fegefeuer») zum Tragen. Dominant ist aber auch dort, modern gewendet, die «Katabasis», der Abstieg in die Hölle. In diese stürzt Pasolini auch seine Zuschauer:innen des Films Salò, den er nach dem Modell der Höllenkreise Dantes strukturiert hat. Im Hintergrund steht dabei Pasolinis Überzeugung, dass Dante bereits De Sade beeinflusst hatte.[96]

Für *PTK* wird zum einen die für die *Commedia* charakteristische stilistische Vielfalt im Bogen vom «Tragischem, Groteskem und Satirischem»[97] bedeutsam, die am Ende in einen Grundton der bitteren Ironie zusammenfließt. Wichtiger und auch sichtbarer ist der Einfluss von Dantes *Inferno* aber bei den Szenarien des Untergangs von Sodom, Gomorra und

93 Die italienische Originalausgabe erschien noch 1975, kurz nach Pasolinis Tod, im Verlag Einaudi (Turin). Unter dem recht unglücklichen neuen Obertitel «Barbarische Erinnerungen» erschien 1983 bei Wagenbach (Berlin) eine deutschsprachige Ausgabe.

94 Pasolini 1983 (Barbarische Erinnerungen), S. 13–37.

95 Salvini 2004, S. 115.

96 Vgl. ebd., S. 117.

97 Ebd., S. 118.

Numantia, die wahre Höllenbilder malen.[98] Auch die Grundbewegung der Reise Epifanios, der immer mehr seiner Habe verlustig geht und an das Ende seiner körperlichen Kräfte gelangt, kann als ein Abstieg, als «Katabasis» auf der Folie Dantes begriffen werden: als Abstieg ins *Inferno*.[99] Das Moment der Katabasis verbindet Epifanio mit vielen mythischen Helden. Anders als die meisten von ihnen erlebt er dann aber nur ansatzweise eine «Anabasis», einen Aufstieg in Richtung *Paradiso*, mit dem Dante seine Reise beschließt. Epifanios ‹Aufstieg› beginnt erst nach seinem Tod, und er führt in einen ‹leeren› Himmel, der nicht von Gottes Gegenwart erfüllt ist; er führt nicht ins Paradies mit seiner allumfassenden Erfahrung von Einssein und Harmonie, sondern in einen Zustand der Trennung: von Gott, so dieser denn überhaupt existiert, und von der Welt. Insofern führt Epifanios Weg am Ende in eine Art *Purgatorio*, ein «Fegefeuer», das bei allem, was es an Abwesenheit und Getrennt-Sein bereit hält, doch noch auf ein Irgendwann der Erlösung hoffen lässt. Signaturen dieser Hoffnung sind die vertrauten Stimmen und Klänge aus der geliebten Heimatstadt Neapel, die Epifanio von oben im Himmel hört. Sie sind etwas Tröstliches und überbrücken die Distanz. – Und bezeichnenderweise sind die letzten Worte des Engels Nunzio, die zugleich die letzten Worte des Skripts sind, eine kleine, behutsame Verheißung: «Irgendwas wird geschehen.»

Die von ihr eingehend ausgeloteten Dante-Bezüge in *PTK* resümierend meint Laura Salvini, dass hinter dem Weg Epifanios das eigene Lebensdrama Pasolinis durchscheine: Er habe Material aus der *Commedia* aufgegriffen, um sein persönliches *Inferno* zu rekonstruieren, um einmal mehr die moderne Schändlichkeit der bürgerlichen Ehrbarkeit, ihre Selbstverständlichkeit, Lähmung und Mittelmäßigkeit anzuprangern.[100] Damit wäre *PTK* für den Bereich des Filmschaffens Pasolinis das, was für den literarischen Bereich *Petrolio* hätte werden sollen: ein Schlussstein seiner Jahrzehnte langen Anverwandlung von Dantes *Commedia*.

Eduardo De Filippos Tragikomödie *Natale in casa Cupiello*

In seiner Analyse und Interpretation von *PTK* vertritt Armando Maggi die These, Pasolinis Filmerzählung sei nachhaltig von Eduardo De Filippos Theaterstück *Natale in casa Cupiello (Weihnachten im Hause Cupi-*

98 Zu deren Vorläufern in realisierten Filmen Pasolinis vgl. Zwick 2012.

99 Zigaina 1995, S. 296 (zit. n. Salvini 2004, S. 122).

100 Salvini 2004, S. 125 (unter Aufnahme eines Pasolini-Zitats aus: Titone 2002, S. 4).

ello)[101] inspiriert.[102] Diese in Italien bis heute vielgespielte Tragikomödie ist die mit Abstand populärste dramatische Arbeit De Filippos.[103] Bei seiner Uraufführung am 1. Weihnachtsfeiertag 1931 in Neapel war das Stück noch ein Einakter, wurde dann aber bis 1933 mehrmals überarbeitet und um zwei weitere Akte ergänzt.[104] Die Handlung dreht sich um ein Eifersuchtsdrama, das ein Weihnachtsessen und den Familienfrieden aufsprengt. In einer Werbung für eine Aufführung im Jahre 2013 wird angemerkt, dass sich eine Einführung in das Stück erübrige, da es «heute Teil des neapolitanischen Kulturerbes (ist), an das sich jeder erinnert und das er sogar in alltäglichen Reden erwähnt.»[105] Gleichwohl sei die Handlung kurz umrissen:

Der Protagonist Luca Cupiello, ein etwas schrulliger neapolitanischer Kleinbürger, der aber etwas von einem Gentleman an sich hat. Er ist das Oberhaupt seiner Familie. Am Vorabend des Weihnachtsfestes intensiviert sich nochmals seine große Leidenschaft für die alten Traditionen, allen voran für die selbstgebaute Krippe. Von dem, was um ihn herum in seiner Familie vorgeht, bekommt er deshalb wenig mit. Als seine Tochter ihrer Mutter eröffnet, dass sie ihren ältlichen, grobschlächtigen und ihr gegenüber lieblosen Ehemann verlassen und mit ihrem jungen Liebhaber durchbrennen will, gelingt es der Mutter mit großer Kraftanstrengung, sie von diesem Vorhaben abzubringen und dem Liebhaber einen Abschiedsbrief zu schreiben. Das bereits verschlossene Kuvert ohne Adressaten-Angabe gerät aber versehentlich Luca in die Hände und nichtsahnend übergibt er den Brief an den Ehemann. So nimmt just an Heiligabend die familiäre Katastrophe ihren Lauf. Während Mutter und Tochter in tiefste Verzweiflung stürzen,

---

101 Unter dem Titel *Neapolitanische Bescherung* ist eine von Jörn Schnell besorgte deutsche Übersetzung beim «Kiepenheuer Bühnenvertrieb» erschienen.

102 Vgl. Maggi 2009, S. 150–153.

103 Das italienische Original des Stücks ist aktuell verfügbar in der Edition: De Filippo 2000, Bd. 1, S. 709–861. – Sehr eingehend und präzise informiert der Artikel *Natale in casa Cupiello* in der italienischen Edition von Wikipedia: https://it.wikipedia.org/wiki/Natale_in_casa_Cupiello. – Eine Fernsehbearbeitung aus dem Jahre 1977, bei der Eduardo de Filippo nicht nur als Regisseur verantwortlich zeichnet, sondern auf der Höhe seiner schauspielerischen Kunst auch in der Rolle des Luca Cupiello zu sehen ist, erschien 2004 in Italien auch auf DVD. Diese Verfilmung von 1977 wurde zu einem Klassiker des italienischen Weihnachts-Fernsehprogramms (vgl. https://www.pz-news.de/pforzheim_artikel,-Festliche-Fernsehklassiker-Das-laeuft-an-den-Feiertagen-in-Pforzheims-Partnerstaedten-im-TV-_arid,1385782.html).

104 Vgl.: https://it.wikipedia.org/wiki/Eduardo_De_Filippo#Natale_in_casa_Cupiello.

105 https://de.napolike.com/Weihnachten-in-home-Cupiello-in-the-scene-Theater-new-to-napoli.

kommen der arglose Luca zusammen mit seinem Sohn und seinem Bruder in improvisierten Kostümen als die Heiligen Drei Könige, um die Geschenke zu überreichen. Als der ohnehin bereits gesundheitlich sehr angeschlagene Luca die Lage erkennt, erleidet er im Schock darüber einen schweren Schlaganfall und beginnt zu halluzinieren. Im Delirium segnet er ungewollt die Verbindung seiner Tochter mit ihrem ebenfalls hinzugekommenen Liebhaber, weil er diesen mit ihrem Ehemann verwechselt. Die beiden werden so am Ende doch ein Paar, wogegen der in die Segnungsszene platzende Ehemann von allen anderen aus der Wohnung gedrängt wird.

Noch am selben Abend geht es mit Luca zu Ende, und erstmals lobt jetzt sein Sohn seine ihm so überaus teure Weihnachtskrippe und spendet ihm so Trost. Kurz vor seinem Tod und kurz bevor der Vorhang fällt hat Luca eine Himmels-Vision. Was Luca vor sich sieht, erfahren wir nicht durch seine Worte, sondern in einer Art Drehbuch-Anweisung:

> Sein Blick irrt in weite Ferne, er hat eine Vision: vor sich erblickt er eine Krippe, so groß wie die Welt, in der er das festliche Hin und Her echter Menschen erleben kann, die aber doch ganz klein sind und die nichts unversucht lassen, um nur möglichst rasch die Hütte zu erreichen, in der ein echter Esel und ein echter Ochse, auch sie so klein wie die Menschen, mit ihrem Atem das Jesuskind wärmen, das strampelnd vor sich hinweint, wie es jedes Neugeborene, wenn es so klein ist, macht. Er verliert sich in seiner Vision: «Ist das eine schöne Krippe! Ist *die* schön!»[106]

Die letzte Vision Luca Cupiellos erinnert zweifelsohne an die goldene mechanische Krippe mit beweglichen Miniaturfiguren, die Pasolinis Magierkönig (am Ende erfolglos) wie seinen Augapfel gehütet hat. Golden leuchtend sollte sie in einer Großaufnahme leinwandfüllend ins Bild kommen (vgl. 60). Man kann davon ausgehen, dass Pasolini die in Italien bald nach ihrer Uraufführung zum Volksstück avancierte[107]

106 De Filippo, Neapolitanische Bescherung, S. 93 (Herv. i.O.). – Wenn man bei einer Bühneninszenierung des Stücks nicht abweichend vom Textbuch Luca selbst den Inhalt seiner Vision schildern lässt, kann diese nur in Form eines großformatig auf die Bühne projizierten Films umgesetzt werden.

107 In Deutschland blieb das Stück weithin unbekannt. Nach der Uraufführung der deutschen Fassung in der Übersetzung von Jörn Schnell in der Spielzeit 1983/84 an den Städtischen Bühnen Münster (am 31. März 1984) wurde es nur wenige Male von kleineren Ensembles auf die Bühne gebracht (Informationen nach dem Online-Kata-

Tragikomödie De Filippos gekannt hat. Und es ist gut denkbar, dass er mit der Wahl einer goldenen Krippe als Geschenk Epifanios und mit deren beweglichen Figuren in seinen Film eine zumindest in Italien leicht identifizierbare Hommage an seinen Hauptdarsteller einzeichnen wollte. Doch um *Natale in casa Cupiello* zu einer wichtigen, wo nicht, wie Maggi meint, zur maßgeblichen Inspirationsquelle zu erheben, reichen die motivlichen Verbindungen nicht aus. Zu diesen Verbindungen gehören neben der finalen Krippen-Vision und überhaupt Lucas Leidenschaft für seine Weihnachtskrippe und sein Drei-Königs-Spiel, seine Verwurzelung in Neapel und dessen traditioneller Wertordnung sowie sein Tod nach einer schlagartigen tiefen Desillusionierung. Doch das Geschehen in De Filippos Stück entwickelt sich in gänzlich anderen Bahnen und hat nichts mit Pasolinis Konzeption zu tun. Die Besessenheit Lucas von seiner Weihnachtskrippe ist eine komödiantische Zuspitzung der bekannten Leidenschaft der Neapolitaner für Krippen, die dort ja auch ihren Ursprung haben.

6 *Porno-Theo-Kolossal* als «Summa» von Pasolinis Filmschaffen

In *PTK* als «komplexer Allegorie»[108] verwebt Pasolini eine Vielzahl von thematischen Fäden. Diese im Einzelnen zu analysieren und zu diskutieren muss weiteren Arbeiten zu diesem Projekt vorbehalten bleiben. Bereits eine kleine Zusammenstellung der in *PTK* narrativ verhandelten Themen macht deutlich, dass in dieses letzte Filmprojekt alle seine großen Lebensthemen eingegangen sind: Besondere Aufmerksamkeit gilt dabei der Kultur- und Gesellschaftskritik, deren Feld sich mit den Stichworten der Kritik am Neokapitalismus, am engen kleinbürgerlichen Geist, am Konsumismus, Konformismus und Hedonismus abstecken lässt. In sich ist dieses Feld wiederum geprägt von Egoismen, Intoleranz gegenüber als Bedrohung empfundenen Abweichungen und latenter oder offener Gewalt. Die in Pasolinis letzten Jahren zunehmend apokalyptisch gestimmte Kulturkritik wird in *PTK* zum einen besonders auf dem Gebiet der Sexualität verhandelt. Die Inszenierung von Sodom und

log-Eintrag für das Stück unter www.theatertext.de, sowie fernmündlich durch Jens Müller von der Gustav Kiepenheuer Bühnenvertriebs-GmbH).

108 Luglio 2016, S. 9.

Gomorra mit ihrer totalitären Privilegierung entweder der Homo- oder der Heterosexualität verbinden sich zu einem großen Plädoyer für Toleranz und gleichberechtigte Koexistenz aller sexuellen Veranlagungen. Dass Pasolini gerade das Zwangsregime der Heterosexualität in Gomorra mit den dunkelsten Farben malt, ist nicht nur ein Spiegel seiner persönlichen Stigmatisierungen und der langen gesamtgesellschaftlichen Ächtung der Homosexualität, die sich allzu lange selbst in westlichen Staaten in der Gesetzgebung niedergeschlagen hat. Sie ist auch ein weiteres Moment von Pasolinis vielfach beobachteter erstaunlicher prognostischer oder, so man will, prophetischer Kraft. Dass Homo- und Transsexuelle in von Gewalt zerfurchten Gesellschaften verfolgt, misshandelt und auch ermordet werden, ist noch heute in vielen Ländern grausame Realität.[109] Selbst innerhalb der Europäischen Union, vorab in Ungarn und Polen, hat die Stigmatisierung der LGBTQ-Gruppierungen ein erschreckendes, mit den Grundwerten Europas absolut unvereinbares Maß angenommen.

In der Numantia-Handlung rückt dann die im ganzen Filmprojekt präsente *Ideologiekritik* nach vorne: in Gestalt des Scheiterns der politischen Utopie des real existierenden Sozialismus. Der kollektive Selbstmord wird von den Einwohnern zwar ‹demokratisch› beschlossen, seine faktische Umsetzung hat dann aber doch wieder einen ausgesprochen totalitären, keine Abweichung duldenden Zug. Auch wird die Frage drängend, ob dieser Massensuizid wirklich unvermeidbar war, um den Faschisten insofern ihren Triumph zu verderben, dass sie so keine Besiegten vorfinden, die sie knechten könnten. Hätte es nicht auch den Weg in einen Widerstand vom Untergrund aus, einen Guerilla-Kampf nach Art des von Pasolini im Brief an Maria Crespi (mit der ersten weiter ausgebauten Version von *PTK*) bewunderten Camillo Torres gegeben? Oder, da Numantia ja durch Paris vorgestellt werden soll, eine Art ‹Resistance›, wie Pasolini diese in seinem Paulus-Filmprojekt mit dem jungen, vom ‹Liebeskommunismus› (vgl. bes. Apg 2,43–47) erfüllten Christentum identifiziert hat? Führt sich eine Ideologie, die am Ende in die freiwillige Selbstauslöschung mündet nicht selbst ad absurdum? Das Ende des ‹real existierenden Sozialismus› in Numantia könnte so ein später Niederschlag von Pasolinis Enttäuschung über das post-stalinistische Regime in der Sowjetunion sein, das er 1957 bei einer Reise nach Moskau erlebt hatte. Gleichwohl hatte er zeitlebens an seinen Aufrufen

109 Besonders erschütternde Vorgänge sind z. B. aus Tschetschenien bekannt.

zur Wahl der «Partito Comunista Italiano» festgehalten, weil er die Idee des Sozialismus nicht aufgeben wollte.

Pasolinis ‹Dante›, der die Leser:innen und intendierten Zuschauer:innen durch das Inferno in Sodom, Gomorra und Numantia führt und der dabei die Wertungsperspektive vorgibt, ist der Magierkönig Epifanio. Dieser ist ein ehrbarer, durch und durch integrer Mann, der wie seine von Pasolini idealisierte Heimatstadt Neapel für jene alte, von traditionellen Werten getragene Kultur steht, die dem Autor immer so sehr am Herzen lag. Wie Pasolini selbst wird Epifanio dadurch in den von ihm besuchten Städten zum Außenseiter, zum Fremdkörper.

Der Stern des neugeborenen Messias als das entscheidende Movens der Lebensreise Epifanios rückt die Dimension des Glaubens in die Mitte der Erzählung. Durch die Anbindung an die Kindheitsgeschichte des Matthäusevangeliums und die anderen expliziten Referenzen an das Alte und Neue Testament ist dieser Glaube dezidiert christlich formatiert, unbeschadet dass er in *PTK* in übertragenem Sinn auch für den Glauben an eine Ideologie stehen soll. In dieser Hinsicht hat Pasolini von seiner Verfilmung des Matthäusevangeliums bis zu *PTK* einen weiten Weg wachsender Entfremdung vom Christentum und seiner Zentralgestalt zurückgelegt. In IL VANGELO SECONDO MATTEO gestaltete er noch eine Christusfigur, die ganz dicht an eine Zustimmung zum christlogischen Dogma heranreicht, das Jesus Christus in einer Doppelnatur als «wahrer Mensch und wahrer Gott»[110] bekennt. In *PTK* hingegen ist der neue oder wiedergekommene Messias zwar vielleicht irgendwann geboren worden, aber für Epifanio nicht mehr erreichbar, ja überhaupt fast gänzlich vergessen. Auch Epifanios finaler Aufstieg in den Himmel führt nicht zu einer Gottesbegegnung, sondern in die Leere, die das verschwundene Paradies hinterlassen hat. Gleichwohl kann *PTK* nicht als Höhepunkt der Religionskritik Pasolinis oder als Ausdruck einer entschieden atheistischen, wo nicht antitheistischen Haltung begriffen werden: Gott ist in Sodom und Gomorra machtvoll präsent in seinem Zorngericht über diese verkommenen Städte; und er ist präsent in Gestalt Nunzios als Engel, ja sogar als «Engel des Herrn» (62), der in der Bibel – so paradigmatisch in der berühmten Szene von Mose am brennenden Dornbusch (Ex 3,2 ff.) – für die dem Menschen

110 Im Umfeld seiner Matthäus-Verfilmung sagte Pasolini einmal: «Die Menschlichkeit Christi entspringt einer dermaßen starken inneren Kraft, [...] daß für die Menschlichkeit die Metapher ‹göttlich› schon an die Grenze der Metaphorik stößt, sie selbst wird ideell zur Wirklichkeit.» (Zit. nach Faldini/Fofi [Hg.] 1986, S. 73).

zugewandte und dem Menschen fassliche Seite Gottes steht, ja nahezu mit Gott identisch ist. Schließlich lässt sich auch die Schlusskonstellation mit Epifanio und seinem Schutzengel in der Weite des Kosmos, in der sie zwar schmerzlich die Gegenwart Gottes vermissen, aber dennoch ‹erhoben› und von den Tönen aus Neapel tröstlich gestimmt sind, als ein fragmentiertes danteskes *Purgatorio* begreifen. Denn die finale Situation ist weit vom zuvor durchschrittenen Inferno entfernt, und bleibt auf das «Paradiso» ausgestreckt. Die Hoffnung auf dieses ist nicht gänzlich erloschen, wenn der Engel Nunzio in den letzten Worten von *PTK* sagen kann: «Irgendwas wird geschehen.» – Mehr ist im Horizont von *PTK* und Pasolinis genereller Skepsis gegenüber dem Glauben (und erst recht gegenüber dessen irdischen Sachwaltern) nicht zu erwarten. Und selbst wenn: Es wäre gewiss allzu billig gewesen, wenn die beiden Wanderer dann oben an einem prächtigen Himmelstor von einem alten, weißbärtigen Mann erwartet worden wären, oder auch, wenn Epifanio und Nunzio mittels einer reichlich abgenutzten visuellen Metaphorik in ein sie langsam überstrahlendes Licht eingegangen wären.

Das dichte Netz der Themen von *PTK* und die Fülle der intertextuellen Bezüge verbindet sich mit der angedachten stilistischen Vielfalt der Inszenierung zu einer derart reichen Textur, dass man Laura Salvini, der wohl besten Kennerin von *PTK*, nur zustimmen kann, wenn sie meint: «Zusammen mit *Petrolio*», dem auf literarischer Ebene ebenfalls unvollendeten und als letztes Werk gedachten Epos, scheine *PTK* «fast die gesamte poetisch-ästhetische Phänomenologie von Pasolinis Karriere zusammenfassen zu wollen.»[111] Und noch dezidierter schreibt sie gleich im ersten Satz des Textes auf der Rückseite ihrer *PTK*-Monografie mit dem programmatischen Titel *I frantumi del tutto (Die Fragmente des Ganzen)*: *Porno – Theo – Kolossal* sei die «vera e propria summa poetica ed estetica del cinema di Pier Paolo Pasolini»: die wahre und eigentliche poetische und ästhetische Summe. *PTK* ist aber noch mehr: Das letzte Filmprojekt Pasolinis ist auch in inhaltlich-thematischer Hinsicht die ‹Summa› seines Filmschaffens.

111 Salvini 2004, S. 121.

Literatur-, Film- und Medienverzeichnis

I Literatur

Texte von Pier Paolo Pasolini

Pasolini, Pier Paolo: *Ragazzi di vita*, Rom, Garzanti; deutsche Ausgabe unter dem Titel: *Ragazzi di vita*. Roman. Aus dem Italienischen übersetzt von Moshe Kahn, Berlin, Wagenbach, 1955/1990.

Pasolini, Pier Paolo: *Una vita violenta*, Mailand, Garzanti; deutsche Ausgabe unter dem Titel: *Vita violenta*. Roman. Aus dem Italienischen übersetzt von Gur Bland, München, Piper, 1959/1963.

Pasolini, Pier Paolo: *Scritti corsari*, Mailand, Garzanti; deutsche Ausgabe unter dem Titel: *Freibeuterschriften. Die Zerstörung der Kultur des Einzelnen durch die Konsumgesellschaft*. Aus dem Italienischen übersetzt von Thomas Eisenhardt, Berlin, 1975/1978 (Neuauflage 1988).

Pasolini, Pier Paolo: *La Divina Mimesis*, Turin, Einaudi; deutsche Ausgabe unter dem Titel: *Barbarische Erinnerungen. La Divina Mimesis*. Aus dem Italienischen übersetzt von Maja Pflug, Berlin, Wagenbach, 1975/1983.

Pasolini, Pier Paolo: *Lettere luterane*, Turin, Einaudi; deutsche Ausgabe unter dem Titel: *Lutherbriefe. Aufsätze, Kritiken, Polemiken*. Aus dem Italienischen übersetzt von Agathe Haag, Wien/Bozen, Folio, 1976/1996.

Pasolini, Pier Paolo: *San Paolo*, Turin, Einaudi; deutsche Ausgabe unter dem Titel: *Der heilige Paulus*. Mit einem Geleitwort von Dacia Maraini. Aus dem Italienischen übersetzt von Dagmar Reichardt, mit einem kritischen Kommentar der Herausgeber und einem Nachwort von Reinhold Zwick, hg. v. Reinhold Zwick und Dagmar Reichardt, Marburg, Schüren, 1977/2007.

Pasolini, Pier Paolo: *Lettere 1956–1975*, hg. v. Nico Naldini (Biblioteca dell'Orsa, 5), Bd. II, Turin, Einaudi, 1988.

Pasolini, Pier Paolo: *Petrolio*, Turin, Einaudi; deutsche Ausgabe unter dem Titel: *Petrolio*. Roman. Aus dem Italienischen übersetzt von Moshe Kahn, Berlin, Wagenbach, 1992/94.

Pasolini, Pier Paolo: *Per il cinema. Tomo secondo*, hg. v. Walter Siti / Franco Zabagli, con due scritti di Bernardo Bertolucci e Mario Martone e un saggio introduttivo di Vincenzo Cerami. Cronologia a cura di Nico Naldini (Le opere di Pier Paolo Pasolini nei Meridiani), Mailand, Mondadori, 2001.

Pasolini, Pier Paolo: *Porno – Teo – Kolossal*, in: *Pasolini*, 2001, S. 2695–2753. – Der Text findet sich auch im Booklet zur DVD LA VOCE DI PASOLINI (s. u. unter «Weitere Filme und Medien»), S. 99–146.

Pasolini, Pier Paolo: *Il cinema*, 2006, in: Booklet zur DVD LA VOCE DI PASOLINI (s. u. unter «Weitere Filme und Medien»), S. 93–97.

Pasolini, Pier Paolo: *Rom, andere Städte. Geschichten und Gedichte*. Ausgewählt von Annette Kopetzki und Theresia Prammer. Mit Fotografien von Herbert List und einem Nachwort von Dorothea Dieckmann, Hamburg, Corso, 2010.

Weitere Literatur

Apra, Adriano: «Naples et ses alentours dans le cinéma sonore (1930–1993): un panorama», in: Ders. / Jean Antoine Gili (Hg.): *Naples et le cinéma*, Paris, Centre Georges Pompidou / Fabbri Editori, 1994.

Balló, Jordi (Hg.): *Pasolini Roma*. Katalogbuch zur gleichnamigen Ausstellung im Berliner Martin-Gropius-Bau vom 2.9.2014–5.1.2015. München / London / New York, Prestel/ Berlin: Berliner Festspiele, 2014.

Bauer, J. Edgar: *Love's Body and the Body of Love: On Norman O. Brown's Eschatological Hermaphrodite and the Darwinian Continuities of Nature*; unter: https://www.researchgate.net/publication/344493924_LOVE'S_BODY_AND_THE_BODY_OF_LOVE_On_Norman_O_Brown's_Eschatological_Hermaphrodite_and_the_Darwinian_Continuities_of_Nature, o.J.

Bertini, Antonio: *Teoria e tecnica del film in Pasolini*, Rom, Bulzoni, 1979.

Betti, Laura / Gulinucci, Michele (Hg.): *Pier Paolo Pasolini, Le regole di un'illusione. I film, il cinema*, Rom, Fondo Pier Paolo Pasolini, 1991.

Braun, Michael: «Dem Leitstern hinterher. Drehbuchentwurf von Pier Paolo Pasolini», in: *TAZ* vom 12.12.2012.

Brown, Norman O.: *Love's Body. Wider die Trennung von Geist und Körper, Wort und Tat, Rede und Schweigen*. Mit einer Kritik von Herbert Marcuse, Frankfurt a.M. u.a., Ullstein, 1979.

Caputi, Chiara: «*La Mortaccia* (frammenti): the first Dante rewriting by Pier Paolo Pasolini»; unter: https://www.academia.edu/45522315/La_Mortaccia_frammenti_the_first_Dante_rewriting_by_Pier_Paolo_Pasolini_NeMLA_2021, 2021.

Dante Alighieri: *Die Göttliche Komödie*. Deutsch von Karl Vossler. Mit Zeichnungen von Michael Matthias Prechtl, Stuttgart, Europäische Bildungsgemeinschaft, 1977.

De Filippo, Eduardo: *Natale in casa Cupiello*, in: Ders.: *Teatro*. Bd. 1. (con una nota storico-teatrale di Paola Quarenghi e una nota filologico-linguistica di Nicola De Blasi), Mailand, Mondadori, 2000, S. 709–861; deutsche Ausgabe unter dem Titel: *Neapolitanische Bescherung. Komödie in drei Akten*. Aus dem Italienischen übersetzt von Jörn Schnell (nach der Letzten Fassung 1978), Berlin, Gustav Kiepenheuer Bühnenvertriebs-GmbH, o.J. [ca. 1982].

De Martino, Ernesto: *La fine del mondo: Contributo all'analisi delle apocalissi culturali*, Turin, Einaudi, 2002.

Faldini, Franca / Fofi, Goffredo (Hg.): *Pier Paolo Pasolini – Lichter der Vorstädte. Die abenteuerliche Geschichte seiner Filme*. Aus dem Italienischen übersetzt von Karl Baumgartner und Ingrid Mylo, Hofheim, Wolke, 1986.

Ferretti, Gian Carlo: «Sedici anni di ricordi. 1959–1975», in: Colombo, Furio / Ders.: *L'ultima intervista di Pasolini*, Rom, Avagliano, 2005, S. 11–45.

Freunde der Deutschen Kinemathek (Hg.): *Pier Paolo Pasolini. Doku-*

mente zur Rezeption seiner Filme in der deutschsprachigen Filmkritik 1963–85 (Kinemathek, Bd. 84, 31. Jahrgang), Berlin, Freunde der Deutschen Kinemathek, 1994.

Iersel, Bas van: *Markus*. Kommentar, Düsseldorf, Patmos, 1993.

Klimke, Christoph (Hg.): *Kraft der Vergangenheit. Zu Motiven der Filme von Pier Paolo Pasolini*, Frankfurt a. M., Fischer, 1988.

Luglio, Davide: «Introduction», in: Pier Paolo Pasolini: *Porno-Théo-Kolossal suivi de Le cinéma* (Éditions Mimesis / Altera N. 2), hg. v. Davide Luglio; frz. Übersetzung von *Porno–Théo–Kolossal* von Hervé Joubert-Laurencin, durchgesehen von Davide Luglio; Übersetzung von *Le cinéma* von Davide Luglio, Paris, Éditions Mimesis, 2016, S. 7–46.

Maggi, Armando: *The Resurrection of the Body. Pier Paolo Pasolini from Saint Paul to Sade*, University of Chicago Press (darin bes.: Kap. 2 «The Journey to Sodom and Gomorrah and Beyond: The Scenario *Porno–Theo–Colossal*», 2009, S. 107–156).

Marotta, Giuseppe: «Der *Professor*», in: Ders.: *Das Gold von Neapel* (Fischer Bücherei), übersetzt von Hellmut Ludwig, Frankfurt a. M. / Hamburg, Fischer, 1958, S. 109–113.

Naldini, Nico: *Pier Paolo Pasolini. Eine Biographie*. Aus dem Italienischen übersetzt von Maja Pflug, Berlin, Wagenbach, 1991.

Naldini, Nico (Hg.): *Pier Paolo Pasolini – «Ich bin eine Kraft der Vergangenheit». Briefe*, Berlin, Wagenbach, 1991.

Salvini, Laura: *I frantumi del tutto. Ipotesi e letture dell'ultimo progetto cinematografico di Pier Paolo Pasolini, Porno–Teo–Kolossal*, Bologna, Casa Editrice Clueb, 2004.

Schwenk, Bernhart / Semff, Michael (Hg.): *P. P. P. – Pier Paolo Pasolini und der Tod. Katalogbuch zur gleichnamigen Ausstellung in der «Pinakothek der Moderne»*, München, v. 17.11.2005–5.2.2006, Ostfildern-Ruit, Hatje Cantz, 2005.

Siciliano, Enzo: *Vita di Pasolini*, Mailand, Rizzoli; deutsche Ausgabe unter dem Titel: *Pasolini. Leben und Werk*. Aus dem Italienischen übersetzt von Christel Galliani, Frankfurt a. M., Fischer, 1978/1985.

Signorelli, Michele: *Porno–Teo–Kolossal: L'ultimo film di Pasolini* (20. Mai 2016) , online unter: https://www.foglidarte.it/testuali-parole/571-porno-teo-film-pasolini.html.

Titone, Maria Sabrina: *Cantiche del Novecento. Dante nell'opera di Luzi e Pasolini*, Pisa/Rom, Istituti Editoriali e Poligrafici Internazionali, 2002.

Zigaina, Giuseppe: *Pasolini und der Tod*, München/Zürich, Piper, 1989.

Zigaina, Giuseppe: *Hostia. Trilogia della morte di Pier Paolo Pasolini*, Venedig, Marsilio, 1995.

Zigaina, Giuseppe / Steinle, Christa (Hg.): *Pier Paolo Pasolini oder die Grenzüberschreitung – ‹Organizzar il trasumanar›, Katalog zur gleichnamigen Ausstellung in der «Neuen Galerie am Landesmuseum Johanneum»*, Graz, 8. Juli - 15. August 1995, Venedig, Marsilio, 1995.

Zwick, Reinhold: *Montage im Markusevangelium. Studien zur narrativen Organisation der ältesten Jesuserzählung* (Stuttgarter Biblische Beiträge, Bd. 18), Stuttgart, Katholisches Bibelwerk, 1989.

Zwick, Reinhold: *Evangelienrezeption im Jesusfilm. Ein Beitrag zur intermedialen Wirkungsgeschichte des Neuen Testaments* (Studien zur Theologie und Praxis der Seelsorge, Bd. 25), Würzburg, Echter, 1997.

Zwick, Reinhold: «Nachwort», in: Ders. / Dagmar Reichardt (Hg.): *Pier Paolo Pasolini, Der heilige Paulus*, Marburg, Schüren, 2007, S. 158–182.

Zwick, Reinhold: «Pasolinis Paulus. Nachgedanken zu einem nicht realisierten Filmprojekt», in: *Wort und Antwort*, Jg. 49, 2008, S. 124–131.

Zwick, Reinhold: «Zwischen Inferno und ‹Drittem Himmel›. Visionen des Jenseits bei Pier Paolo Pasolini», in: Christopher Deacy / Ulrike Vollmer (Hg.): *Blick über den Tod hinaus. Bilder vom Leben nach dem Tod in Theologie und Film* (Film und Theologie, Bd. 18), Marburg, Schüren, 2012, S. 133–152.

Zwick, Reinhold: *Passion und Transformation. Biblische Resonanzen in Pier Paolo Pasolinis «mythischem Quartett»* (Film und Theologie, Bd. 26), Marburg, Schüren, 2014.

Zwick, Reinhold: «Die Passion des Komparsen. Eine theologische Relektüre von *La Ricotta*», in: Natalie Fritz / Marie-Therese Mäder / Daria Pezzoli-Olgiati / Baldassare Scolari (Hg.): *Leid-Bilder. Die Passionsgeschichte in der Kultur* (Religion, Film und Medien, Bd. 1), Marburg: Schüren, 2018, S. 89–107.

II Filme und Medien

Filme von Pier Paolo Pasolini (chronologisch; nur im Text erwähnte Titel)

La ricotta (Der Weichkäse), Teil des Episodenfilms RoGoPaG, IT/FR 1963, 35 Min.

Il Vangelo secondo Matteo (dt. Verleihtitel: Das erste Evangelium – Matthäus), IT/FR 1964, 146 Min. (gekürzte Fassung: 136 Min.)

Uccellacci e uccellini (dt. Verleihtitel: Grosse Vögel – kleine Vögel), IT 1966, 88 Min.

La terra vista dalla luna (Die Erde vom Mond gesehen); Teil des Episodenfilms Le Streghe (Die Hexen; dt. Verleihtitel: Hexen von heute), Produktion: Dino De Laurentiis, IT 1967, 31 Min.

Che cosa sono le nuvole? (Was sind die Wolken), 3. Teil des Episodenfilms Capriccio all'italiana, Produktion: Dino De Laurentiis, IT 1968, 22 Min.

Edipo Re (dt. Verleihtitel: Edipo Re – Bett der Gewalt), IT 1967, 104 Min.

Teorema (dt. Verleihtitel: Teorema – Geometrie der Liebe), IT 1968, 98 Min.

Porcile (dt. Verleihtitel: Der Schweinestall), IT/FR 1969, 99 Min.

Il Decameron (dt. Verleihtitel: Decameron), IT/FR/DE 1971, 110 Min.

I racconti di Canterbury (dt. Verleihtitel: Pasolinis tolldreiste Geschichten), IT 1972, 110 Min.

Il fiore delle Mille e una notte (dt. Verleihtitel: Erotische Geschichten aus 1001 Nacht), IT 1974, 129 Min.

Salò o le 120 giornate di Sodoma (dt. Verleihtitel: Salò oder Die 120 Tage von Sodom), IT/FR 1975, 113 Min.

Weitere Filme und Medien (chronologisch)

La voce di Pasolini, DVD mit Booklet, hg. v. Matteo Cerami / Mario Sesti, Mailand: Feltrinelli (Reihe: Feltrinelli *Real Cinema)* 2006.

È stata la mano di Dio (dt. Verleihtitel: Die Hand Gottes), Regie: Paolo Sorrentino, IT 2021, 130 Min.

L'oro di Napoli (dt. Verleihtitel: Das Gold von Neapel), Regie: Vittorio De Sica, IT 1954, 111 Min.

Biruma no tategoto (dt. Verleihtitel: Die Harfe von Burma / Freunde bis zum letzten), Regie: Kon Ichikawa, JP 1956, 95 Min.

Je vous salue, Marie (dt. Verleihtitel: Maria und Joseph), Regie: Jean-Luc Godard, FR 1982, 76 Min.

Natale in casa Cupiello. Una commedia in tre atti di Eduardo De Filippo. Edizione Televisiva 1977. A cura di Antonella Ottai e Paola Quarenghi, coordinamento Luca De Filippo (Reihe: Commedie di Eduardo), Fernsehfilm, DVD von 01 DISTRIBUTION (RAI Cinema, Rom), IT 2004, 133 Min.

Weekend (dt. Verleihtitel: Weekend), Regie: Jean-Luc Godard, FR 1967, 103 Min.

I magi randagi (Die heimatlosen Drei Könige), Regie: Sergio Citti, IT/DE/FR 1996, 130 Min. (gekürzte Fassung: 93 Min.)[112]

Sämtliche Web-Links wurden zuletzt abgerufen am 28. 01. 2022

112 Angabe nach https://www.imdb.com/title/tt0116957/ und den Einträgen zum Film in der englischen und italienischen Ausgabe von Wikipedia. – In Deutschland kam der Film 1997 auf der Berlinale im Programm des «Internationalen Forums des Jungen Films» zur Aufführung. Auf dem Infoblatt dazu wird die Spieldauer abweichend mit 93 Min. angegeben (siehe: https://www.arsenal-berlin.de/forum-forum-expanded/archiv/programmarchiv/2021/; nicht mehr online; Printkopie im Archiv des Vf.).

Dagmar Reichardt

PASOLINIS UNVOLLENDETE VOLLKOMMENHEIT

Eine transkulturelle Relektüre von *Porno – Theo – Kolossal* in deutscher Übersetzung

Wenn wir davon ausgehen, dass ein historischer Abstand und eine wie auch immer geartete kulturelle Andersheit zuweilen nützlich sein können, um in bestimmten Fällen hervorstechende Eigenheiten eines Kunstwerks – und sei es das unvollendet gebliebene Filmprojekt eines mit solch genialischem Talent gesegneten Ausnahmeregisseurs und Freidenkers wie Pier Paolo Pasolini (1922–1975) – leichter zu erfassen, deutlicher zu erkennen und intensiver wertzuschätzen, dann ist *Porno – Theo – Kolossal* (ital. Originaltitel: *Porno – Teo – Kolossal,* 1989) dafür wahrscheinlich nicht nur ein sehr gutes Untersuchungsobjekt, sondern auch aus didaktischer Sicht ein geradezu hervorragendes Beispiel.

Denn was kann ein unvollendetes Drehbuch rund fünfzig Jahre nach seiner Entstehungszeit heute noch so spannend machen, dass man es in einem Zug lesen will, außer dass es mit einer Geschichte von so geistreicher, schaurig-schöner und tragisch-komischer Obszönität, kultureller Spannweite und gleichzeitig wirkungsmächtiger Bildhaftigkeit aufwartet, wie es bei *Porno – Theo – Kolossal* der Fall ist? Zumal dieses unvollendet gebliebene Filmprojekt auf einer vollkommenen, leitmotivisch fast spielerisch durchkomponierten, dramaturgisch runden und cineastisch im wahrsten Sinn *kolossal* beeindruckenden Kernidee basiert, die Pasolinis kreative visuelle Vorstellungskraft, seine poetische Präzision und Liebe für konkrete (ja – oft – allzu konkrete) Details, Kameraeinstellungen und räumliche Close-ups in ihrer ganzen Vielfalt, Fülle, Tiefe und – teilweise schrecklichen – Faszination in Form einer kompakten Vision zusammenfasst.

Es gehört sicher eine beträchtliche Prise Unterhaltungswert und Spannung dazu, dass man als Leser so rasch bereit ist, in ein Geschehen einzusteigen, in eine unbekannte Geschichte einzutauchen und sich auf das Lesen schon ab der ersten Zeile gebannt einzulassen. Es ist aber auch kein Geheimnis, dass es dafür noch ‹mehr› braucht als einen rasanten, ausholenden Plot (der sogenannten *histoire* gemäß Gérard Genette). Dieser benötigte Mehrwert besteht in der Kunst, in der Art und Weise des Erzählens (dem sogenannten *discours*) – d. h. in der Fähigkeit, Höheres plastisch darzustellen – oder in anderen Worten in der Substanz einer künstlerisch überzeugenden Werkidee (eben jener theoretischen Vision) sowie einer emotional ansprechenden Narration (d. h. eines gefühlsmäßig packenden Inhalts), die die dargelegte Handlung zu überhöhen im Stande sind. Das Schöne daran ist: Pasolini redet in *Porno – Theo – Kolossal* von Anfang bis Ende und auf beiden Ebenen *(histoire* und *discours)* Klartext – und das auf höchstem Niveau. Sich mit den technischen Regieanweisungen, Pasolinis ästhetischen Schreibweisen und – was die deutsche Übertragung betrifft – mit den Tücken einer Übersetzung zu beschäftigen, die immer auch einen Interpretationsspielraum und Kulturtransfer impliziert und somit die Anpassungsfähigkeit, hohe Flexibilität und Wandelbarkeit textlichen Stoffs unter Beweis stellt, kann überraschend hilfreich sein, um diesem wertvollen ideellen Kern sowie den Hintergründen dieser seitens Pasolinis literarisch ebenso ansprechend (komisch und oft sehr derbe) wie anspruchsvoll (den Leser intellektuell fordernd) aufbereiteten Story von *Porno – Theo – Kolossal* näher zu kommen.

Öffnen wir also unsere translatorische Werkzeugkiste, die es braucht, um einen so mehrschichtigen, vieldeutigen und (bei aller oberflächlichen Transparenz) in Wahrheit höchst komplexen Text wie *Porno – Theo – Kolossal* zu übersetzen. Dabei soll keineswegs nur aus einem vermeintlichen Übersetzer-Nähkästchen geplaudert werden, um den Leser:innen einen Einblick in überwiegend ‹handwerkliche› textliche Hürden im Italienischen und die dafür gefundenen Lösungswege bei der Übertragung ins Deutsche zu vermitteln. Ganz im Gegenteil soll die imaginäre Öffnung einer solchen Toolbox vielmehr dazu dienen, einige Geheimnisse aus der Übersetzungsperspektive zu lüften, die alle Leser:innen dieses Buchs – angefangen bei dessen ebenso Aufmerksamkeit erregenden wie sibyllinisch anmutenden (Arbeits-)Titel *Porno – Theo – Kolossal* – beschäftigen dürften.

Denn eine Übersetzung ist immer auch eine symbolische, transkulturelle Brücke, über die wir beim Lesen schreiten, um ‹zwischen› verschiedenen Kulturen zu wandeln, angetrieben von der Neugier, sie besser kennenzulernen, zu verstehen und uns dem offenbar Neuen oder ‹Anderen› anzunähern, um uns andere Orte zu erschließen und uns andere Zeiten sowie hybride sogenannte *Dritte Räume* – im Sinn von Homi K. Bhabhas *Third Space*-Konzept,[1] wie sie die Kulturwissenschaft kennt – vorstellen zu können. Die dabei gewonnenen Einsichten und neu erworbenen Erkenntnisse lassen sich gemäß Bhabha, wie wir wissen, kulturell in einem intersektionellen Zwischenraum bzw. «‹in-between› space»[2] verorten, der insbesondere postkoloniale und transkulturelle Parameter – auch was die italienische Literatur betrifft – in seine Bedeutung einbezieht, die wir im Folgenden hinterfragen werden.[3] Das Spannungsfeld, in das wir uns dabei begeben, beinhaltet die jeglicher Übersetzungsbemühung innewohnende Kontrastierung zwischen Simulation und Mimikry, Entfremdung und Domestizierung, Polyphonie und Akkulturation, zwischen denen es während des Translationsprozesses unablässig abzuwägen, zu vermitteln und zu entscheiden gilt.

Bereits im zwar eher kryptisch aber einprägsam klingenden Titel *Porno – Theo – Kolossal* kündigt sich ein schlagwortartiger Dreiklang an, der Pasolinis künstlerisches Gesamtkonzept punktgenau einkreist und zugleich drei sehr verschiedene, aber für den Drehbuchschreiber – ebenso wie für die Übersetzerin und am Ende für die Leser:innen – absolut essenzielle und in diesem Werk untrennbar miteinander verzahnte, symbiotische Ebenen aufruft: nämlich 1.) die Ebene der Sexualität *(Porno)*, 2.) die Ebene vom Sinn des Lebens bzw. von der Dualität zwischen den zwei Polen der Sinnhaftigkeit und Sinnlosigkeit unseres

1 Vgl. Bhabha 1994, S. 36.

2 Ebd., S. 7.

3 Bzgl. der interdisziplinären, historischen und theoretischen Bedeutung transkultureller Parameter sowie der kulturwissenschaftlichen Genese und Entwicklung des Transkulturalitätsbegriffs vgl. Reichardt 2018.

Daseins aus religiöser Sicht (*Theo* – als Abkürzung des Wortes ‹Theologie›) und 3.) die Ebene der Kunst (*Kolossal* – ein Wort, mit dem Pasolini ein Filmformat meint, auf das wir im 4. Unterkapitel genauer eingehen). Jeder dieser Bereiche ist ein Spiegel der anderen zwei: Zusammen ergeben sie drei Flächen einer spitz zulaufenden Pyramide, die die vielen bunten Facetten eines Prismas reflektieren, das Pasolinis gedankliches Kaleidoskop sowie die schillernde Weltsicht und vielen Deklinationsmöglichkeiten seiner Filmsprache in ihrer Gesamtheit, Totalität und auf die Leinwand projizierten Ikonizität darstellt.

1 Textgrundlage, Textstruktur und Textintention

Die vorliegende Übersetzung des deutschen Titels *Porno – Theo – Kolossal* ist auf der Textgrundlage der zuletzt auf Italienisch publizierten Fassung des – bis auf ein im Deutschen hinzugefügtes und im italienischen Substantiv ‹teologia› (dt.: Theologie) oder Adjektiv ‹teologico› (dt.: theologisch) fehlenden ‹H› – gleichlautenden Originals von Pasolini entstanden. Letzteres ist 2001 im zweiten Band von Pasolinis gesammelten Werken in der Klassiker-Reihe *I Meridiani* – dem 1969 gegründeten italienischen Pendant zur französischen *Bibliothèque de la Pléiade* von Gallimard (die es schon seit den 1930er-Jahren gibt) – des traditionsreichen und größten Buchverlags Italiens, Arnoldo Mondadori, in Mailand erschienen.[4]

In Deutschland ist der ‹Korsar› Pasolini – der im Italienischen oft mit dem schlichten, unmissverständlichen Epitheton *il corsaro*[5] (dt. eigentlich: Seeräuber, Pirat) umschrieben wird – als italienische Galionsfigur der 1968er Bewegung seit Beginn der 1970er-Jahre rege übersetzt und sowohl akademisch als auch medial und künstlerisch breit rezipiert worden. Nicht unwichtig war, was Pasolinis eigenes Verhältnis zu

4 Vgl. Pasolini 2001. Weiteres zur editorischen Entstehungsgeschichte von *Porno – Theo – Kolossal* ist dem Begleittext von Reinhold Zwick (*Eine Reise an das Ende der Ideologien und Utopien*; Kap. 1) im vorliegenden Band zu entnehmen.

5 Abgeleitet von Pasolinis posthum unter dem Titel *Scritti corsari* (1975) erschienener Sammlung gesellschaftskritischer Zeitungsartikel, in denen er insbesondere zu ideologischen Themen – wie die kulturelle Erosion durch den aus dem Kapitalismus resultierenden Konsumismus und der moralische Niedergang der italienischen Gesellschaft durch den Konformismus – sowie zu diversen aktuellen Debatten (darunter insbesondere die Gesetze zur Abtreibung, die er ablehnte, und Scheidung, die im katholischen Italien dank linksgerichteter politischer Kräfte seit 1970 erlaubt ist, u. a. m.) Stellung nahm.

Deutschland betrifft, seine Reise ins Deutsche Reich im Herbst 1942, die er im – aus rezeptionstheoretischer, insbesondere auf *Porno–Theo–Kolossal* bezogener Sicht noch – zarten Alter von zwanzig Jahren unternahm. Sie war als Begegnungsreise der universitären Jugend vom deutschen NS-Staat und faschistischen Italien organisiert worden und führte ihn im drittletzten Kriegsjahr nach Weimar. In einem unmittelbar anschließend veröffentlichten Artikel über die Präsenz italienischer und europäischer Kultur in Weimar[6] antizipiert Pasolini bereits seine antifaschistische *Freibeuter*[7]-Mentalität und deutet darin die Grundlagen seiner aufkeimenden kulturellen Prinzipien an. Schon zu diesem frühen Zeitpunkt verlangt er seinen Leser:innen Anstrengungen im Dienst der Selbstreflexion und des Aufbaus eines stabilen Selbstwerts ab sowie eine von innen heraus – sowohl individuell als auch kollektiv zu leistende – Arbeit an der eigenen (auch kulturellen) Identität. Nachdem der junge Pasolini also bereits nach einer seiner ersten Reisen – die ihn mit dem deutschen Nationalsozialismus inmitten des Zweiten Weltkriegs (1939–1945) direkt konfrontiert – öffentlich zu einer stets kritischen Aufmerksamkeit seitens der Arbeiter und Bürger in Anbetracht der gesamtgesellschaftlichen Entwicklungen aufruft, wird er sich noch dreißig Jahre später in Form von Gedichten mit der deutschen Kultur, insbesondere mit der deutschen Linken (etwa in seinem Gedicht auf Rudi Dutschke)[8] oder mit Karl Marx[9] auseinandersetzen.

Pasolinis Grundeinstellungen weiten sich bekanntermaßen allmählich zu einer scharfen Konsumismus- und Kapitalismuskritik in seinen Schriften aus. Doch seine frühe Reiseerfahrung – die er später durch viele weitere vertieft und erweitert hat, wobei für seine Filme insbesondere der afrikanische Kontinent als Dreh-Location sowie ästhetische und ethnisch-kulturelle Inspirationsquelle einen hohen Stellenwert eingenommen hat – hallt auch am Ende seines Lebens noch in *Porno–Theo–Kolossal* deutlich spürbar in den (insbesondere in den Kapiteln *Sodom* und *Gomorra*) dargestellten Untergangs-, Gewalt- und

---

6 Vgl. Pasolini 1999.

7 Die deutschsprachige Umschreibung Pasolinis als ein «Freibeuter» (so das Pendant zum italienischen Beinamen *il corsaro*) bezieht sich auf den deutschen Titel von Pasolinis *Scritti corsari* – die *Freibeuterschriften* (Pasolini 1975) –, an deren Wortlaut auch die linksgerichtete Kultur- und Politik-Zeitschrift *Freibeuter* (1979–1999) vom Berliner Wagenbach Verlag nach Pasolinis Tod, nun bereits zu Beginn der konsumfreudigen Postmoderne, anknüpft.

8 Gemeint ist das Gedicht *Dutschke* (in: Pasolini 1976, S. 23–24).

9 Gemeint ist das Gedicht *Il piagnistero di cui parlava Marx* (in: ebd., S. 83–84).

Kriegsszenarien nach. Indem das Gerücht, der «Messias»[10] sei geboren, das auf dem Marktplatz im Herzen Neapels wohl in den 1950er-Jahren die Runde macht, beginnt die im *Prolog* erzählte Handlung dennoch zunächst wie ein vermeintlich zeitloses, harmloses und harmonisches Märchen, sind doch die Geburt eines Kindes und die Weihnachtsgeschichte an sich eine Geschichte der Hoffnung, des Neubeginns und im christlichen Sinn eine Heilsgeschichte, die von Nächstenliebe, göttlichem Wirken und menschlicher Fruchtbarkeit kündet. Noch heute gilt dieser als heilig geltende Abend, den wir mit der Geburt Christi und dem Stern von Bethlehem verbinden, in allen christlichen Kulturräumen als ein zentrales Ereignis der Bibelgeschichte und als *das* Fest der Liebe schlechthin.

In Wahrheit beruht Pasolinis Handlungsstrang, der den biblischen, zweitausend Jahre alten Plot in die Moderne aus Sicht der italienischen Gegenwart der 1960er- und 1970er-Jahre katapultiert, erzählerisch zwar auf der testamentarisch überlieferten Geburtsgeschichte des späteren Wanderpredigers Jesus Christus, die der Autor eingangs (in *Sodom*) nur ein Jahrzehnt (in die 1950er-Jahre der unmittelbareren Nachkriegszeit) fiktiv zurückverlegt. Doch so zeitgemäß und lebendig der nomadisch-transkulturelle «way of life»[11] der Hauptfigur namens Epifanio uns auch – und gerade – heute noch erscheinen mag, so märchenhaft wirkt doch seine Rolle als «Magierkönig» und umso ernüchternder manifestiert sich dessen Suche nach Sinn, Hoffnung, Glaube an die Menschheit und an Gott am Schluss dieses ‹Märchens›. Letzteres wartet zwar am Ende mit einer «Transfiguration»[12] (gemäß Vladimir Propps Märchentheorie) auf – wenn Epifanios Seele himmlische Sphären besteigt und Nunzio sich in einen Engel verwandelt –, aber es hält für seine Leser:innen weder eine genretypische Moral der Geschichte noch einen glücklichen Abschluss im klassischen Sinn eines *happy ending* bereit. Pasolini verkehrt also die traditionelle Weihnachtsgeschichte (Lk 2,1–20 sowie Mt 2) gewissermaßen in ihr Gegenteil: Dieser «Magierkönig» ist machtlos, und sein Tod erweist sich als (lachhaft) sinnlos. Eine ‹Moral der Geschichte› gibt es auf den ersten Blick nicht.

10 Alle wörtlichen, in diesem Text durch doppelte Anführungszeichen gekennzeichneten Zitate, die mit keiner Quellenangabe im Fußnotenbereich versehen sind, sind der vorliegenden deutschen Fassung von Pasolinis Drehbuch *Porno-Theo-Kolossal* entnommen.

11 Welsch 1999, S. 198.

12 Propp 1972, S. 63–64.

Religion umfasst in diesem Kontext, so signalisiert bereits die blasphemisch wirkende Titelkombination *Porno – Theo – Kolossal*, allenfalls «gute Geschichten, um spirituelle Inhalte zu verstehen»,[13] aber nicht unbedingt die Bibel. Bei der Verwendung des Begriffs ‹Religion› – der ebenso unausgesprochen wie zweifellos die in Pasolinis Textbuch enthaltene Kernfrage der Zwischenmenschlichkeit aufwirft und der die Achse bildet, um die Pasolini seine *histoire* (gemäß Genette) drapiert hat – ist somit zwischen dem Liefern einer guten Geschichte und der Spiritualität des Glaubens zu unterscheiden. *Porno – Theo – Kolossal* versucht den Leser:innen beides zu vermitteln, wenngleich in betont antikonformistischer, appellatorischer und – selbst für die um die Befreiung von Tabus bemühte 1968er Zeit – in einer extremen, drastischen, ja schockierenden und allemal die Grenzen des gesellschaftlich Zumutbaren auslotenden Weise. Letztlich aber steht die künstlerische Form der Vermittlung für Pasolini im Mittelpunkt seiner ausschlaggebenden Überlegungen, wobei er deren Fokus stets darauf richtet, die Dringlichkeit seines Sujets mit allem erdenklichen Nachdruck zu unterstreichen.

Indem die märchenhaften Parameter und der gesellschaftskritische Ansatz im *Prolog* eine zielsetzende Allianz eingehen, beginnen sie zunehmend ineinander aufzugehen. Dadurch entsteht in *Porno – Theo – Kolossal* ein spezifisches Hybriditätskonzept, in dem Pasolini – durch die Brille des theoretischen Ansatzes von Homi K. Bhabha betrachtet – nicht nur seine Kunst und seinen Film, sondern die gesamte italienische, katholisch geprägte Kultur sowohl ästhetisch als auch politisch weltanschaulich ‹verortet› sieht. Das Typische, Einzigartige und Besondere an der von Pasolini entworfenen Reihung von Städtebildern – von Neapel über Sodom und Gomorra bis hin zu Numantia und Ur, wie er sie fiktiv benennt – ist, dass er seine Gesellschaftskritik mit einer erotischen Wahrnehmung der Polis verbindet. Zwischen den Zeilen seiner urbanen Milieuentwürfe und den Porträts der ständig zwischen Utopie und Dystopie oszillierenden bzw. im wahrsten Sinn des Wortes ‹architektonisch› schwankenden Städte verbirgt sich die unzweideutige Forderung nach einer freien Auslebung des Eros als menschliche Antriebs-, Ur- und Ausdruckskraft, ohne

13 So der deutsche Philosoph und Publizist Richard D. Precht über die heutige Bedeutung von Weihnachten und die Rolle von Religion u.a. unter Verweis auf die mittelalterlichen Philosophen und Gelehrten Avicenna und Averroes im Podcast-Gespräch mit dem Fernsehmoderator Markus Lanz, wobei auch der in diesem historischen Kontext von Precht weitergegebene Rat, «man solle die Bibel nicht wörtlich nehmen, sondern ernst», Pasolinis Drehbuchansatz und -idee recht nahekommen dürfte (Precht 2021, Min. 9:49'–10:03').

dass die hypokritische Gängelung oder die falschen, homogenisierenden Toleranzbekundungen einer opportunistisch agierenden Macht dieses Anliegen auch nur im Geringsten zu beeinflussen hätten.

Diesem durchaus realpolitisch intentionierten, mit den sozialpolitischen Umbrüchen sowie der gesellschaftlichen Mentalität der 1968er-Jahre einhergehenden revolutionären Gedanken steht Pasolinis utopische Vorstellung gegenüber. Am besten fängt vielleicht der Titel seiner letzten großen Gedichtsammlung *Trasumanar e organizzar* von 1971 das thematische Spannungsfeld und künstlerische Reservoir zwischen den beiden Kardinalpunkten ‹Weltanschauung vs. Realpolitik› ein:[14] Dieses potenzielle Konfliktfeld amalgamiert – was die ‹Weltanschauung› (d. h. die menschliche Überhöhung oder das Überhöhen des Menschseins im Sinn von Pasolinis Neologismus *Trasumanar*) betrifft – mit der Transkulturalität. In *Porno–Theo–Kolossal* offenbaren sich transkulturelle Aspekte von Pasolinis Gesellschaftsbild insbesondere gegen Drehbuchende im III. Schlusskapitel, das in Ur als Wiege der Zivilisation angesiedelt ist, in dessen verdichteter Bildlichkeit: Ur erscheint hier als Endstation und zugleich Vorparadies auf Erden, d. h. als eine hybride Übergangs- bzw. Transitzone, die weder eindeutig dem Planeten Erde in geologischer, physikalischer und materieller Hinsicht noch den rein hypothetischen himmlischen Sphären eines vermeintlichen Jenseits nach dem Tod zugeordnet werden kann.

Zu Kapitelbeginn fungiert Ur als ein Sammelbecken und Schmelztiegel, in dem sich verschiedene Nationalitäten und Kulturen treffen und vermischen, die Flugreisenden sowohl ankommen als auch stranden, sich Religionen, verschiedene Ethnien und somit auch Sprachen und Kulturen vermengen, zusammentun und voneinander abgrenzen. Die Fahrt zum Ziel der beiden Helden – die durch die Parodie, als die *Porno–Theo–Kolossal* durch und durch konzipiert ist, ebenso gut als klassische Antihelden taugen – wird sie nie zu ihrem eigentlichen Reiseziel führen. Ob sie überhaupt je den Weg in das «Hotel Continental» gefunden haben, bleibt ebenso ungewiss, wie ob sie in den Himmel kommen, der wider Erwarten kein strukturiertes Jenseits und kein wirklich greifbarer, erreichbarer Ort ist, dessen Epifanio und Nunzio im Reich der Toten sinnlich oder übersinnlich habhaft werden könnten. Leben und Tod zerfließen im Kontinuum.

Utopie und Dystopie implodieren und vereinen sich somit zu einer indefiniten Gemengelage oder zu einer relativen, vagen Eutopie (d. h.

14 Vgl. Pasolini 1976, insb. S. 69–74.

‹normalen› Lage oder ausgewogenen Situation), der zufolge in Pasolinis Jenseits zwar sämtliche gesellschaftlich konforme Regeln und rationale Ordnungsprinzipien außer Kraft gesetzt sind, aber diese dennoch zu einem scheinbar akzeptablen ‹rechten› Ort zusammenschrumpfen, an dem sich irgendwie «irgendwas» ergeben wird. Auf diese Weise löst sich die Dialektik schließlich doch in einer Synthese, zumindest den Dramengesetzen eines Aristoteles gehorchend, denen zufolge die durch die Mimesis (pantomimische und sprachliche Nachahmung) der handelnden Figuren (bzw. Schauspieler) erzeugten Gefühle des Mitleidens und der Furcht am Ende eines jeden Theaterstücks – ob nun Komödie oder Tragödie – in jene gewünschte, reinigende und klärende Katharsis münden, die die Zuschauer:innen (bzw. die Leser:innen) am Ende erlöst und bereichert (oder zumindest nachdenklich) entlassen soll.

Pasolinis Hybriditätsentwurf in *Porno – Theo – Kolossal* skizziert nicht nur eine wünschenswerte transkulturelle Emanzipation auf ethnischer Ebene – gerade indem er auch deren Schwierigkeiten und Grenzen (wenn nicht gar deren partielle Unmöglichkeit) durch die Kriege und Befremdungen der verschiedenen Städter und Völker, die Epifanio und Nunzio während ihrer Reise kennenlernen, aufzeigt. Vielmehr setzt er sich – über die *race*-Kategorie hinaus – auch mit der Notwendigkeit eines Fortschritts auf den Ebenen von *class and gender* auseinander. So sind an der Stadtregierung von Sodom «jeweils ein Jahr lang eine Homosexuelle [...] im darauffolgenden Jahr ein Homosexueller» paritätisch beteiligt, heißt es, und: «An der Spitze der Stadt Sodom steht eine Frau» – jedenfalls während Epifanio und Nunzio Sodom besuchen. Aber Pasolini zeigt auch das Scheitern der Demokratie, Genderpolitik und des Sozialismus spätestens im *Numantia*-Kapitel schonungslos auf, wobei die Grundannahmen und Textgrundlagen des *corsaro* in einem hohen Maße nicht nur die Textstruktur und Textintention von *Porno – Theo – Kolossal* bestimmen, sondern auch die Wortwahl, die Pasolini trifft. Dabei ist zu beachten, dass der Dichter, Dramaturg, Regisseur und Schriftsteller aus Bologna den Text, den die Leser:innen auf Deutsch in den Händen halten, ursprünglich nicht in dieser Form niedergeschrieben hatte, sondern auf Tonband – also akustisch – aufgenommen hat und dass er erst anschließend auf Papier transkribiert wurde.[15]

15 Näheres zur Werkgenese sowie zum Verhältnis von Mündlichkeit und Schriftlichkeit in *Porno – Theo – Kolossal* ist im bereits erwähnten Begleittext (Kap. 1) von Reinhold Zwick im vorliegenden Band zu finden.

2 Übersetzungsfragen: Sprache, Dialekt und Klanglandschaften

Wenden wir uns auf dieser Basis nun einigen zentralen Übersetzungsfragen zu, so stellt sich zunächst die Dialektfrage. Wie in Pasolinis erfolgreichem Romandebüt *Ragazzi di vita* (1955) – in dem viele Redepassagen in römischem Dialekt das unverformt-subkulturelle Milieu, den bescheiden-einfachen Lebensstil und die ursprünglich-archaische Gedanken- bzw. Gefühlswelt der Vorstadtjungen Roms und des in den *borgate* (dt.: Vororte) lebenden Subproletariats der 1950er-Jahre nicht nur widerspiegeln, sondern auch als eine spezifisch authentische, volkstümliche und realitätsnahe literarische *ergo* ästhetische Komponente fungieren – so kontrastiert der bolognesisch-friaulisch-römische Autor in *Porno–Theo–Kolossal* den römischen Dialekt (des Dieners Nunzio) mit der neapolitanischen Mundart (seines Herrn Epifanio). Die in den 1950er-Jahren – in denen der Film-Plot fiktiv beginnt – noch in der bäuerlichen Kultur des römischen Umlands stark verwurzelte, vitale, wenngleich in den städtischen Lebenskontexten (erst von Neapel, dann von Rom) wirtschaftlich abgehängte Atmosphäre birgt für Pasolini eine tiefe Wahrheit. Der ‹zwischen› Neapel und Rom ideell angelegte, indefinite Raum enthält nicht nur im Sinne seines gesamten Werks, sondern auch ganz spezifisch in *Porno–Theo–Kolossal* ein identitär binomisches, choreografisch nutzbares Potenzial: Dieses konstituiert ein essenzielles Grundelement sowohl von Pasolinis Filmidee als auch seines Treatmenttexts, der bis heute auf seine Umsetzung auf Celluloid wartet.

Dem aus Italiens Hauptstadt Rom stammenden Diener Nunzio legt Pasolini bereits im *Prolog* kurze, umgangssprachliche und aussagekräftige römische Dialektausdrücke in den Mund, deren mittel- bzw. norditalienischer Charakter sich kontrastiv von Epifanios ebenso expressivem südlich-neapolitanischem Zungenschlag abhebt. Mit Hilfe dieses linguistischen Stilmittels betont Pasolini das (heute noch stark ausgeprägte) Nord-Süd-Gefälle innerhalb Italiens, das seine zwei Antagonisten – Nunzio *versus* Epifanio – spannungsreich, implizit dekolonialistisch und auf verblüffende Weise komplementär personifizieren. Den aus Neapel stammenden ‹Herrn› Epifanio lässt Pasolini – in Analogie und gleichzeitiger Absetzung zu seinem römischen ‹Diener› Nunzio – ab Anfang des in Sodom angesiedelten Kapitels in einem relativ breiten süditalienischen bzw. neapolitanischen Dialekt etwas fragen und antworten, wodurch sich die antipodische, oft komödiantische Figurengestaltung im Laufe des Interaktions- und Handlungsverlaufs in ihrer ganzen performativen Variationsbreite und Unterhaltsamkeit entfalten kann.

Auf diesem dramaturgisch fruchtbar aufbereiteten Boden sollte im italienischen Originaltext (und im geplanten Film) ein polyphonischer Effekt entstehen, der alle Italiener zu erreichen und zu inkludieren beabsichtigte. Noch zu Lebzeiten Pasolinis begannen sich in den 1970er-Jahren Nord- und Süditaliener trotz einer national fehlenden, auf Konsensbasis noch nicht verbreiteten Standardsprache – die sich erst allmählich insbesondere dank des Siegeszugs des Fernsehens durchsetzen und etablieren konnte[16] – in der Alltagspraxis kulturell vorsichtig anzunähern bzw. miteinander ansatzweise zu verständigen. Wie nun aber diesen ebenso extensiv angelegten wie lebhaften, prall gefüllten und doch erst im Werden begriffenen dialektalen Resonanzraum aus dem Italienischen ins Deutsche ohne verflachende Akkulturation übersetzen?

Der bekannte Übersetzer Moshe Khan (geb. 1942) mit deutsch-italienisch-israelischen Wurzeln hat die Dialektfrage in der deutschen, homonymen, erstmals (erst) 1990 beim Berliner Wagenbach Verlag erschienenen Romanübersetzung von *Ragazzi di vita* so zu lösen versucht, dass er zunächst erwogen hat, die römischen Dialektpartien in einen Berliner Jargon zu übersetzen, dies dann aber offenbar wieder verworfen.[17] Er optierte schließlich für eine Art eigens entwickelte – wie Kahn selbst urteilt: «allgemein verständliche» – deutsche Phantasie-Mundart, wobei ihm Pasolinis «Kraftausdrücke [...] besonders problematisch» erschienen, da sie im Italienischen «zumeist im Bereich der männlichen Erotik oder der Religion», im Deutschen hingegen «im Umfeld des Analen» angesiedelt seien.[18]

Angesichts einer Textkomposition aus der Feder eines dialektal so geschulten wie sensiblen Poeten wie dem in Bologna geborenen, im Friaul aufgewachsenen und noch vor seinem dreißigsten Lebensjahr zusam-

---

16 1951 in Italien eingeführt, verbreitet sich das Fernsehmedium in den 1940er- bis 1970er-Jahren kaum und auch bis in die 1990er-Jahre nur zögerlich, bis sich ab Mitte der 1990er-Jahre die Frequenzen unter Silvio Berlusconis Regierung(en) sprunghaft vermehren, eine unbeschränkte Anzahl von Kanälen angeboten werden dürfen und die Nutzungsmöglichkeiten technisch personalisiert werden.

17 Vgl. Kahn 2009, S. 234.

18 Ebd.

men mit der Mutter nach Rom übergesiedelten Pasolini – der uns unter anderem eine (von Christian Filips ins Deutsche übertragene) wertvolle Sammlung von Gedichten im friaulischen Dialekt hinterlassen hat – räumt Moshe Kahn dennoch schlicht und unverhohlen ein, dass «die Möglichkeiten des Deutschen hier nicht ausreichen».[19]

Ein berühmtes anderes Beispiel für die Übersetzungsproblematik bezüglich dialektaler Mundarten in der italienischen Gegenwartsliteratur stellt der Fall von Andrea Camilleri (1925–2019) dar, der in seinen Kriminalgeschichten rund um den Kommissar Montalbano eine Kunstform diverser sizilianischer Dialekte, die er mit Italienisch, Latein und anderen Sprachen (insbesondere Spanisch und Französisch) sowie Neologismen vermischt, einsetzt. Camilleris Technik stellt seine Übersetzer:innen ins Deutsche vor ebenso grundlegende Translationsprobleme – zumal das Sizilianische darüber hinaus ja auch nicht einmal als italienischer Dialekt (wie das Römische oder Neapolitanische bei Pasolini), sondern als eine eigenständige Sprache gilt. Mit Camilleris Sizilianismen und transkulturellem Sprachgemisch haben sich viele Linguisten beschäftigt. Seine in den Serienromanen zum Commissario Montalbano verwendete Kunstsprache – das sogenannte *Vigatese* (d.h. die in der ausgedachten und Camilleris Geburtsstadt Porto Empedocle nachempfundenen sizilianischen Stadt *Vigata* gesprochene Sprache, die er seinen fiktiven Figuren in den Mund legt) – wurde in den deutschen (bislang 22) von Camilleri vorliegenden Titeln überwiegend ins normale Hochdeutsch übertragen. Diese Lösung kommt zwar der Leseverständlichkeit entgegen, hat aber auch einen entscheidenden, vielfach als problematisch diskutierten Verlust an Lokalkolorit, narratologischer Raffinesse und Ausdruckskraft zur Folge.

Während Camilleris Mischung von Dialekt und Hochsprache primär ein auf die Spitze getriebenes, äußerst nuancenreiches, bewusst eingesetztes Stilmittel ist – bei der im Original das Italienische generell die Funktion des Informationstransfers übernimmt, während der Dialektgebrauch im Dienst der Vermittlung von Emotionen steht – und *per se* als rundweg unübersetzbar gilt, so macht die Übersetzungspraxis in diesem eklatanten Sizilien-bezogenen Fall mehr als deutlich, wie diffizil und delikat es allein wegen eines sich in der Zielsprache verselbstständigenden Verfremdungseffekts ist, Dialekte (im Italienischen) mit Dialekten (im Deutschen) zu übersetzen. Moshe Kahn hat auch

19 Ebd., S. 235.

fünf der Montalbano-Romane von Camilleri sowie dessen historischen Roman *Il re di Girgenti* (2001; dt.: *König Zosimo*, 2003) übersetzt. In letzterem kreiert Kahn innovative Übersetzungslösungen, indem er spanische mit deutschen Wörtern zu Neuschöpfungen verbindet, um die Zweisprachigkeit des – zum Teil mit deftigen und direkten dialektalen Ausdrücken garnierten – Originals im Deutschen beizubehalten und sie dem deutschen Leser zugleich verständlich zu machen. In den Montalbano-Romanen wird hingegen oft keine spezielle deutsche Entsprechung ge- oder erfunden, da es nicht möglich war, die ebenso faszinierend transkulturelle wie merkwürdig eingeschmolzene Mixtur all der verschiedenen Sprachen und Dialekte des Originals ins Deutsche adäquat reizvoll zu übertragen. Damit jedoch nicht zu viel sizilianisches Flair bei diesem multilingualen Kulturtransfer verlorengeht, hat Moshe Kahn hin und wieder in der deutschen Übersetzung vom Autor bewusst gesetzte, dialektale Äußerungen der Hauptperson sowie sizilianische Ausdrücke oder Flüche in deren originärer – wie auch immer italienisch binnendifferenzierter – Reinform stehen gelassen.

Um in *Porno-Theo-Kolossal* einen ähnlich bewahrenden, möglichst originalgetreuen Effekt zu erzielen, gleichzeitig den charakteristischen Tonfall und die Satzmelodie, die der ‹filmende Poet› Pasolini in diversen Szenen für die Schauspieler vorgesehen hatte, sowie die Stimmungen der Handlungssituationen, die er durch dialektale Rede hervorzuheben gedachte, so weit wie möglich zu erhalten, schließt sich die vorliegende Übersetzung jener Strategie an, die Moshe Kahn bereits bei der Titelübersetzung von Pasolinis Erstling angewendet hat. Kahn behielt den Titel von Pasolinis Rom-Roman aus dem Jahr 1955 auch 45 Jahre später für seine Übertragung ins Deutsche in seiner ursprünglichen Form – nämlich als *Ragazzi di vita* (1990) – bei und sorgte mit dieser originalgetreuen Titelgestaltung dafür, dass die Pasolini-typische Wendung *(Ragazzi di vita)*, die seinen ganzen Kosmos (wie in *Porno-Theo-Kolossal*) in drei Worten einfängt, zu einem feststehenden Begriff, ja einem Topos der zeitgenössischen italienischen Literatur, wenn nicht gar der Moderne an sich geworden ist.

Auch angesichts der Tatsache, dass die dialektalen Ausdrücke in *Porno-Theo-Kolossal* überschaubar und auf das Römische sowie Neapolitanische beschränkt bleiben, verfolgt die vorliegende Übersetzung von *Porno-Theo-Kolossal* somit die Strategie, diese im Haupttext vorlagengetreu zu konservieren, um die jeweilige Rolle der Figuren im Sinn Pasolinis zu typisieren und seine Geschichte so wenig wie möglich des ‹italienischen› Anstrichs auch atmosphärisch zu berauben. Ihre Übersetzung in die deutsche Umgangssprache, die ohne weitere dialektale Markierung in der Zielsprache auskommt, wird aber in Fußnoten – die auf der gleichen Seite platziert sind, sodass die Leser:innen mühelos und schnell Zugriff auf sie haben – geliefert.

Auf diese Weise soll nicht nur übersetzungstechnisch eine zu große Distanz zum Ursprungstext vermieden werden. Vielmehr ist zu hoffen, dass die wenigen aber prägnanten Sätze, die Epifanio und Nunzio ungefiltert und kolloquial auf Neapolitanisch bzw. Römisch in direkter Rede in der literarischen Fassung von Pasolinis *Porno – Theo – Kolossal*-Projekts untereinander austauschen, den komischen Effekt auf die Leser:innen auf diese Weise in unserer (auch sprachlich) zunehmend globalisierten Welt quasi ‹eins zu eins› übertragen. Obwohl jeder einzelne Dialekt in seinen spezifischen Aussprachen, ungewöhnlichen Tonalitäten und Klangfarben sowie in seinem ureigenen Ulk letztlich gewissermaßen eben unübersetzbar bleibt, so wirkt er doch gerade deshalb derartig frisch, bodenständig und kurzweilig, weil ihm etwas Vulgäres, Forsches und direkt aus dem Leben Gegriffenes, erfrischend Konkretes anhaftet. Indem die italienische Ausgangssprache – die gerade in den dialektalen Sprachfetzen, die die zwei Anti-Helden in *Porno – Theo – Kolossal* einander zuwerfen – in einem authentischen, dem Volk-aufs-Maul-geschauten Duktus konserviert werden, besteht insbesondere auch die Hoffnung, dass der von Pasolini erzeugte *Soundscape* – wie der kanadische Komponist, Umweltmusiker und Musikpädagoge Raymond Murray Schafer[20] (1933–2021) sich ausdrückt – in seiner Kohärenz zum Titel und Thema des vorliegenden Werks am ehesten konserviert bzw. vermittelt werden kann.

Pasolinis dialektaler Schlagabtausch, den sich das subversive, dialektisch konzipierte Herr-Knecht-Duo hegelscher Prägung liefert, kommt tatsächlich – von Nunzios Gesangseinlagen und dem musikalisch durchgängig unterlegten Schlusskapitel *Ur* unterstrichen – dem von Schafer beschriebenen ‹Musik auf Papier›-Effekt *(music on paper)* gleich. In der von uns verwendeten Werk- und Druckvorlage aus der Mailänder *Meridiani*-Reihe von 2001 weist das auf insgesamt 56 reinen Textseiten[21] in italienischer Sprache publizierte Drehbuch Pasolinis allerdings nur an 15 Stellen eindeutig als dialektal zu identifizierende – und somit Pasoli-

---

20 Vgl. Schafers zusammenfassendes Schlüsselwerk *The Soundscape* (Schafer 1993).

21 Vgl. Pasolini 2001, S. 2697–2753.

nis dialektischen, antipodischen Figurenkonstruktion zwischen Epifanio und Nunzio dienende – direkte umgangssprachliche Reden auf.

Dabei handelt es sich um nie mehr als einzeilige Passagen, meist sogar nur um aus ein paar wenigen, kurzen Wörtern bestehende Einwürfe, die oft nur eine halbe Zeile lang sind. Erst im Schlusskapitel *Ur* häufen sie sich leicht: Hier sind 9 der insg. 15 dialektalen Partien zu finden, die sich in *Ur* auf nur 8 von insg. 56 Buchseiten in proportional deutlicher Überzahl zusammendrängen,[22] um sich erst jetzt – am Ende des Stücks (bzw. Films) angelangt – zu echten kleinen Mini-Dialogen zu entwickeln, zu kondensieren und zu steigern. Sehr wahrscheinlich wäre bei der Realisierung des Films den beiden Hauptrollen ein höherer auch dialektaler Redeanteil zugefallen,[23] doch in der erhaltenen (diesbezüglich noch provisorischen) schriftlichen Grundstruktur hatte Pasolini ihnen einen solchen nicht zugedacht, sondern zunächst nur ein rudimentäres Crescendo im (noch) eher wortkargen Austausch der beiden so unterschiedlichen, einander anfangs grundlegend ‹fremden›, ja entgegengesetzten Italiener entworfen. Sie sollten in ihrer Verbundenheit und Solidarität im Laufe der Geschichte erst zusammenwachsen müssen, um am Ende in der dialogischen Reinform vollkommen auf sich selbst zurückgeworfen und in ihrer zwar eigentümlich kontingenten, aber einer ‹Vorsehung› oder Bestimmung zuordenbaren Zweisamkeit und gehorchenden Einheit zum ‹Miteinander-Auskommen› bis in die Ewigkeit aufeinander angewiesen zu sein.

Im Zuge dieser stilistischen Klimax verleihen die pointierten, trockenen, witzigen und kurzweiligen Wortwechsel der beiden Pasolinis ohnehin von poetischem Bewusstsein getragener Sprache ein klangliches Gepräge, das dem Drehbuch eben jenes von Schafer hervorgehobene Prinzip der Wesensgleichheit der Künste – welches die Musik in Synergie mit der Lyrik und Erzählkunst setzt – einschreibt. Das in der realen Lebenswelt (durch Epifanios und Nunzios Verständigung *qua* Dialekt) verhaftete phonische Volumen eröffnet den Leser:innen von *Porno-Theo-Kolossal* wiederum Zugang zum Absoluten und erhält somit *in toto* eine zentrale Bedeutung. Der von Pasolini solchermaßen

22 Vgl. ebd., S. 2747–2753.

23 Vgl. hierzu Pasolinis Bemerkung bezüglich der noch fehlenden und am FIlmset vom Schauspieler Eduardo De Filippo evtl. zu improvisierenden Dialogpartien, die Pasolinis Brief vom 24.9.1975 an Eduardo De Filippo (etwa in: Cerami/Sesti 2006, S. 147) dokumentiert. Dieser Brief wird auch im vorliegenden Buch im Begleittext (Kap. 1) von Reinhold Zwick auf Deutsch vorgestellt und analysiert.

kunstvoll kreierte und programmatisch geöffnete Echoraum erfüllt hier texttheoretisch eine relevante hermeneutische Funktion, die sich literarhistorisch in der zweiten Hälfte des 20. Jahrhunderts generell noch verstärkt hat und somit heute auf buchstäblich ‹offene› Ohren stoßen dürfte, hat doch die literarische Kommunikation seit der Entstehung von *Porno – Theo – Kolossal* zunehmend transmediale Züge angenommen. Schon bei Pasolini ist dieser Medienmix eine Schlüsselkomponente seiner Werkidee, denn auch im *Porno – Theo – Kolossal*-Projekt sollte der Klang (neben dem Bildmedium) einen (innerhalb des Textverlaufs zunehmend) signifikanten Beitrag zur Sinnerzeugung leisten.

Nicht ohne Grund wächst der anfängliche, diffuse Lärmpegel – für die Filmzuschauer:innen sollte er im *Prolog* durch ein abstraktes, technisch möglichst realitätsnah zu imitierendes, sachte näher kommendes Stimmengewirr kompakt wahrnehmbar werden – nach Nunzios und Epifanios verstreuten Musik- sowie weiterer Liedereinlagen in *Ur* schließlich zu einer «immer komischer und zugleich geheimnisvoller und surrealer» werdenden Musik an. Vorgesehen war hier am Ende des von Pasolini geplanten Films «ein durchgehend musikalischer Kontinuo-Kommentar», den sich die heutigen Drehbuchleser:innen als eine harmonische musikalische Unterlegung vorstellen dürften. Diese Steigerung vom anfänglichen Durcheinander und Chaos zu einer musikalischen, sphärischen Ordnung am Schluss lässt Hoffnung auf Harmonie aufkeimen. Epifanio blickt am Ende mit Wohlwollen auf das (nunmehr wieder, wie in der Eröffnungsszene, aus einer gewissen Entfernung an den Protagonisten und an die Zuschauer:innen herangetragene) Chaos der Erde. Hier ist er nun von Stille umgeben, von einem menschenleeren Raum, in dem jedoch jener medidativ vorstellbare «musikalische Kontinuo-Kommentar» den Protagonisten stabilisieren und die uneindeutige, wie in der Schwebe stillstehende Atmosphäre tragen, stützen und bekräftigen soll.

Epifanios anfängliche Unruhe und Anspannung, die sich in seiner Jagd nach dem Kometen und den vielen von ihm durchlebten lebensbedrohlichen, gewaltdurchtränkten, unerhörten Ereignissen im Laufe seiner Reise ausdrücken, lösen sich in *Ur* – dem emblematischen *Ur*sprungsland – in der stillen Akzeptanz des Protagonisten auf. Der rastlos Suchende findet langsam zu einer kontemplativen Ruhe und Einkehr, während sich auch beim Zuschauer ein nüchterner Eindruck des Angekommen-Seins einstellen kann. Gewissermaßen haben sich Epifanios Leben und Streben erfüllt, wenngleich nicht wie erwartet: Es empfängt ihn kein christliches Himmelreich, aber auch keine Abrechnung, Verdammnis oder Bestrafung und kein jüngstes Gericht (wie noch in Dantes freilich ebenfalls komödiantisch gedachter, doch weltanschaulich dem mittelalterlichen Denken verhafteter Darstellung der Hölle). Vielmehr gleicht dieses kosmische ‹Nichts›, in das Epifanio und Nunzio wie im Märchen emporzusteigen scheinen, eher einem buddhistischen Nirwana, das die Protagonisten umhüllt, doch auch das wohl nicht *ad ultimo*.

Denn Epifanios Erlösung im Jenseits entspricht auch posthum nicht dem absoluten Erreichen von einem Endziel des Lebens als Zustand völliger Ruhe und Wunschlosigkeit. Sicher löst sich sein symbolischer, Don Quijotesker ‹Kampf gegen Windmühlen› und gegen die unglaublichsten Widrigkeiten des Diesseits zu einem gewissen Grad kathartisch in diesem nebulösen Jenseits auf. Doch auch nach dem Tod bleibt ihm die Banalität «des Pinkelns im Weltenraum» nicht erspart. Es bleibt also noch etwas zu tun, die Frage *was* jedoch zu tun bleibe, offen. Fast wirkt es so, als habe Pasolini dem Leser die philosophisch unlösbare Frage, ob und dass auch ein ‹Nichts› ein ‹Etwas› sei, künstlerisch ‹übersetzt› vor Augen führen wollen. Bezeichnenderweise ist dieser Irrwitz erneut auf der 56. und letzten Seite des italienischen Drehbuchs[24] in Form eines finalen Frage- und Antwortspiels zwischen ‹Herr und Diener› in direkter Rede und in der jeweils charakteristischen, *ur*tümlichen Mundart wiedergegeben. Die Protagonisten haben das letzte Wort, wobei sich ihre Rolle verkehrt: Nun stellt Epifanio – im irdischen Dasein ein stolzer, gebildeter, südländischer *signore* – seinem Diener ratlos die Frage aller Fragen («Tjaaaaaa … und jetzt?») im süditalienischen (d.h. vermeintlich auf den subalternen Süden verweisende) Neapolitanisch. Und der Diener aus Rom (das vermeintliche Machtzentrum Italiens personifizierend bzw. die Rolle Roms als *Caput Mundi*, einstiger ‹Nabel der Welt› und weltbekannte Hauptstadt Italiens unterstreichend) – rebellisch wie er war und allwissend wie er als Engel geworden ist – antwortet geduldig in breitem Römisch mit der pragmatischen Erklärung, dass es nun einmal kein «Ende» gäbe und «irgendwas» schon geschehen werde.

Das ist der selbstironische Schluss, den der Intellektuelle Pasolini am Ende dieses modernen Epos bzw. «Poems», wie er sein Werk im Drehbuch ebenso programmatisch wie autoreflexiv umschreibt, d.h. auch am Ende dieses ungewöhnlichen und ‹abgehobenen› Lebensberichts (mit ausbleibender Theodizee) dem Leser auf den Weg gibt, ja als *Pasoli-*

24 Vgl. Pasolini 2001, S. 2753.

nis letztes Filmprojekt,[25] d. h. als spirituelles Testament der Leserschaft in dessen ‹unvollendeter Vollkommenheit› hinterlässt. Von Pasolinis hinlänglich bekannten Dekolonialisierungsstrategien abgesehen, verfolgen die punktuellen Dialektisierungen in *Porno – Theo – Kolossal* in Wahrheit die Absicht, die Leser:innen auf sich selbst zurückzuverweisen und uns gleichzeitig dazu anzuregen, über das Fremde ‹in uns selbst›, das Julia Kristeva so treffend im Titel *Fremde sind wir uns selbst* (2001; frz.: *Étrangers à nous-mêmes*, 2001)[26] zugespitzt hat, nachzudenken.

Was die Frage der Dialektübersetzung betrifft, so ist es jenseits dieser in den Text installierten urbanen und atmosphärischen Klanglandschaften abschließend wichtig darauf hinzuweisen, dass Pasolini in *Porno – Theo – Kolossal* die dialektalen Dialoge zwischen dem ‹Herrn› (Epifanio) und dem ‹Diener› (Nunzio) nicht nur dafür nutzt, um – ähnlich wie es Camilleri mit seiner Figur des Kommissars Montalbano handhabt – die individuellen Eigenheiten seiner miteinander untrennbar verbundenen Protagonisten hervorzuheben. Vielmehr beabsichtigt Pasolini darüber hinaus, die Rollenverhältnisse durch die unterschiedlichen Dialektaleinschübe in ihrer hierarchisch aufoktroyierten Konstruiertheit voneinander abzusetzen, sichtbar zu machen und sie konterminierend mit einer soziologischen Rahmenanalyse zu verweben, wodurch eine dezidiert politisch konnotierte, philosophisch auf die marxistische Kritik verweisende Tiefenstruktur entsteht.

Mehr als um eine folkloristische, ethnische oder lokale Akzentuierung geht es Pasolini bei der dialektischen Gegenüberstellung seiner beiden männlichen Hauptfiguren somit um die Materialisierung, ja das Ausleben seiner Vorstellung von einer Gegenkultur *qua* Rolle: Obwohl Epifanio und Nunzio nach althergebrachten Fünfziger-Jahre-Vorstellungen noch dezidiert unterschiedlichen Klassen angehören, so sind sie in ihrer Schicksalsgemeinschaft doch in einem modernen, schon fast postmodernen Verständnis miteinander soweit fast ‹verbrüdert›, dass sich die Klassenunterschiede nivellieren oder im menschlichen, oft komisch aufgemischten Kontakt und Austausch angleichen und am Ende gar – schließlich und endlich im Jenseits angekommen – im Nichts auflösen.

---

25 Mit der Wendung *Pasolinis letztes Filmprojekt* beziehe ich mich hier und im Folgenden auf den Untertitel unserer vorliegenden Publikation (*Porno – Theo – Kolossal. Pasolinis letztes Filmprojekt* […]), dessen implizite These im Begleittext (Kap. 1) von Reinhold Zwick ausführlich dokumentiert und begründet wird.

26 Kristeva 2001.

3 Agnition, Toponymik und Anachronismen

Diese Wirkung des Solidargemeinschaftlichen bzw. des (letztlich) Zusammengehörens – bei aller Unterschiedlichkeit exemplarisch dargestellt anhand der zwei charakterlich als grundlegend verschieden, zunächst antithetisch konzipierten Protagonisten – wird durch den Agnitionseffekt verstärkt, der das gesamte Skript durchzieht. Auch hier stellt der Ausgangstext den Übersetzungsprozess vor ein Problem. Stöbern wir noch etwas tiefer im Instrumentenkasten für Literaturübersetzungen, so stolpert der Rezipient des italienischen Originals an insgesamt vier Schlüsselstellen über den von Pasolini benutzen Ausdruck der *agnizione*, zu Deutsch wörtlich: ‹Agnition› (dt. etwa: Erkennung, Wieder- oder Anerkennung).

Während dieser Ausdruck im Deutschen tendenziell ein nicht so übliches Fremdwort ist, das den wenigsten Leser:innen auf Anhieb eine klare Vorstellung davon vermitteln dürfte, was genau gemeint ist, so ist das italienische Lexem *agnizione* (lat.: *agnitio* < *agnoscere, agnitus*) im poetischen aber auch allgemeineren Sprachgebrauch in Italien verbreiteter und insgesamt gebräuchlicher als im Deutschen. Das für italienische Ohren somit vertrauter klingende Substantiv beschreibt den Effekt eines ‹Aha-Erlebnisses› bzw. das unerwartete Wiedererkennen der Identität einzelner Personen in außergewöhnlichen Situationen. Im literaturwissenschaftlichen Kontext gilt die Agnition als literarischer Topos, der häufig im klassischen Theater Anwendung findet, wenn eine oder mehrere Figuren die bis dato unbekannte Identität ihres Gegenübers entdecken bzw. feststellen (eben: ‹erkennen›) und sich dadurch die komplexen, miteinander verflochtenen Einzelheiten eines Handlungsstrangs (oft erst gegen Ende eines Stücks) auflösen und den Leser:innen (bzw. Zuschauer:innen) logisch erschließen.

Pasolini verwendet den Begriff der *agnizione* konsequent und unverändert in den folgenden vier Schlüsselszenen, die er jedes Mal mit dem gleichen – im Deutschen (‹Agnition›) eher trocken und gestelzt klingenden – Wort markiert. Dieser in jedem der vier Kapitel (d. h. mit jeder Reiseetappe bzw. jedem Ortswechsel) eintretende Effekt wurde im deutschen Text insofern nachgeahmt, dass *agnizione* – des leichteren, möglichst bedeutungsnahen Leseflusses und -verständnisses wegen – im *Sodom*-Kapitel einführend mit ‹Erkennungsritus› übersetzt wurde. Der vier Mal wiederholte und dadurch unterstrichene Wahrnehmungsvorgang im Drehbuch war dem norditalienischen Regisseur und Autor deshalb wichtig, weil die *agnizione* nicht nur wiederholte Male ein lebendiges, vertrautes Heimatgefühl in seiner fiktiven neapolitanischen Hauptfigur «Epifanio» auslöst – ein Name (dt. wörtlich: ‹Erscheinung›), übrigens, der sich im Zusammenhang des Phänomens einer ‹Wiedererkennung› nicht ohne Grund vom Fest der ‹Erscheinung des Herrn› (altgriechisch: Epiphanias) d. h. vom Dreikönigsfest am 6. Januar ableitet. Vielmehr impliziert das Lexem der *agnizione* auch eine Abstraktionsleistung, die die dramaturgisch raffiniert in das Treatment eingewobene Entfaltung eines Begriffs, Konzepts und einer kognitiven Identifizierung mit dem ‹Anderen› – der (oder: das) als Eigenes begriffen wird – ermöglicht. Damit plakatiert der Text jenseits der konkret aufbereiteten Figurenwelt eine noch weitaus tiefer reichende, allgemeinere, potenziell immer mögliche Identifikation oder Komplizenschaft mit einem Gesprächspartner, ‹Landsmann› oder Seelenverwandten bzw. ein ‹Erkennen› kultureller Identität – in Absetzung zur persönlichen Identität *sensu stricto* – mittels des (oder: eines) Fremden. Mit Hilfe der Agnitionsszenen bzw. des wiederholten ‹Erkennungsritus› will Pasolinis Filmprojekt sein Publikum somit an eine eigen- und fremdwahrnehmende, philosophische und selbstreflexive ‹Erkenntnis› heranführen.

Werfen wir einen noch genaueren Blick auf die von Pasolini für seinen Film anvisierte Handlungsebene und die mit ihr verbundenen Ortsangaben, um das transkulturelle – nämlich bei allen Gewaltdarstellungen indirekt pazifistisch ausgerichtete – Momentum der ‹Erkennung› zu erfassen, das ihm so sehr am Herzen lag, dass er es nicht weniger als vier Mal leitmotivisch in jeweils unterschiedlichen Umgebungen variiert und wiederholt. Zunächst trifft Epifanio – der eingangs im *Prolog* als der Inbegriff eines gebildeten ‹Herrn› (d. h. des Bildungsbürgertums) und wissenden Gelehrten aus Neapel (d. h. als angesehener Südländer) charakterisiert wird – gleich zu Beginn des *Sodom*-Kapitels (bzw. 1. Kapitels) nach der Straßenbahnfahrt durch die Stadt (im Film: Rom) auf seine erste neapolitanische Identifikationsfigur, als er mit Nunzio eine Postkarte nach Hause schreiben und versenden möchte. Dieser erste ‹andere› Neapolitaner, den das auswärtige Duo von ‹Herr und Diener› in einem «Schreibwarengeschäft» – das als typisch italienisches Tabakwarengeschäft beschrieben wird – trifft und kennenlernt, ist ein Straßenmusiker, der schon lange in Sodom (*alias* Rom) lebt. Letzterer bewährt sich im Zuge dieses 1. Kapitels als Prototypus eines *Cicerone*, d. h. als ein «sympathischer» Fremdenführer, der (auf der Erzählebene) die beiden Ortsfremden Epifanio und Nunzio (und damit auch den Leser) mit Sodom vertraut macht und sie in die (mehr als ungewöhnlichen, zunächst befremdlichen und dann gesteigert anstoßerregenden) Sitten und Gebräuche dieser Stadt einführt. Auf struktureller, narratologischer, sehr wohl aber auch inhaltlich-thematischer Ebene bildet diese Figur des ‹wiedererkannten Neapolitaners› ein Pendant zum dantesken ‹Vergil› der *Göttlichen Komödie*, der die Hauptfigur Epifanio (wie auf der *histoire*-Ebene Dantes Ich-Figur selbst und auf der rezeptionstheoretischen Metaebene letztlich den Leser) durch die ‹Hölle› von Pasolinis ersten Raum-, Stadt- und Staatsentwurf führt.

Der «Erkennungsritus» wiederholt sich sogleich im nun folgenden 2. Kapitel, das Pasolini in Gomorra (im Film: Mailand) ansiedelt. Dieses Mal hat der ‹wiedererkannte Neapolitaner› einen Eigennamen – er heißt «Gennaro»,[27] wie Pasolini in einer Fußnote anmerkt – und trifft im Mailänder Bahnhof auf die zwei Reisenden. Gennaro hält sich in Gomorra als Schmuggler und Schwarzwarenhändler über Wasser und gibt eher eine kleinkriminelle, halbseidene und etwas zwielichtige Unterweltsgestalt ab, die insofern auf Epifanio nicht mehr uneingeschränkt hilfreich und seelenverwandt wirkt, weil sie nicht rein freundschaftlich agiert, sondern auch wirtschaftlich intentioniert auftritt, latent eher bedrohlich wirkt und somit leicht phantastische (d.h. unheimliche) Züge annimmt.

Dem steht im 3. Kapitel über *Numantia*, das sich vor den Kulissen eines faschistischen Heerlagers bzw. Militärs abspielt, Epifanios drittes ‹zweites Ich› gegenüber: Hier betritt der Lager-Koch namens «Totonno» die Szenerie, der gleich zu Kapitelbeginn sehr positiv als «der übliche neapolitanische Engel» und als «der gute neapolitanische Stern» in den Regieanweisungen angekündigt wird. In seiner Funktion als (magische) Helfer- und Rettergestalt (Vladimir Propps Figurenklassifizierung weiterhin folgend)[28] ist seine Erscheinung deutlich märchenhafter als die des «Gennaro» und weist durch die Namensgebung («Totonno») auf eine mögliche Totò-Reminiszenz[29] bzw. eine eindeutig komische, heitere

27 Der in Neapel besonders populäre Vorname ‹Gennaro› leitet sich vom Monat Januar (ital.: ‹gennaio›) ab, was sich zur Identität Epifanios – dessen Name auf das Dreikönigsfest am 6. Januar verweist – geradezu komplementär verhält.

28 Vgl. Propp 1972.

29 Totò (1898–1967), mit bürgerlichem Namen Antonio de Curtis, war ein aus Neapel stammender und in Rom verstorbener, als ‹Prinz der Lacher› *(principe della risata)* in Italien sehr populärer und bekannter Komiker, Theater- und Filmschauspieler. Als Filmikone und Symbolfigur des komödiantischen Genres war seine Beliebtheit in Italien etwa vergleichbar mit der eines Charlie Chaplin (1889–1977) in Großbritannien und den USA oder eines Heinz Erhardt (1909–1979) bzw. später Loriot (1923–2011; *alias* Vicco von Bülow) in Deutschland.

Note hin, die die Schwere der drohenden Deportation in ein Konzentrationslager geschickt aufhellt und die über Leben und Tod entscheidende, an die Gräueltaten des 2. Weltkriegs erinnernde Kriegsszenerie stimmungsbezogen zumindest im Duktus auffängt bzw. kompensiert.

Zu guter Letzt lernen die zwei in Neapel aufgebrochenen Nomaden Epifanio und Nunzio zum vierten und abschließenden Mal nochmals einen «neuen Neapolitaner» in der Wüste des fernen Morgenlands im Schlusskapitel *Ur* (4. Kapitel) kennen. Er ist der Fahrer, der die zwei Heilsuchenden vom Flughafen zum «Hotel Continental» fahren soll, in Wirklichkeit sich aber als ein gemeiner Dieb erweist: Er stiehlt Epifanios Krippe, die der Magierkönig als Geschenk für Jesus wie seinen eigenen Augapfel gehütet und in ein geheimnisvolles Bündel geschnürt stets bei sich geführt hatte. In ihm müssen die beiden nach vielen Odysseen und unerhörten, potenziell traumatischen Erlebnissen bereits sichtlich ermatteten Weltreisenden statt eines vermeintlichen Freundes und ‹Grußes aus dem Vaterland› einen Betrüger ‹erkennen›: Denn diese – wiederum wie im 1. Kapitel *(Sodom)* – namenlose Figur lässt seine Fahrgäste nachts in der Wüste im Stich, der Mann flieht, und die beiden Ortsunkundigen müssen sich allein nach Ur-Stadt durchschlagen.

So schließt sich der Kreis nach dieser letzten Manifestation des hier als «Erkennungsritus» umschriebenen Rituals der Wiedererkennung, Begrüßung und Verbrüderung in einem – wie anfangs – anonymisierten, namenlosen menschlich-unmenschlichen Kontext sowie einem enthobenen, keinem realen Drehort mehr zugeordneten Ambiente. Es spiegelt die ganze Ernüchterung, die am Ende des (auch toponymisch unklaren) *Ur*-Kapitels die beiden Protagonisten im angeblichen Jenseits ‹irgendwo im Nirgendwo› erwartet, wider: Von der lebensweltlich real wirkenden, quirligen und lauten Anfangsszene in Neapel *(Prolog)*, über das ins Surreale überleitende, zwar dantesk inspirierte, aber weiterhin von Massenszenen durchzogene *Sodom*-Kapitel (1. Kapitel) entführt Pasolini seine zukünftigen Filmzuschauer:innen in sich zunehmend überhöhende, abstrakter werdende Grenzsituationen. Weiter geht es nämlich über die anschließende, phantastisch konnotierte und noch ebenso Action reiche *Gomorra*-Etappe (2. Kapitel) sowie die vor einer grotesk-skurrilen und verschiedene Völker transkulturell durchmischenden Belagerungsszenerie stattfindende, doch ins Märchenhafte gehobene *Numantia*-Episode (3. Kapitel) schließlich hin zur absurden, gleichsam ‹himmlischen› Sphäre bzw. Endstation in *Ur* (4. Kapitel). Mit diesem breit aufgestellten Tableau wollte der dramaturgisch versierte

Regisseur, ehemalige Student der Kunstgeschichte und die längste Zeit seines Lebens in Rom ansässige, gebürtige Bolognese die turbulenten Triebkräfte im Menschen und die im Alltag oft transkulturell – die Menschen und Völker sowohl vereinenden als auch spaltenden – verschütteten Geheimnisse des Lebens *in nuce* einfangen.

Während Pasolinis Konzept der *agnizione* und seiner filmischen Vision statt auf terminologisch präziser, vielmehr paraphrasierend erklärender Weise in diesen besagten vier Schlüsselszenen versucht worden ist, translatorisch Rechnung zu tragen, haben wir sowohl im Fuß- als auch im Endnotenapparat alle italienischen sowie fremdländischen, auf realen geografischen Daten und historisch bedeutsamen Lokalitäten beruhenden Ortsangaben, Städte- und/oder Straßennamen – ebenso wie mit ihnen verbundene ortsübliche Usancen, Sitten und Gebräuche in Italien – sofern systemisch relevant erklärt. Auch wenn das Italianisieren fremdartiger Ortsnamen wie Sodom, Gomorra, Numantia und Ur durch die filmische Location bzw. Drehortbestimmung in Italien, Europa und dem entlegeneren Vorderasien (d.h. durch deren jeweilige Filmset-Verlagerung in die Städte Rom, Mailand, Paris sowie nach Nahost) einem innerhalb von Pasolinis Gesamtwerk bekannten Procedere der Ortsdoppelung folgt (z.B. in *Der heilige Paulus*),[30] so bleiben trotzdem angesichts des unvollendet gebliebenen Werkcharakters von *Porno–Theo–Kolossal* einige Unsicherheiten oder Fragen im Licht der Ortsnamenforschung offen. Dies ist etwa bei der Benennung des römischen Stadions «Torino» der Fall, dessen Toponym sich den Leser:innen nicht wirklich nachvollziehbar erklärt und worauf im kritischen Endnotenapparat aufmerksam gemacht wird.

Eine letzte technische Übersetzungsfrage stellt sich angesichts nicht mehr zeitgemäßer bzw. heute als politisch unkorrekt geltender Ausdrücke oder auch als heute – unbeabsichtigter Weise – ‹historisch› wirkender Requisiten im Drehbuch auf der Zeitebene, nachdem diejenigen auf der Figuren- (Agnition) und Raumebene (Toponymik) gelöst sind. Dieses Mal geht es um die Übersetzung von Anachronismen: Betrachten wir zunächst die lexikalische Ebene im Bereich der – auch semiotisch sehr aufschlussreichen – Sprache der Mode. Paradigmatisch ist etwa die Szene von *Sodom*, in der sich unerlaubterweise eine «blitzartige Liebesgeschichte» zwischen einem jungen blonden Mann und einer hübschen Brünetten entspinnt, die sich in einen «Garten» oder in ein

30 Pasolini wendet eine analoge Ortsdoppelung u.a. in seinem ebenfalls nicht realisierten Filmdrehbuch *Der heilige Paulus* an (vgl. Pasolini 2007).

«Haus» zurückziehen, wo sie sich körperlich näherkommen und er ihr die «Unterhose» auszieht.

Pasolini benutzt im Original die Vokabel ‹mutande› im Zusammenhang der jungen Frau, ein Wort, das in mehreren anderen komischen bis lächerlichen Situationen des Drehbuchs wiederauftaucht, in denen sich einige männliche Figuren – zuweilen mit dem Beigeschmack der Herabwürdigung verbunden – wiederfinden. Das wird am Drehbuchende besonders augenfällig, als die beiden Protagonisten im Flughafen einschlafen, in dieser wehrlosen Situation von «zwei arabischen jungen Männern in Bluejeans» bis auf die «Unterhosen» entkleidet werden und so nun zur Dakota-Maschine eilen. Dort stellen sie fest, dass auch alle anderen männlichen Passagiere nur ein «Handtuch», das ihre Hüften verhüllt, tragen, fast als verwandelten oder multiplizierten sich die von Pasolini im Original durch Kursivsatz unterstrichenen «*Unterhosen*» («*mutande*») der zwei Hauptpersonen – in Analogie zum Lendenschurz der Figur Christi am Kreuz – in die vielen spärlichen, nur die Geschlechtsteile und das Gesäß bedeckenden Bekleidungsstücke sämtlicher Männer im Flugzeug.

In einer Zeit wie der heutigen – erst recht im Modeland Italien –, in der jeder ‹moderne› Mann weiß, was eine Multifunktionsjacke oder ein Polohemd ist und wodurch sich Flipflops von Sneakern oder Slippern unterscheiden, und zeitgemäß von einem Sakko, Blazer oder vielleicht noch einer Anzugsjacke, aber nicht mehr von einem ‹Jackett› (wie noch in den frühen 1970er-Jahren zu Pasolinis Lebzeiten) spricht –, kurzum: in einem heute verfassten Text hätte in der anfangs erwähnten «Romeo und Julia»-Szene, wie sie Pasolini selber definiert, der junge Mann wohl der jungen Frau eher einen ‹Slip›, ‹String›, ‹Tanga› o.Ä. – je nachdem – ausgezogen. Das Modebewusstsein hat sich heute auch in der deutschen Sprache längst verfeinert, ausdifferenziert und verselbstständigt, sodass die Übersetzungsentscheidung weder zugunsten eines ‹Schlüpfers›, von dem die fiktive ‹Julia› in den 1950er-Jahren, in denen die Szene angesiedelt ist, selbst evtl. noch hätte sprechen können, noch für einen ‹Slip› oder ein ‹Höschen›, wie man heute aus Erzählerperspektive etwa sagen könnte, ausfiel. Vielmehr lag die Wortwahl für die «Unterhose» nach längerer Überlegung deshalb auf der Hand, weil Pasolini sich selbst stilistisch auch für diesen ‹Unisex›-Ausdruck im Italienischen entschieden hat.

An solchen Stellen stoßen Übersetzungsbemühungen, die sich möglichst nah am Original zu bleiben vornehmen, nicht nur auf der konkreten lexikalischen Ebene, sondern auch auf der Bedeutungs- oder Metaebene stellenweise an anachronistisch bedingte Grenzen. Die fiktive Ansiedlung der Filmszene im Sodom der 1950er-Jahre lag für Pasolini schließlich nur zwanzig Jahre zurück, für die heutigen Leser:innen aber wird eine Welt evoziert, von der uns ein Zeitraum von über siebzig Jahren trennt, in denen sich nicht nur sowohl die italienische Ausgangs- als auch die deutsche Zielsprache, sondern auch überhaupt die Denkart der Leser:innen stark verändert hat. Das liegt (nicht nur mit Blick auf diese in *Sodom* beschriebene Drehbuchstelle) u.a. daran, dass sich in den westlich-industrialisierten Gesellschaften des 3. Jahrtausends einerseits ein zunehmend nomadischer, transkultureller Lebensstil (gemäß der «way of life»-Begrifflichkeit des deutschen Philosophen Wolfgang Welsch)[31] durchsetzt und andererseits aber auch vom spätkapitalistischen Konsumismus – unter dessen Oberbegriff eben auch die Modebranche größtenteils fällt – seelisch ausgezehrte, ja ausgehöhlte Lebensaspekte deutlicher abzeichnen.

Die Herausforderung der Übersetzung bleibt es, in diesen hybriden Zusammensetzungen und angesichts dieser für die heutigen Leser:innen nicht immer eindeutigen bzw. eingängigen Zwischentöne und Schattierungen passende Äquivalente zu finden, um den richtigen Zeitgeist zu treffen. Dies ist deshalb nicht unwichtig, weil die Wortwahl – uns derzeit durch die Debatte rund um das sprachliche Gendern oder Nicht-Gendern geläufig – nicht nur Fakten (im Sinn von sozialen Lebensbedingungen) schafft, sondern die Basis – auch bei einem ins Deutsche übersetzten Text wie unserem – bildet für gemeinschaftliche Belange, Wertvorstellungen und ethisch motivierte Konsensmöglichkeiten.

Mochte sich Pasolini noch während des Heißen Herbsts in Italien – während der sogenannten *anni di piombo* (dt.: Bleierne Jahre) – unmittelbar gegen die Effekte der Wirtschaftswunderjahre, die sein Film doch so scharf zu kritisieren beabsichtigt, auflehnen, so denken wir ein halbes Jahrhundert später zwar weiterhin, aber auch etwas anders über die Interdependenz von Politik und Moral nach. Wenn etwa in Deutschland das Bundesverfassungsgericht 2021 das Klimaschutzgesetz – das ohnehin schon versucht, den von Pasolini vehement kritisierten konsumistischen Lebenstil sowie die Verschwendung und Zerstörung des Menschen auch im Zeichen eines neuen Generationenvertrag einzuschränken – als nicht weitreichend genug erklärt, so ist die Begründung neu: nämlich, dass die Freiheit des Einzelnen nicht so weit reichen dürfe, dass die Zukunft kommender Generationen beschnitten oder

31 Vgl. Welsch 1999, S. 198; sowie weiterführend: Reichardt 2006, S. 35.

gar verhindert würde. Sie weist uns darauf hin, dass es neben (uneingeschränkter) Freiheit noch andere Werte gibt, während Pasolini die Forderung nach Freiheit noch weitaus radikaler auslegt und absoluter formuliert. Die eigentliche Frage ist stets, um *welche* Werte es sich handelt: im Beispiel des Klimaschutzgesetzes etwa, dass wir eine bewohnbare Erde hinterlassen, also dass die Freiheit des Einzelnen dort aufhört, wo ein anderer Mensch durch sie Schaden nimmt.

In *Porno – Theo – Kolossal* ist eine grundsätzliche, deutliche Setzung moralischer Werte in den drei Hauptszenarien herauszulesen, die sich dem Leser im Zwischenraum der Rahmenhandlung präsentieren, wobei letztere am Anfang vom *Prolog* und am Ende vom Schlusskapitel *Ur* vorgegeben ist: Was sich in *Sodom, Gomorra* und *Numantia* abspielt, ist insgesamt ethisch verwerflich. Die absolutistische, diktatorische, autokratische Vorgabe eines bestimmten Sexualverhaltens – ob ausschließlich homosexuell (wie in *Sodom*) oder ausschließlich heterosexuell (wie in *Gomorra*) *qua* Verdikt – endet in so exzessiven und bestialischen Massenorgien, dass Menschen deshalb getötet werden (‹müssen›) und sich würdelos, hedonistisch, egoistisch oder wie Tiere verhalten bzw. sich in ihren Untergang flüchten (‹müssen›). Dies ist – so die zu erwartende, direkte Reaktion seitens der Leser:innen – inakzeptabel *ergo* unmoralisch. In *Numantia* spitzt sich Pasolinis Gewaltkritik dann sowohl ideologisch (Faschismus vs. Sozialismus) als auch militärisch noch fataler zu: Ein faschistisches Heer belagert die sozialistische Stadt Numantia. Hier herrscht der Belagerungszustand, der eigentlich ein (vorübergehender) *Ausnahmezustand* bzw. *Stato di eccezione* – gemäß Giorgio Agambens Begrifflichkeit, die er im Laufe seines neunbändigen Hauptwerks *Homo Sacer* entwickelt[32] – im Rahmen einer kriegerischen Auseinandersetzung sein sollte (und kein Dauerzustand). Dieser *Ausnahmezustand*

32 Vgl. Agamben 2004 (ital. Original: *Stato di eccezione. Homo sacer II.1*, Torino, 2003). Der zeitgenössische römische, neo-marxistische Philosoph Giorgio Agamben unterhielt während seines Jurastudiums an der La Sapienza Università di Roma in den 1960er-Jahren – wie auch zu der damals in Rom lebenden Ingeborg Bachmann, zu Alberto Moravia, Sandro Penna oder Elsa Morante – freundschaftliche Beziehungen zu Pasolini, unter dessen Regie er 1964 die Rolle des Apostels Philippus in Pasolinis Film IL VANGELO SECONDO MATTEO (1964; dt.: DAS 1. EVANGELIUM – MATTHÄUS) übernommen hatte, bevor er an den vom deutschen Philosophen Martin Heidegger (1889–1976) 1966 sowie 1968 abgehaltenen Sommerseminaren zur Philosophie Heraklits und Hegels in der französischen Provence teilnahm und diesen dort noch persönlich kennenlernte. Heideggers (auf Hegel zurückgehender) ästhetischer Ansatz wie auch der Dialektische Materialismus deutscher Prägung flossen in Agambens Erstlingswerk (*L'uomo senza contenuto*, 1970) entscheidend ein.

bringt den existenziellen Wert des nackten Lebens (*la nuda vita* im Sinn von Agambens *Homo sacer*)[33] bar jeder Überhöhung in seinem Kern und seiner extremen Reduktion besonders deutlich zum Vorschein.

Bei Pasolini scheint dieser Kriegszustand jedoch – in all seiner Fragwürdigkeit – wie der Zeit enthoben zu herrschen (ist dies nun eine moderne «gigantische Metropole» wie «Paris» oder eine «mythische» Stadt wie «Numantia», und befinden wir uns noch Mitte der 1970er-Jahre wie in *Gomorra* oder geht es jetzt in *Numantia* um den Faschismus während des Zweiten Weltkriegs?) und dadurch permanent anzuhalten, so als gäbe es keine Lösung, keine Hoffnung auf einen (diplomatischen) Ausweg und bald wieder Frieden (was eigentlich der anzustrebende Normalzustand wäre), sondern ein grundsätzliches Problem. Die Episode endet im Desaster und in der kulturellen Selbstauslöschung durch kollektiven Suizid bzw. freiwilligen Auto-Genozid. Alle zivilisatorischen Errungenschaften der Stadt Numantia zerfließen in einer Blutspur: Eine über lange Zeitspannen hinweg gewachsene Gesellschaft geht vor unser aller Augen unter und stirbt.

Gegen das Ungerechtigkeitsgefühl, das sich angesichts eines solchen Verlusts beim Leser regt, versucht *Porno–Theo–Kolossal* sowohl mit kruder Gegengewalt (auf der *histoire*-Ebene) als auch mit leisen Zwischentönen (auf der *discours*-Ebene) anzuhalten: In allen drei wertezentrierten Hauptkapiteln *(Sodom, Gomorra* und *Numantia)*, die den Verfall ethischer Maßstäbe illustrieren, weist Pasolini mit Hilfe von Massenauftritten und -szenen – d. h. unter Rekurs auf die filmischen Mittel, die das Kolossal-Format ihm auf inhaltlichem und ästhetischem Niveau bietet (wie im nun folgenden Unterkapitel 4 zu sehen ist) – darauf hin, dass diese Art vernichtender Dekadenz aufgehalten werden müsse. Jeder Zuschauer, der solch eine Überfrachtung körperlichen Leids und menschlichen Unrechts auf einer übergroßen Kinoleinwand vorgeführt bekäme, sollte einsehen, dass die mit der kapitalistischen und

---

33 Vgl. Agamben 2002, S. 11 (ital. Original: *Homo sacer I. Il potere sovrano e la nuda vita*, Torino, 1995). Tatsächlich setzt Agambens zentrale These im Eröffnungsband seiner *Homo sacer*-Reihe, an der er 1995–2015 schrieb – nach Aristotelischem Vorbild – eine rechtsstaatlich d. h. gesetzlich verordnete Spaltung der menschlichen Identität in ein sozialpolitisch d. h. gesellschaftlich definiertes Wesen *(bíos politikós)* einerseits und in das ‹bloße Leben› *(nuda vita)* andererseits voraus. Es wäre ein lohnendes Unterfangen, diese Unterscheidung sowie allgemein Agambens philosophischen Ansatz auf Pasolinis Werk anzuwenden bzw. *Porno–Theo–Kolossal* vor dem Hintergrund der Theorie Agambens extensiver gegenzulesen als das hier getan werden kann, um Pasolinis Denkebenen – wie etwa hier im Kontext des *Numantia*-Kapitels – systematisch weiter aufzuschließen bzw. zu ordnen.

konsumistischen Idee einhergehende Profitgier, Hedonik, Verletzung der Menschenrechte sowie das rücksichtslose Ausleben eines Strebens nach Sinnenlust und Genuss durch die dauerhafte individuelle Befriedigung des physischen und psychischen Lusttriebs niemals ein wahres privates – und erst recht kein kollektives – kultiviertes Glück auf Erden würden bedeuten können. Dieser Habitus ist vielmehr – so scheint Pasolini durch die Kolossaleinstellungen (bzw. im Drehbuch durch die textlichen Darstellungen der Menschenmengen und Volksansammlungen) zwischen jenen Bildern (oder Zeilen) ausdrücken zu wollen, die er als *Stimme des Volkes* inszeniert hat, indem er eine seit den 1970er-Jahren literaturwissenschaftlich als ‹klassisch› erkannte Erzähltechnik filmisch umzusetzen gedachte[34] – *massiv* verachtenswert.

Dessen ungeachtet deckt das genauso rasante wie auch aporetische Ende von *Porno–Theo–Kolossal*, das Pasolini in der letzten musikuntermalten Szene durch das langsame Ausblenden der menschlichen Existenz Epifanios – nun nur mehr «Seele» – und durch die wundersame Metamorphose des Nunzio – der sich am Ende in eine ihn begleitende Engelsgestalt verwandelt, nun nur mehr «ein wirklicher, wahrhaftiger Engel des Herrn» – auf die Leinwand bannen wollte, am Ende keinen explizit alternativen, wirklichen Wert auf und gibt den Leser:innen auch keine Anhaltspunkte, die für ein hoffnungsfrohes Leben nach dem Tod sprechen. Vielmehr überwiegt – in Pasolinis Abschluss der Rahmenhandlung – ein ebenso komischer wie stoischer (bis fatalistischer) Schlussakkord in der einzigen Gewissheit, dass «irgendwas» geschehen wird: «Qualche cosa succederà.»[35] Das Leben der zwei Hauptaktanten im Drehbuch endet im Ungewissen, so wie es auch in der Wissenschaft – schließlich wird Epifanio dank seiner Beschäftigung mit «astrologischen Studien und kabbalistischen Deutungen», die ihn zum «Magierkönig» machen, im *Prolog* auch als Experte der «Prophezeiung» vom «Tag der Ankündigung der Geburt des Messias» vorgestellt – keine letzte Wahrheit gibt, sondern sich vielmehr unendlich viele, immer wieder neue Erkenntnisse ablösen.

Immerhin haben wir heute aber die Hoffnung und Möglichkeit, die Probleme eines neoliberalen Zeitalters – die Pasolini keineswegs mit einen Wirtschaftsboom im positiven Sinn assoziierte, sondern vielmehr

34 Zu einer der literaturwissenschaftlichen Schlüsselschriften der Romanistik gilt in diesem Zusammenhang Wido Hempels 1974 erschienene Analyse der Darstellung von Menschenmengen im historischen Roman *I promessi sposi* von Alessandro Manzoni (vgl. Hempel 1974).

35 Pasolini 2001, S. 2753.

als einem unheilvollen ‹Raubtierkapitalismus› geschuldet ansah, den er herannahen sah und als eine verderbliche, auf die Menschheit zukommende Gefahr erkannte – durch eine Zusammenführung im Kleinen friedlich voranzubringen. Im Sinn der Verstärkung transdisziplinärer Kooperationen zeichnet sich auf diesem Weg u.a. ab, dass etwa Synergieeffekte von Ökologie und Ökonomie einen neuen übergeordneten ‹Wert› darstellen könnten, den es zu verteidigen lohnt. Der deutsche Soziologe und Sozialpsychologe Harald Welzer bringt die Problematik, dass «wie der Kapitalismus im Moment wirtschaftet, [...] er seine eigenen Voraussetzungen»[36] aufzehrt, auf eine leicht verständliche und für das 21. Jahrhundert wegweisend aktualisierte Formel: «Die soziale Frage und die ökologische Frage müssen gleichzeitig angegangen werden.»[37]

Welzers Forderung nach einem «‹ökologischen Marx› im 21. Jahrhundert»[38] mag auch heute noch auf den ersten Blick einer Quadratur des Kreises gleichkommen, in Wirklichkeit trifft sie jedoch den Nerv der Vision Pasolinis rund fünfzig Jahre vor Welzer insofern recht genau, dass sich auch Pasolini eine solche *ante litteram* vorstellte. Wie Welzer ausführt, zeigt sich heute angesichts der Klimafrage deutlicher denn je, dass die Menschheit als Solidargemeinschaft dringend «ein anderes Naturverhältnis»[39] zu Umweltfragen und Naturschutz etablieren muss. Nichts anderes symbolisieren die Abenteuer der zwei Protagonisten von *Porno – Theo – Kolossal*, die einen irrsinnigen, abstrusen Ritt auf dem Vulkan hinter sich bringen (müssen): Die ‹verrückte› Geschichte der Zwei deckt mittels ihrer Odyssee durch die unsichtbaren doch wirkungsmächtigen Wirren der Fünfziger-Jahre-Gesellschaft nach dem II. Weltkrieg im – dann in den 1960er- und 1970er-Jahren zunehmend – zur Industriemacht aufsteigenden Italien die hier spezifisch herrschenden sozialen Missstände ebenso auf wie die zu Lebzeiten Pasolinis weiterhin bestehenden, längst noch nicht bereinigten, von Pasolini als zutiefst verstörend empfundenen allgemeinen Defizite der westlichen Kulturgesellschaften. Damals wie heute bedürfen diese – das legen nicht zuletzt die narratologischen Funktionen der Agnition und Toponymik sowie die Translationsproblematik der Anachronismen in *Porno – Theo – Kolossal* frei – einer grundständigen, normativen Transformation.

36 Reichardt 2021.

37 Ebd.

38 Ebd.

39 Ebd.

4 Was heißt hier «Kolossal»?

Pasolini entdeckt ab 1960 zunehmend das Kino als ein kongeniales Ausdrucksmittel, das seiner Neugier auf stilistische Erkundungsreisen und seinem Bedürfnis nach einem unmittelbaren sozialkritischen Mitteilungsbedürfnis visuell, künstlerisch und medial ausgesprochen entgegenkommt.[40] Als handwerklich-technischen Ausgangspunkt von *Porno – Theo – Kolossal* dürfen wir insofern einen vorrangig cineastischen – nicht primär schriftstellerischen oder publizistischen, d.h. poetischen, romanhaften bzw. hoch theoretischen, philosophischen oder informatorisch-dokumentarischen – Grundgedanken annehmen. Mit seinem als ‹letztes› deklarierten Filmprojekt wollte Pasolini vielmehr die Hochphase seiner Kinowerke (evtl. vorläufig) beenden, um dann zu neuen Ufern aufzubrechen.[41] Vielleicht hätte sich dieser einfallsreiche, überdurchschnittlich produktive und motivierte sowie vielseitig begabte, ebenso energische wie hochsensible Intellektueller nach *Porno – Theo – Kolossal* der Literatur (er dichtete und schrieb Romane), bildenden Kunst (er malte auch und war kunstaffin) oder der Musik (er schrieb auch Liedertexte) bzw. – ganz anders – entweder verstärkt dem Journalismus und politischen Aktivismus oder einer ausgefalleneren, spezifischen und für ihn neuen Kunstsparte oder einem anderen besonderen Interesse, das nicht mehr zur Entfaltung kam, bzw. einem neuen Medium oder Medienmix als Nächstes zugewandt. Auf jeden Fall spürte Pasolini in dieser Umbruchsphase, dass er in *Porno – Theo – Kolossal* noch einmal seine filmische Schaffenskraft bündeln, konzentrieren, vorantreiben und ebenso umfassend wie konzise zusammenbringen wollte.

Greifen wir also abschließend aus den Beständen der Übersetzungskiste das Leinwandformat heraus, mit dem Pasolini gearbeitet hat, um dann auf die – aus dieser Wahl resultierenden – Effekte des Ambivalenten, der Ambiguität und der Humoreske näher einzugehen (Unterka-

---

40 Vgl. Pasolini 1976, S. XII.

41 Ob von einem retrospektiven, kritischen Standpunkt aus gesehen Pasolini seinen Vorsatz wirklich so rigoros umgesetzt und tatsächlich nie wieder einen Film nach *Porno – Theo – Kolossal* gedreht hätte, bleibt offen: Er wäre nicht der erste Künstler, der eine Entscheidung öffentlich ankündigt, die er später revidiert oder verworfen hätte. Insofern bleibt dieser Umstand zwar eine mögliche und historisch *de facto* untermauerbare Arbeitshypothese, aber letztlich als Absichtserklärung aus produktionsästhetischer, kreativ intentionaler Ich-Perspektive Pasolinis auf der Künstler- und Autorenebene mit einem Fragezeichen versehen: Hätte er länger gelebt, so hätte er sich möglicherweise später umentschieden.

pitel 5), bevor wir zu einer resümierenden Schlussfolgerung gelangen (Unterkapitel 6). Zur ästhetischen Konsequenz der Gattungszugehörigkeit sei vorweg bemerkt, dass sich die Wirkungen des Hybriden und Komödiantischen zwar einerseits aus Pasolinis cineastischer Genre- und Formatwahl ergeben, dass sie aber andererseits – in Ermangelung eines fertiggestellten Films, den wir anderenfalls an dieser Stelle besprechen würden – auch die textliche Begrifflichkeit, die der Regisseur im Drehbuch verwendet und die es ins Deutsche zu übersetzen galt, bedingen.

Gleich zu Beginn der Übersetzungsarbeit stellte sich schon beim Titel eine grundsätzliche Frage aus deutscher Sicht: Warum sollte Pasolini an dieser prominenten Stelle das deutsche Adjektiv ‹kolossal› benutzt haben? Im von uns verwendeten, gedruckten und in der prestigereichen Buchreihe *I Meridiani* erschienenen Originaltext von 2001 ist der Titel des Drehbuchs in Versalien gesetzt, sodass zwischen Groß- und Kleinschreibung nicht zu unterscheiden ist. In den Paratexten wird im Italienischen der Titel *Porno–Teo–Kolossal* oft mit großen Anfangsbuchstaben wiedergegeben und bekommt dadurch den Charakter von drei Eigennamen oder Disziplinen und somit etwas eigentümlich Thesenhaftes, Besonderes, fast ehrwürdig Hervorgehobenes oder jedenfalls auffällig ‹Großgeschriebenes›. Doch auch wenn man *Porno–teo–kolossal* schreiben würde, so hätte man – weil im Italienischen grundsätzlich die Kleinschreibung vorherrscht – daran nicht *ad hoc* zwischen Substantiven, Adjektiven oder Verben etc. unterscheiden können. Heißt der Titel im Deutschen dann nun also sinngemäß: *Theologischer kolossaler Porno* [*Pornofilm oder -geschichte*] oder *Theologisch-kolossaler Porno* [*Pornofilm oder -geschichte*] oder *Pornografisches theologisches Kolossalbild* [oder *Kolossalgemälde*], oder: *Pornografische theologische Kolossalordnung* [oder *Kolossalfigur* bzw. *-statue*], oder: *Pornografischer theologischer Kolossalfilm* [oder: *Kolossalbau* bzw. *-schinken*], oder, oder, oder …? Was für ein Filmgenre beabsichtigte Pasolini zu kreieren? Sinn machte am Ende eigentlich nur der *Pornografische theologische Kolossalfilm*, wobei auch die Variante bzw. (ausgeschriebene) Reihung von Genres *Pornofilm – Theologischer Film – Kolossalfilm* überzeugen kann.

Wir halten zunächst fest, dass der Titel ästhetisch betrachtet skizzenhaften Charakter hat und dem heutigen Leser nur bruchstückhafte Suggestivideen bzw. eine Assoziationskette vermittelt, die Pasolini – und sei es auch in Form stichwortartiger Kürzel – ob nun absichtlich oder unabsichtlich offengelassen hat. Vielleicht aber hat er diese ungewöhnlich verschlüsselte Titelbotschaft auch deshalb gewählt, weil ihr ein Rätsel, etwas eigentümlich Geheimnisvolles, etwas Undechiffrierbares und auf den ersten Blick Unergründliches anhaftet – schließlich wollte er das Geheimnis des Lebens, den Sinn unseres Daseins und die Bestimmung der menschlichen Existenz auf durchaus transzendenter Ebene mit seinem Werk thematisieren und auch dem Zuschauer (bzw. Leser) kommunizieren. Wir müssen sie *nolens volens* als endgültig und so gewollt unterstellen und verfolgen hier aus diesem Grund die Hypothese, dass die ausgeschriebene, produktionsästhetisch am wahrscheinlichsten und präziseste Titelvariante oder -interpretation der Formel *Pornofilm – Theologischer Film – Kolossalfilm* letztlich Pasolinis Titelverständnis inhaltlich am ehesten entsprach. Endgültig zu klären ist diese Annahme, was die Bedeutung des Titels betrifft, freilich nicht. Er bleibt somit tendenziell kryptisch oder zumindest sibyllinisch, was der italienischen Titelkreation *Porno – Teo – Kolossal* oder dem vorliegenden deutschen Pendant *Porno – Theo – Kolossal* einen zusätzlichen Wiedererkennungswert und einzigartigen Charme verleiht.

Wollen wir nun von der panoptischen Formel *Pornofilm – Theologischer Film – Kolossalfilm* ausgehen, mit der sich Pasolini scheinbar eine stilistische ‹Rundumsicht› bzw. Vermischung dieser drei Filmgenres vornahm, so sind die ersten zwei Begriffe *(Pornofilm* und *Theologischer Film)* zwar unter sich in dieser Kombination insofern aufsehenerregend, dass sie sich (gattungsspezifisch) zunächst auszuschließen scheinen und (sowohl ästhetisch als auch moralisch) unvereinbar wirken könnten, aber trotz ihrer Widersprüchlichkeit leicht verständlich, eingängig bzw. genretypisch und filmwissenschaftlich richtungsweisend einzuordnen sind. Was aber nun ein *Kolossalfilm* eigentlich ist und was man sich darunter vorzustellen bzw. sich Pasolini selber darunter vorgestellt hat, dürfte nicht jedem deutschen Leser auf Anhieb klar sein, denn weder erklärt Pasolini den Begriff noch gibt er richtungsweisende Vorbilder an, die ihm eine Orientierungshilfe gewesen wären. Er kommt nur im Titel und in einer einzigen Fußnote am Ende des Kapitels *Gomorra* vor, wird darin aber auch explizit hervorgehoben. Hier unterstreicht Pasolini *expressis verbis*: «Es sei daran erinnert, dass es sich um einen Film im ‹Kolossal›-Format handelt.»

Aus Übersetzungsperspektive – die immer auch die Bedeutungshoheit einschließt bzw. diese zu berücksichtigen hat und zuweilen in der Zielsprache mit steuert – handelt es sich, was die dritte (ungekürzte, terminologisch korrekte) Titelkomponente *Kolossalfilm* betrifft, allgemein gesagt um einen Fachbegriff, der, wenn überhaupt, dann wohl in erster Linie Leser:innen des italienischen Originaltexts, nicht aber denen der deutschen Übersetzung geläufig ist. Denn was im Italienischen ein Kolossalfilm ist, ist im Deutschen eher als Monumentalfilm bekannt: ein Film, nämlich, der große historische, biblische oder ähnliche Themen oft in Verbindung mit bunt durchmischten, spektakelfreudigen Massenszenen darstellt. Den Schlüsselbegriff *Kolossal* in Pasolinis Titel jedoch mit ‹Monumental› zu übersetzen und aus *Porno – Theo – Kolossal* im Deutschen kurzerhand den evtl. leichter verständlicheren Titel *Porno – Theo – Monumental* zu machen, hätte sich schon allein wegen eines – dem Übersetzer unzulässigen – konzeptuellen Eingriffs aus translatorischer Sicht verboten.

Durch eine solch eingreifende Akkulturationsmaßnahme wären ganz andere Filmwelten und ästhetische Herangehensweisen bereits *qua* Titel aufgerufen worden, die Pasolinis Projektidee verfälscht, verzerrt und in einen vollkommen anderen kulturellen Kontext – vorbei an des Autors Werkidee – verschoben hätten. Eine derartige Aneignung wäre allenfalls auf der Sekundärebene, z.B. in einem Dokumentarfilm posthum möglich, etwa wenn man Pasolini filmisch zitiert, wie es der deutsche Regisseur, Filmemacher und Oscar-Preisträger (1994, Bester Kurzfilm) Pepe Danquart in seinem Pasolini-Film VOR MIR DER SÜDEN (2020) erst kürzlich getan hat, keinesfalls jedoch, wenn man Pasolini übersetzt. Danquarts Film attestiert dem Werk von Pasolini weiterhin dessen Aktualität und Interesse auch für das deutsche Kino, das Filmgenre des Kolossalfilms aber ist vorrangig ein Erfolgsrezept für die italienische und US-amerikanische Filmindustrie geblieben.

Denn während die deutsche Filmgeschichte bislang weder ursächlich noch entscheidend kreativ in die Genese dieses Genres involviert bzw. an ihm beteiligt gewesen ist, so ist es die italienische umso mehr. Auf ganz selbstverständliche Weise bezieht sich Pasolini mit dem italienischen Substantiv ‹kolossal› – indem er sich die deutsche Schreibweise *kolossal* dieses deutsch-französischen Fachbegriffs zu eigen macht und nicht die (evtl. reicher an Sozialprestige und Internationalität) französische *colossal* mit ‹C› – auf das gleichnamige Filmformat, das in der Kinofachsprache mit mehreren Filmgenres – insbesondere mit religiösen, historischen, mythologischen, bald auch kriegerischen, melodramatischen oder abenteuerlichen Filminhalten – assoziiert wird. Während im Deutschen der Terminus eines ‹Monumentalfilms› allgemein gebräuchlich ist, rekurriert man auch bei uns zuweilen auf das Synonym eines ‹Kolossalfilms›. In Italien findet der Begriff eines *kolossal*-Films (ital.: *il kolossal*) sowohl als filmwissenschaftlicher *terminus technicus* als auch in der Medien- und Feuilleton-Sprache bis heute breite Verwendung für hochpreisige, finanz-, produktions- und schauspielerintensive Kinoproduktionen. Meist dient er zudem der Bezeichnung von Filmen, die von aufwändigen Werbekampagnen begleitet und mit besonderen sogenannten *special effects* ausgestattet sind, d.h. die auf Massenerfolge mit vornehmlich spektakulärer visueller Wirkung (und z.T. mit Überlänge) abzielen.

Da Pasolini der Kommerzialisierung jedweder Kultur jedoch prinzipiell skeptisch gegenüberstand, dürfte sein Entschluss, einen (im italienischen Sinn) ‹*kolossal*› – wie der Italiener sagt – zu drehen, primär ein (im deutschen Sinn) *kolossal* künstlerisches Konzept anvisiert haben, mit dem er nicht nur durch die paradoxe Verbindung einer pornografischen mit einer theologischen Thematik Aufsehen erregen und die Medien provozieren wollte. Vielmehr schien er seine erste, seit 1955 (dem Jahr, in dem er an seinem ersten Drehbuch für Luis Trenkers FLUCHT IN DIE DOLOMITEN mit schrieb) bzw. 1961 (nachdem sein erster Film ACCATTONE in die Kinos kam) andauernde, äußerst produktive und arbeitsintensive filmkünstlerische Schaffensphase durch einen werktreuen doch auch konzilianteren ‹Gegenfilm› zum vorangegangenen Skandalstreifen DIE 120 TAGE VON SODOM (ital.: SALÒ O LE 120 GIORNATE DI SODOMA, 1975) mit einem entsprechend ‹kolossalen› Paukenschlag abrunden zu wollen. Dass er dabei an einen Kolossalfilm gedacht hat, ist aus kulturwissenschaftlicher Sicht aus dem Grund wenig verwunderlich, weil die italienische Filmindustrie und -kultur in der Erfolgsgeschichte des Monumentalfilmgenres – wenngleich das wenig bekannt ist – faktisch eine fundamentale Rolle gespielt hat. Diesen Aufstieg des Kolossalfilms hat der in der Cinecittà-Filmhochburg Rom lebende und agierende Pasolini zeitlebens (durch Fernsehen, Kino, Presse und Medien) miterlebt, ihn mit Sicherheit (auch in Hinblick auf seine eigenen Filmprojekte) aufmerksam verfolgt und dessen Ästhetik von Kindsbeinen an zumindest ebenso gut, wenn nicht zunächst besser gekannt als die des Neorealistischen Films (ab 1943).

Auch wenn der Begriff des Kolossalfilms erstmals für Filmkritiken des US-Streifens HELL'S ANGELS (1930; dt.: HÖLLENFLIEGER) unter der Regie von Howard Hughes (1905–1976) proaktiv medial bemüht worden ist, gilt heute allgemein der italienische Film CABIRIA (1914) rückwirkend als erster großer *kolossal* der Filmgeschichte.[42] Dieses 1913 frei nach der Romanvorlage von Gustave Flauberts *Salambo* (1862) gedrehte histori-

42 Vgl. Silvestri 1981, S. 149.

sche Filmepos führte viele technische sowie multimediale Neuerungen ein und legte den Grundstein für alle weiteren Monumentalfilme, sodass wir hier kurz auf dessen filmhistorische Bedeutung eingehen, um auf dieser Basis Pasolinis ‹italienisches› *kolossal*-Verständnis in einem zweiten Schritt präziser kontextualisieren, einordnen und durchdringen zu können. Bemerkenswerterweise wurde, um dem Werk CABIRIA die größtmögliche Kunstfertigkeit zu garantieren, für diesen Stummfilm ein damals so namhafter Schriftsteller-Star wie Gabriele D'Annunzio (1863–1938) engagiert, der nicht nur die Bildunterschriften verfasste, sondern auch vorab einen strategisch platzierten, die nationale Aufmerksamkeit erregenden Artikel im *Corriere della Sera* (18.4.1914) am Tag der zwei zeitgleichen Premieren in Turin und Mailand (am 18.4.1914) veröffentlichte. Der Komponist Ildebrando Pizzetti – der die den Film eröffnende, elfminütige *Sinfonia del fuoco* (dt. etwa: Feuersymphonie) beisteuerte, die von auf die Leinwand projizierten Flammen begleitet wurde (im Film geht es um die imperiale Eroberung Karthagos seitens der Römer) – und dessen Schüler Manlio Mazza schrieben erstmals in der Filmgeschichte eine eigene, zeitgemäße orchestrale Filmmusik, die eigens auf CABIRIA zugeschnitten war, d.h. erstmals einen veritablen ‹Soundtrack›. Sie wurde damals noch live vor Ort wie bei einer Oper – mit 40-köpfigem Orchester und 80 Choristen besetzt – aufgeführt, nachdem an das Saalpublikum vorab ein entsprechendes Libretto verteilt worden war.[43]

Den Cast schmückten die hochkarätigsten Schauspielernamen der Zeit (Italia Almirante Manzini, Lidia Quarante, Umberto Mozzato). Vor allem aber war der CABIRIA-Regisseur und Produzent Giovanni Pastrone (1883–1959), der auch als Schriftsteller und Schauspieler noch zu Stummfilmzeiten in Erscheinung trat, ein geschäftstüchtiger ehemaliger Ingenieur, der viele richtungsweisende, «sensationelle»[44] technische Neuerungen einführte: eine dreidimensionale Szenerie (statt gemalter Kulissen), Außendrehs (hier: vor Ort in den Alpen, auf Sizilien und in Tunesien), die gezielte Erzeugung von Lichtkunsteffekten sowie einen neuartigen, von Pastrone selbst erfundenen und zwei Jahre zuvor patentierten Kamerawagen, der seitdem in keinem Hollywood-Studio mehr fehlen sollte.

Diese für den ersten *kolossal* der Filmgeschichte generierte Aufnahmetechnik glich einem Geniestreich, denn die Kamera war durch die Verlagerung auf einen Wagen (ital.: *carrello*; engl.: *dolly*) nicht mehr

43 Für weitere technische Details zum Film Cabiria vgl. Pescetelli 2022.

44 Krusche/Labenski 1973, S. 42.

notwendig fest mit dem Boden verbunden, sondern wurde als fahrbares Stativ auf eine mobile Fläche fixiert, was ruckfreie, weiche Kamerafahrten (die sogenannte *carrellata*) ermöglichte. Auf diese Weise konnte sich die Filmkamera erstmals frei zwischen den Schauspielern bewegen, von Fernaufnahmen nahtlos auf Nahaufnahmen umschalten, ohne dass ein Schnitt notwendig war, und aus der Bewegung heraus filmen, was dem Zuschauer eine besondere Tiefe des Raums vermittelte. Diese innovative Technik befreite die aufstrebende Kinoindustrie endgültig von der Konkurrenz des Theaters und verhalf CABIRIA zu einem großartigen Erfolg in den westlichen Lichtspielhäusern von Rom über Paris bis nach New York, wo der Film monatelang (in New York, auf eine 16-mm-Kopie reduziert, sogar ein Jahr lang) in den Kinos als Erstaufführung lief. Pastrones Erfindungen bzw. Verbreitung diverser Filmtechniken haben neue Maßstäbe gesetzt: Nachdem der äußerst produktive und einflussreiche amerikanische Filmregisseur David W. Griffith in den USA Pastrones Techniken der Kameraführung übernommen hatte, sprach man – wie Aussagen von Alfred Hitchcock belegen[45] – selbst auf englischsprachigen Sets von ‹Cabiria-Aufnahmen› (engl.: *Cabiria shots* oder *Cabiria movements*), die später von Regisseuren wie Miklós Jancsó oder Martin Scorsese aufgegriffen und zu persönlichen Film-Handschriften so weit verfeinert wurden, dass bis heute mit dem von Pastrone anlässlich des weltweit ersten Kolossalfilms CABIRIA eingeführten Dolly gedreht wird.

Pasolini war 1957 in die sowohl inhaltlich als auch filmisch von CABIRIA völlig unabhängige, doch auf den gleichen Frauennamen rekurrierende Filmproduktion von LE NOTTI DI CABIRIA (1957, dt.: DIE NÄCHTE DER CABIRIA) des späteren DOLCE VITA-Regisseurs Federico Fellini (1920–1992) eingebunden, da Pasolini (u. a. an der Seite von Ennio Flaiano) am Drehbuch mitgearbeitet und für die Dialoge im römischen Dialekt verantwortlich gezeichnet hat. Filmgeschichtlich sowie kulturtheoretisch ist aber Pastrones CABIRIA nicht nur deswegen für *Porno – Theo – Kolossal* zweifellos signifikanter als Fellinis Werk, weil diese Produktion ein ur-eigenes, originär italienisches – d. h. auch der italienischen Mentalität in vielen Punkten (Geselligkeit, Volkstümlichkeit und -nähe, Kontakt- und Lebensfreude, Wertschätzung von familiären Banden, Gruppenzusammenhalt und sozialem Miteinander etc.) sehr affines – Genre ins Leben gerufen hat und sich viele der späteren Kolossal- oder Monumentalfilme (insbesondere die sogenannten San-

45 Vgl. Pescetelli 2022.

dalenfilme, ital.: *Peplum*, engl.: *sword and sandal*) vor dem historischen Hintergrund des Römischen Reichs abspielen. Vielmehr liegt es nah, dass Pasolini den ‹italienischen Ursprung› und Beitrag zur Erfolgsgeschichte der in sich breit gefächerten, international bekannten Gattung des *kolossal*, die heute noch in den USA als ambitionierter *Epic film* Kasse macht, in seinem provisorischen Filmtitel auch deshalb betonen wollte, weil ihm daran gelegen war, einer vermeintlichen neokolonialistischen Fremdaneignung oder gar (in seinen Augen) unlauteren feindlichen Übernahme dieser Filmgattung durch Hollywood (zumindest symbolisch) entgegenzuwirken und eine solche möglichst zu verhindern.

Filmwissenschaftlich gesehen war es für Pasolini von der synkretistischen Vorlage, die CABIRIA – sowohl mit Elementen aus der Literatur als auch aus dem Theater, Schauspiel, der Oper, (antiken) Geschichte, der (modernen) Technik und dem Reservoir der damals vorhandenen Möglichkeiten des Films jonglierend – in Szene setzt, auch methodisch nur ein kleiner Schritt hin zu den kreativen, rekodierten Synergien, die er sich in *Porno-Theo-Kolossal* im Titel herzustellen vornahm.[46] Denn von Pasolinis politischen Modernisierungsansprüchen einmal abgesehen muss ihm CABIRIA nicht nur als Film *per se*, sondern auch seine filmgeschichtliche Bedeutung bekannt und bewusst gewesen sein. Schließlich verging spätestens seit er sich zunehmend in Cinecittà sowie der italienischen Schauspieler- und Kinowelt bewegte und sich auf das Filmmedium in den 1960er-Jahren festgelegt hatte,[47] d.h. ab seinem Filmerstling ACCATTONE (1961) kaum ein Jahr, ohne dass er einen, wenn nicht gar zwei oder drei Filme in die italienischen Kinos brachte – eine Gepflogenheit, die er mit insgesamt 23 signifikanten Filmtiteln bis zu seinem Tod fortgesetzt hat.

Pasolinis Nähe zum Kolossalfilm erklärt sich somit zunächst durch die mittels CABIRIA etablierte Grundidee vom Film als ein transmediales Gesamtkunstwerk, als ein hybrides Genre, das zwischen visueller Poesie, musikalischer Suggestivität, aufsehenerregender Optik und opernhafter Theatralik hin und her wechselt und dadurch neue ‹dritte Räume› aufschließt. Auch die Grenzen überschreitende, ein Weltkino in Betracht ziehende transkulturelle Geschichte dieses Genres und dessen bis heute anhaltende Erfolgsgeschichte müssen Pasolini schon damals

46 Zu den spezifischen autobiografischen Hintergründen bzgl. des filmischen «Stilmix», den Pasolini vor Augen hatte, sowie Näheres zu einer alternativ gewichteten Interpretation von Pasolinis Werktitel vgl. den Begleittext (Kap. 5) von Reinhold Zwick im vorliegenden Band.

47 Vgl. Pasolini 1976, S. XII.

in ihren Bann gezogen haben: Bereits vor Giovanni Pastrones CABIRIA von 1914 kommen die ersten historischen Filmtitel dieser Art, Anfang des 20. Jahrhunderts zur Zeit des Stummfilms in Italien auf (QUO VADIS? von Enrico Guazzoni, 1913; DIE LETZTEN TAGE VON POMPEJI von Mario Caserini und Eleuterio Rodolfi, 1913), bevor sich in den USA insbesondere David W. Griffith (THE BIRTH OF A NATION, 1915; sowie: INTOLERANCE, 1916; u.v.a.m.) von CABIRIA inspirieren ließ. In Deutschland kann erst etwa METROPOLIS (1927) von Fritz Lang als ein früher, ebenfalls künstlerisch wegweisende Akzente setzender Science-Fiction-Kolossalfilm gelten oder der spätere, bekannte Streifen über MÜNCHHAUSEN (1943) von Josef von Báky. Als moderne Kolossalfilme – nach Pasolinis Tod – werden zuweilen noch heute Produktionen wie die STAR-WARS-Saga (ab 1977), die HERR-DER-RINGE-Trilogie (2001–2003) oder die TITANIC- (z. B. 1997), KINGDOM-OF-HEAVEN- (2005) und die HARRY-POTTER-Filme (2001–2011) – bzw. Filmfolgen – bezeichnet. Pasolinis selbsternanntes *letztes* Filmprojekt wollte an die Anfänge des italienischen Films anschließen, diese wiederbeleben und sie zugleich – ein halbes Jahrhundert später – auch in Verbindung mit den gesellschaftskritischen und spirituellen Aspirationen des Verfassers selbst revolutionieren, d. h. (völlig) um-, weiter- und neu schreiben.

Was den translatorischen Hintergrund betrifft, bleibt zuletzt zu klären, warum Pasolini im Titel nicht die der italienischen Sprache stärker entgegenkommende, an die französische Schreibweise angelehnte Form *colossal* benutzt, sondern die alternativ mögliche, aber stärker verfremdende, germanophile Wendung *kolossal* bevorzugt, die – aus Sicht eines hypothetischen italienischen Zuschauers der späten 1970er-Jahre – eine gewisse Aufbruchsstimmung, Ablehnung oder Exotik signalisiert, da der Buchstabe ‹K› im italienischen Alphabet damals wie heute nur in fremdsprachlichen Kontexten vorkommt. Eine Erklärung für diese Wortwahl, die sich seitdem im italienischsprachigen Filmjargon behauptet, könnte die eingangs erwähnte Reiseerfahrung von 1942 nach Deutschland von Pasolini sein – der selbst in frühen Jahren als Übersetzer tätig war – zu Zeiten des Dritten Reichs. In diesem Zusammenhang würde *Porno – Theo – Kolossal* einen starken, zur Opposition herausfordernden Kontrapunkt seitens des norditalienischen Antifaschisten Pasolini setzen, der im Friaul mit der faschistischen Republik von Salò und auf seiner Reise nach Weimar mit der nationalsozialistischen Politik Hitlers hautnah in Berührung gekommen war. In diesem Licht würde sein *kolossal*-Film (mit großem oder kleinem ‹K›) einen (beschwerlichen, doch vorwärts gerichteten) Schritt der historischen Bewältigungsbemühung auch hinsichtlich der faschistischen Vergangenheit Italiens bedeuten können.

Eine andere Erklärung wäre die, dass Pasolini einen europäischen Film in dem Sinn herstellen wollte, dass er zwar keinem kommerziellen US-amerikanischen Massenwarenkonzept zu huldigen gedachte, sich aber auch nicht am französischen Film orientieren konnte, der Anfang der 1970er-Jahre – ebenso wie der italienische, deutsche und amerikanische Film – zwar weiterhin mit dem Autorenfilm punktet, sich jedoch weder an der Monumentalfilmentwicklung historisch bahnbrechend beteiligt hatte, noch in der Entstehungszeit von *Porno–Theo–Kolossal* (1967–1975) für Pasolinis filmischen Werdegang entscheidende, mitreißende Neuerungen entwickelt. Vielmehr befindet sich die Schaffenskunst der französischen Regisseure einerseits zwischen der Nouvelle Vague der 1960er-Jahre und dem – erst in den 1980er-Jahren aufkommenden – Cinéma du look andererseits in eben solch einer Übergangszeit wie der italienische Autor selbst.

Angesichts dieser Situation besinnt sich Pasolini im Drehbuch für *Porno–Theo–Kolossal* wieder auf sich und die (historischen und technischen) Ursprünge des Kolossalfilms, um einen dichten ‹italienischen› Film mit avantgardistischer Universalaussage zu erschaffen, der viele Traditionslinien der italienischen Sprach-, Kultur-, Politik- und Gesellschaftsgeschichte aufgreift, zusammenführt, vereint und kritisch umdeutet, gleichzeitig aber innovativ, emanzipiert und ebenso vorwärtsdrängend wie mahnend in die Zukunft blickt. Gefragt war demzufolge ein Werk, das den bereits in der prä-postmodernen Phase vor 1980 – in der Pasolini zuletzt arbeitet – virulenten, aufkeimenden sowie zunehmend spürbaren Globalisierungstendenzen gerecht würde und zugleich zumindest potenziell auf Verständnis für seine Globalisierungskritik, ja möglichst auch auf seinen ungebrochenen politischen Veränderungswillen gestoßen wäre. *Porno–Theo–Kolossal* sollte nicht nur eine Werkphase abschließen, sondern nach Pasolinis Willen auch sein (jedenfalls erst einmal) letztes Drehbuch sein, sodass es eine bedeutende Filmbotschaft hinterlassen musste.[48]

Welche Schlüsse lassen sich daraus ziehen? Obwohl es vor diesem Hintergrund zunächst verwunderlich wirken mag, dass sich Pasolini

48 Vgl. zur historischen Werksituation und zur Dokumentation von Pasolinis Absichtserklärung, dass *Porno–Theo–Kolossal* sein letztes Filmprojekt sei, weiterhin die Ausführungen im Begleittext (Kap. 1) von Reinhold Zwick im vorliegenden Band.

für eine eher so majestätische, gigantische, insbesondere auch kommerziell ausgerichtete Präsentationsform wie den Kolossalfilm nicht nur interessiert hat, sondern sich eine solche bezüglich der Realisierung seines Drehbuchs bereits im Titel ernsthaft, gar programmatisch vorgenommen hat, so erklärt sich diese künstlerische Entscheidung insgesamt aus drei teils persönlichen und autobiografischen, teils historischen und kulturellen Motiven.

1. Erstens nämlich dadurch, dass der im vielsprachigen (z. T. auch germanophonen) Friaul, im ländlichen Städtchen Casarsa della Delizia aufgewachsene und später hier als Schullehrer arbeitende zukünftige Regisseur – überzeugter Antifaschist und Kenner der Werke Sigmund Freuds – wahrscheinlich ein Gegenmodell realisiert hätte zu dem seit den 1950er-Jahren bis zu seinem Tod (1975) sowohl in Rom als auch in ganz Italien populären *kolossal*-Filmtypus, vor allem in Hinblick auf dessen soziale Kontextualisierung. Zu Pasolinis Lebzeiten galt die italienische Hauptstadt Rom – in der er lebte – als Magnet des Kolossalfilms, und in Cinecittà wurde (oft als italienisch-US-amerikanische Co-Produktion) in den ‹goldenen› 1950er- und 1960er-Jahren ein solcher Film nach dem anderen abgedreht. Insofern ist das Lexem ‹Kolossal›, gerade was die hyperbolische Dimensionierung des zu Zeiten Pasolinis weiterhin hochaktiven und aktuellen Kinotrends angeht, im Drehbuchtitel aus der heutigen geschichtlichen Distanz zumindest ansatzweise ironisch und somit subversiv zu verstehen. Inwiefern Pasolini mit seiner ausdrücklichen Anmerkung zum Drehbuch, der zufolge nicht vergessen werden solle, «dass es sich um einen Film im ‹Kolossal›-Format handelt», einen praktikablen Plan, um die italienische Filmszene zu konterkarieren, wirklich intentional verband und inwieweit er diesen dann hätte (finanzieren und) realisieren können, bleibt indes Spekulation.

2. Schlüssig erscheint weiterhin, dass – zweitens – die Einflechtung der vorliegenden Anmerkung als ‹Erinnerung› an den Kolossalfilm zur zunächst im Drehbuch erzählten Zeit der 1950er-Jahre – zu denen *Porno – Theo – Kolossal* am Anfang (bis einschließlich zum *Sodom*-Kapitel) spielt – insofern technisch gut passt, dass in eben dieser Zeitspanne nicht nur die Cinerama-Technik auf dem Vormarsch war, sondern sich auch auf medialer Ebene eine historische Wende innerhalb der Geschichte des *kolossal*-Films vollzogen hat: Nachdem sich Anfang des 20. Jahrhunderts in Italien das Kino siegreich vom Theater absetzen und

letzteres – gemessen am Publikationserfolg – gar überholen konnte, akzentuiert sich in den 1950er-Jahren allmählich eine neue Konkurrenz zwischen dem Kino und dem Fernsehmedium. Mit dem Kolossalfilm THE ROBE (1953; dt.: DAS GEWAND) von Henry Koster erhält die Cinema-Scope-Technik auch in Italien (und ganz Europa) Einzug, das Kino somit wieder Rückenwind und die Benutzung des Ausdrucks ‹Kolossalfilm›, seit Hughes' HELL'S ANGELS, weiteren Auftrieb.

3. Schließlich – drittens – macht Pasolinis sehr kurze Fußnote zum weiten Thema des Kolossalfilms an besagter Stelle im Drehbuch auch deshalb Sinn, weil diese ‹kolossale› Art, in einem Film persönliche Stilmerkmale mit elaborierten visuellen Lösungen zu kombinieren, sich ausnehmend kompatibel mit dem bisherigen, traditionellen Genre des religiösen Films verträgt. Zu der unter dem Manuskript von *Porno – Theo – Kolossal* angegebenen Schaffensperiode zwischen 1967 und 1975 kann Pasolini nämlich bereits mit kritischem Abstand auf die sehr produktive (auch eigene) Hochphase des religiösen Films – die vom Ende der 1940er-Jahre bis zum Anfang der 1960er-Jahre reicht und somit genau die 1950er-Jahre abdeckt, die *Porno – Theo – Kolossal* im *Sodom*-Kapitel wiederholt unterstreicht und darstellen möchte – zurückblicken. Diese Ausgangslage hilft ihm dabei, eine Gegenposition bzw. erneuernde, progressive, für die 1970er-Jahre adäquat umstürzlerische Filmsprache für sein aktuelles Werk zu überdenken und zu entwickeln. Das gibt ihm nicht nur Gelegenheit, die italienische Filmgeschichte fortzuschreiben, indem er sich von der bisherigen Produktion absetzt, sondern bietet ihm auch ideale Voraussetzungen, die vorangegangenen Ausrichtungen jenes theologisch ausgerichteten Genres visionär zu rekodieren, das sich – während Pasolini an *Porno – Theo – Kolossal* arbeitete – bereits u. a. aus den folgenden weiteren Titeln zusammensetzt: FABIOLA (1949) von Alessandro Blasetti, SAMSON AND DELILAH (1949) von Cecil B. DeMille, QUO VADIS? (1951) von Mervyn LeRoy, DAVID AND BATHSHEBA (1951) von Henry King, KING OF KINGS (1961) von Nicholas Ray, BARABBAS (1961) von Richard Fleischer, THE GREATEST STORY EVER TOLD (1965) von George Stevens oder THE BIBLE: IN THE BEGINNING … (1966) von John Huston (u.v.a.m.).

Pasolinis Vorstellung entsprach es also, mit *Porno – Theo – Kolossal* einen – durchaus eigenwilligen, gewagten und provozierenden, vor allem aber zukunftsgerichteten – Genre-Mix zwischen Porno, *kolossal* und religiösem sowie avantgardistischem (Kunst-) Film herzustellen. Heute würden wir uns seine Filmidee vielleicht im Deutschen als eine paradoxe Kombination aus erotischem Blockbuster, subkulturellem Indie-Film und experimentellem Art-House-Film vorstellen können – als eine Genres vermengende Spielart, die sich von der Hollywood-Industrie abgehoben und eher an einer solch neuen, progressiven Richtung orientiert hätte, wie sie sich – jedoch erst nach Pasolini – durch das Dogma 95-Manifest (federführend von Lars von Trier, Thomas Vinterberg, Kristian Levring und Søren Kragh-Jacobsen vorangetrieben) anlässlich des 100. Geburtstags des Films im Jahr 1995 ankündigt. Auch eine Weiterführung von Pasolinis Solo-Karriere im Bereich des (alternativen) Autorenfilms nach der 1968er Protestbewegung hätte (wäre Pasolini seiner Absicht, sich vom Film resolut abzuwenden, nicht treu geblieben) auf der Hand gelegen, wobei sich sein auf Gesellschafts- und politische Kritik gerichteter Fokus vom reinen Unterhaltungsfilm erheblich unterschieden hätte – so etwa wie er sich in Deutschland im Neuen Deutschen Film (ab 1962) herausbildet oder wie ihn Alexander Kluge u. a. durch die Schaffung unabhängiger Fernsehplattformen (dctp) sukzessive konkretisiert hat.

Kurzum, um eine (wenngleich evtl. nur temporäre) Zäsur auf dem Zeitstrahl seines künstlerischen Wirkens zu setzen sucht Pasolini in *Porno – Theo – Kolossal* nach einer griffigen Film-Formel mit der Absicht, seine bisherigen Kinoerfahrungen zuzuspitzen und gleichzeitig die Hybridität und Ambivalenzen aufzuzeigen, die ihm persönlich aus der Seele sprechen und die sich bei einem Übergang von einer Werkphase zur nächsten notwendigerweise ergeben. Dass diese Ambivalenzeffekte, die er sich im Zuge dessen herzustellen und zu erzeugen vorgenommen hatte und die er im Drehbuch mit dem Tod seines Protagonisten Epifanio ausklingen lässt, eines nicht allzu fernen Tages auf seinen eigenen Tod bezogen werden könnten, hat Pasolini selbstverständlich nicht gewusst, aber vielleicht geahnt. Das kann jedenfalls der heutige Leser seines Drehbuchs zwischen den Zeilen heraus- bzw. in sie hineinlesen.

5 *Porno – Theo – Kolossal* als «Offenes Kunstwerk»

Von einer solchen Art biografischer Aufbruchsstimmung angetrieben und der allgemeinen, zwischen französischer *Auteur*-Theorie und dem italienischen ‹gelebten› Kommunismus – Pasolini stand seit den

1940er-Jahren dem Partito Comunista Italiano (PCI), zeitweise später auch dem Partito Radicale (PR) nahe – angesiedelten, untergründigen künstlerischen Übergangsphase beseelt, konzentriert sich Pasolini in *Porno–Theo–Kolossal* ganz darauf, eine passgenaue Werkchiffre sowohl für die von den 1968er-Jahren getragene politische Atmosphäre als auch für die in den frühen 1970er-Jahren in seinem damaligen römischen Intellektuellenmilieu ausgefochtenen, politisch aufgeheizten Debatten und für seinen eigenen einfallsreichen, weitsichtigen und vorausdenkenden geistigen Horizont zu finden.

Die mit diesem Umstand einhergehende, spezifische, somit gefragte Hybridität konstruiert Pasolini strukturell durch eine ethische (zwischen hetero- und homosexueller Lebensweise oszillierende) und historische Doppellagigkeit (befinden wir uns im Film nun in den 1950er-Jahren – wie in *Sodom* – oder in Pasolinis Gegenwart der «Jahre '75-'76» – wie in *Gomorra* – oder zu biblischen Zeiten – wie es die Weihnachtsgeschichte oder die Episode des Lot nahelegen?) sowie mit Hilfe der vierfachen Doppelungen von Orten und Raumspiegelungen (Sodom vs. Rom, Gomorra vs. Mailand, Numantia vs. Paris, Ur vs. Morgenland bzw. Vorderer Orient). Diese Spiegelungen stehen stellvertretend für die Brüche, Überraschungen, Disruptionen und Unvereinbarkeiten des Lebens, die nicht zuletzt auch Pasolinis eigene Biografie und Lebensweise kennzeichnen. Auf letztere hat insbesondere Umberto Eco (1932–2016) in seinem Nachruf auf Pasolini vom 9.11.1975 nachdrücklich hingewiesen, den er sieben Tage nach dem dramatischen, bis heute intensiv diskutierten, hinterfragten und ungeklärten Mord an Pasolini in der Nacht vom 1. auf den 2. November am Strand von Ostia[49] – noch unter dessen unmittelbarem Eindruck stehend – in der italienischen Wochenzeitschrift *L'Espresso* unter der bezeichnenden, von Burkhart Kroeber ins Deutsche übersetzten Überschrift *Warum wir nicht immer einig waren* veröffentlicht hat.[50]

Der damals noch keineswegs – nämlich erst später dank seines historischen Romans *Il nome della rosa* (1980; dt.: *Der Name der Rose*,

49 Vgl. dazu u.a. das reichhaltige, kritisch aufbereitete Dokumentationsmaterial, das Andreas Pichler für seine 50-minütige TV-Dokumentation Die Akte Pasolini (Deutschland, ARTE, 2012) zusammengetragen hat (Erstausstrahlung am 16.10.2013 auf ARTE anlässlich der Ausstellung *Pasolini Roma* in der Cinémathèque Française, Paris, 16.10.2013–26.1.2014, die sich der Person Pasolini und dessen Beziehung zu Rom gewidmet hat).

50 Vgl. Eco 2009.

1982) und dessen gleichnamiger, mit Sean Connery in der Hauptrolle besetzter Verfilmung von Jean-Jacques Annaud (THE NAME OF THE ROSE, 1986) – weltbekannte Universitätsprofessor und Semiotiker Eco – seines Zeichens ebenfalls norditalienischer Herkunft – stand Pasolini weder persönlich noch literarisch noch ideologisch oder wissenschaftlich nahe. Dieser geistige und private Abstand erlaubt es ihm, in seinem Nekrolog Pasolinis «Theatralik [...] des ewigen Besserwissers»[51] zu kritisieren und nicht wirklich viel Gutes an ihm zu lassen: Er hält ihn für einen Rebell aus Leidenschaft, einen Masochisten und Provokateur «mit einem wütenden Spürsinn für unpopuläre Positionen», für einen «Kämpfer aus Berufung, aus Wut und Draufgängertum», der «auf widersprüchliche Weise kohärent gewesen» sei – in einem Wort: bestenfalls für «die letzte Verkörperung eines romantischen Übermenschentums». Als Poet präsentiere Pasolini, so Eco, «die Erinnerungen als Utopie». Seine Appelle gegen den «technologische[n] Konsumismus» hätten etwas Regressives, Mystisches à la Rimbaud, mit einem Hang zum «Ausgestoßensein», angezogen vom «Urerlebnis der Marginalisierung». Pasolini habe «zu zeigen versucht, daß die Welt der wüsten Vorstädte in der Nachkriegszeit reiner und sanfter war als die Welt der konsumistischen Vorstädte heute», wobei Ecos «heute» sich selbstredend noch auf die italienische Gesellschaft in Pasolinis Todesjahr 1975 bezieht.

Pasolinis von Eco beschworene Andersartigkeit, die «unsere Gesellschaft noch nicht gelernt hat [...] zu akzeptieren, auch wenn sie so tut als ob»,[52] lässt sich heute aus der sicheren historischen Entfernung weitaus konstruktiver und – wenn man die Wortwahl von ihrer der Tagesaktualität und dem journalistischen Medium geschuldeten Polemik einmal befreit – durchaus als zutreffend lesen. Gerade Pasolinis widerborstiges öffentliches Auftreten nämlich, das Eco so fremd war und ihm so kompliziert vorkam, «zwingt uns zu [...] Demut», wie Eco zu Recht bemerkt, und bestätigt seine Schlussfolgerung, angesichts des Todes solle man des ‹Anderen› in «Demut» gedenken.

Diese Conclusio seitens Ecos erscheint heute umso wichtiger und aktueller, je klarer man sich vor Augen führt, dass die gleichgeschlechtliche Ehe weltweit erstmals 2001 in den Niederlanden eingeführt wurde,

---

51 Dieses sowie sämtliche weiteren wörtlichen Zitate im vorliegenden und folgenden Absatz stammen aus: Eco 2009.

52 Ebd.

in Deutschland auch erst seit 2017 und im katholischen Italien bis heute immer noch gar nicht möglich ist. Ein Synodaler Weg, wie er sich seit 2019 anbahnt und der erst jüngst (bislang so illusorische) Forderungen wie eine an die Gegenwart angepasste Sexualmoral, keine Diskriminierung von Homosexuellen, die Freigabe des Zölibats oder einen Zugang von Frauen zu Weiheämtern stellt, wäre zu Pasolinis Zeiten in Rom als reinster Irrsinn, als Halluzination oder Phantasmagorie abgetan und nicht verstanden worden. Und doch haben sein Schaffen – und ein Drehbuch wie *Porno – Theo – Kolossal* – genau dazu rückblickend auch in spirituell-emanzipatorischer Hinsicht beigetragen. Insofern gilt nicht nur in Italien, wenngleich dort besonders, sowohl in aller «Demut» als auch in letzter Konsequenz: ohne Pasolini keine gnadenlose moderne Gesellschaftskritik in Italien, und ohne Häresie – gemäß Pasolini – keine Kirchenrevolution im Vatikan.

Zu den genrebedingten, im Zusammenhang mit dem Kolossalfilm bereits thematisierten Synkretismen gesellen sich in *Porno – Theo – Kolossal* textimmanente Effekte tiefgreifender Ambiguität, die vor dem autobiografischen Hintergrund, dass Pasolini anschließend an dieses zum ‹letzten› Filmprojekt deklarierte Werk zumindest eine (längere) cineastische Schaffenspause einlegen – wenn nicht gar sich ganz vom Filmmedium abwenden – wollte, Kontur gewinnen. So nachvollziehbar die Entstehung der narratologischen Hybriditätsparameter im Drehbuch angesichts der Transitzeit innerhalb seiner Künstlerkarriere und des persönlichen, psychologischen Reife- und Veränderungsprozesses sind, die Pasolini durchlebt haben mag, so sehr gilt es für die Textübersetzung ins Deutsche, diese z. T. vagen Stellen im Originalskript als von Pasolinis privaten Motiven unabhängig zu identifizieren. Daraus ergibt sich, dass man letztere zunächst zumindest ansatzweise identifizieren, ordnen bzw. klären muss, um – was wir jetzt abschließend vorhaben – die Rahmenbedingungen der deutschen Übersetzung von *Porno – Theo – Kolossal* korrekt einzuschätzen. Denn – will man die Schwierigkeiten überwinden, die sich stellen, wenn man versucht, für im Italienischen mehrdeutige, unbestimmt oder wenig transparent wirkende Aussagen in der deutschen Übersetzung den richtigen ‹Grauton› oder Grundtenor zu treffen bzw. eine ungefähre, äquivalente Entsprechung zu finden – dann ist es unverzichtbar, eine ebenso empathische wie sachlich begründete Haltung gegenüber Pasolinis Originaltext zu entwickeln. Dies ist, wie wir seit Walter Benjamin (*Die Aufgabe des Übersetzers*, 1923) wissen, eine *conditio sine qua non* jedweder Übersetzung, die die Unbestimmtheit eines Ausgangstextes – wie der US-amerikanische Philosoph Willard Van Orman Quine anhand seines berühmten Beispiels der vielen Deutungs- und Übersetzungsmöglichkeiten vom Wort ‹Gavagai› in *Word and Object* (1960) eindrücklich aufgezeigt hat – in gelungener Form meistern will.

Grundsätzlich entsteht der ästhetische Ambiguitätscharakter, den Pasolini so kunstvoll und dramaturgisch in Szene setzt und der gewiss zwar einen Großteil des Reizes dieses Drehbuchs ausmacht, aber auch die ganze Aufmerksamkeit des Übersetzers auf sich zieht, aus der kontinuierlichen Verzahnung von Phantastik und Komik. Der Umschwung vom prävalent Dramatischen *(Sodom* und *Gomorra)* in der ersten Drehbuchhälfte in die zunehmend dominant werdende Humoreske (in *Numantia* und *Ur*) gegen Ende sowie die kontinuierliche Mischung unheimlich-mysteriöser Elemente mit ironisch-komischen Szenen lassen in der Phantasie des Lesers insgesamt viel Spielraum zu, während zugleich in seinem Inneren die Ganzheit hybrider, widersinniger – mal gewaltsam zerstörerischer, mal anrührend unterhaltsamer – Aspekte des menschlichen Lebens emotional hervortreten. So setzt sich beim Lesen Szene für Szene ein übergroßes Mosaik zusammen, das die ganze Sinnhaftig- und Sinnlosigkeit unseres Daseins in Einzelmotive überträgt, sie in Frage stellt und gleichsam umreißt und porträtiert, wobei das Skript sie uns wie in einem übergroßen Spiegel vorhält. Ein kunstvolles, dialogisches, wie ein Vexierbild changierendes Wechselspiel entsteht zwischen dem Produzenten (Pasolini) und dem Rezipienten (dem Leser bzw. Filmzuschauer): Welch höherem Zweck könnte ein Film dienen?

Der insgesamt dem Werk anhaftende – doppelte – Ambivalenzeffekt basiert also einerseits auf den phantastischen und unheimlichen Elementen, die Pasolini zunehmend in den Text einflicht, und andererseits auf tendenziell humoresken Stilmitteln, die *Porno–Theo–Kolossal* immer wieder gegen den Strich bürsten und dem Schreibduktus zugleich einen die Leser:innen ansprechenden, einnehmenden Stempel aufdrücken. Der durch Humor und Ironie, fast schon als postmodern *(ante litteram)* zu bezeichnende, leitmotivisch durchdrungene und getragene Grundton des Drehbuchs greift zwar die Thematik der Brutalität von den Menschen zu- und untereinander auf, verleiht ihr aber in der sich zuspitzenden zweiten Drehbuchhälfte den eher tragikomischen, leichteren, luftigeren und dadurch populären Anstrich einer ‹Menschlichkeit› bzw. eines konzilianten Humanismus im Stil einer Don Camillo und Peppone-Filmsaga (1952–1983) von Julien Duvivier, die Pasolini in ihr

Gegenteil verkehrt hätte. Die Komik bietet somit ein Lösungskonzept, einen Ausweg aus dem Dilemma unter gleichzeitigem Einbezug des Lesers – der dadurch sowohl ‹abgeholt› als auch ‹mitgenommen› wird – an. Dementsprechend verarbeitet auch – bevor der US-amerikanische Regisseur Abel Ferrara 2014 in seinem Film PASOLINI (über Pasolinis Tod, gespielt von Willem Dafoe) später einige Sequenzen daraus adaptiert hat[53] – ein ebenso feinfühliger wie aufschlussreicher Film über *Porno–Teo–Kolossal* mit dem Titel LA VOCE DI PASOLINI (2006) von Matteo Cerami und Mario Sesti, der zusammen mit einem gleichnamigen Buch mittels der national, in ganz Italien vernetzten Feltrinelli-Buchladenkette als ‹DVD zum Buch› oder als ‹Buch mit DVD› erschienen ist und vertrieben wird, die Transmedialität und Ambivalenz von Pasolinis Drehbuch mit Hilfe eines nostalgisch orientierten, untergründig heiter anmutenden Tenors.[54]

Genauer gesagt enthält Ceramis und Sestis Buch in übersichtlicher, lese- und zuschauerfreundlicher Form alle grundlegenden Dokumentationen zum – ebenfalls als ‹zwischen› Buch und Film anzusiedelnden – Drehbuch Pasolinis, inklusive des Abdrucks des italienischen Originaltexts von *Porno–Teo–Kolossal*. Innerhalb dieses Rahmens widmet sich die Publikation Themen wie Pasolinis Nähe zum Volk und seinem Hass auf die Bourgeoisie, die sie mit eigens zusammengestellten Gedichten, Essays und mittels anderem Brief-, Text- und Interviewmaterial zum Revolutionsjahr 1968, Verlust des Dialekts oder zur Kapitalismuskritik illustriert. Der Film von Cerami und Sesti hingegen bietet unter Verwendung von Pasolinis Originalstimme – die vom historischen Aufnahmegerät stammt, auf dem er sein Drehbuch zum ersten Mal diktiert hatte[55] – eine mögliche Rekonstruktion von Pasolinis Filmidee an, so wie sie nach seinem Tod ästhetisch beispielsweise hätte umgesetzt bzw. inszeniert werden können. Außer im PASOLINI-Film von Abel Ferrara sind auch Auszüge aus Ceramis und Sestis Film auf einem dem Werk Pasolinis und Eduardo De Filippos gewidmeten Kanal öffentlich zu sehen, der online ein Video bereitstellt, das die z. T. pikaresk karikierten und animierten Filmsequenzen der zwei Regisseure zeigt, die von Paso-

53 Mit Ninetto Davoli in der Rolle des Epifanio (für den Pasolini ja eigentlich den Komiker Eduardo De Filippo vorgesehen hatte) und Riccardo Scamarcio für den Part des Nunzio (den Pasolini mit Ninetto Davoli hatte besetzen wollen).

54 Cerami/Sesti 2006.

55 Vgl. ebd., S. 147.

linis Erzählerstimme, die ausgewählte Passagen aus *Porno–Teo–Kolossal* vorträgt, authentisch begleitet und anregend untermalt werden.[56]

Was den heiteren Grundtenor angeht, so ließe sich *Pasolinis letztes Filmprojekt* in die Nähe der in den USA sehr erfolgreichen, künstlerisch bedeutsamen New-Hollywood-Bewegung (ab 1967 bis Ende der 1970er-Jahre) rücken. Die Filmwerke von deren Vertretern (u.a. Woody Allen, Mel Brooks, Francis Ford Coppola, Martin Scorsese) zeichnen sich durch einen dekonstruktivistischen, tabubrechenden und ästhetisch experimentierfreudigen, künstlerische Freiheiten bevorzugenden Ansatz aus. Zugleich verfolgen sie eine gesellschaftskritische Grundhaltung und brechen mit traditionellen Erzählweisen, indem sie u.a. oftmals ambivalente Außenseiter zu Protagonisten küren oder auf ein Happy End verzichten: Die Analogien zu Pasolinis Vorhaben liegen auf der Hand.

Tatsächlich ist auch *Porno–Theo–Kolossal* eine pikareske, mal ins Burleske, mal ins Groteske, dann auch ins Skurrile, ja Sarkastische und zuweilen deutlich Zynische und/oder Blasphemische abgleitende Humoreske, die – wäre sie cineastisch umgesetzt worden – historisch die Linie eines Charlie Chaplin, Totò oder Fernandel hätte fortschreiben können. Einerseits ist die Filmsprache ästhetisch einem absoluten Realismus verpflichtet – denken wir nur an die Szene in *Gomorra*, in der auf einer «Freilichtarena» ein «pornografischer Film», «wahrscheinlich deutsche[r] Produktion» läuft, der mittels einer *Mise en abyme*-Technik (d.h. eines Film-im-Film-Verfahrens) in einer langen Einstellung ein weibliches «Geschlecht [...] mit allen Einzelheiten [...] auf der Großleinwand riesengroß» abbildet. Andererseits aber bereitet die Zusammenstellung der ausgewählten Stilmittel den Stoff stilistisch auch leicht auf – auf jeden Fall offenbar weitaus leichter als Pasolinis vorheriges Filmwerk Die 120 Tage von Sodom. Als Tragikomödie weicht das im Kolossalformat von Pasolini imaginierte Filmvorhaben – gehen wir nur nach dem schriftlichen Skript – auf der ästhetischen Metaebene den Härten des Dargestellten in wiederholt augenfälliger Slapstick-Manier oder durch Abblenden stilistisch gezielt aus und versucht in den Erzählstoff immer wieder einen provokanten, ironischen, leichtlebigen, anarchisch-südländischen Unterton einzuweben.

56 YouTube-Video Pasolini e Eduardo: Porno Teo Kolossal, Regie und Projektidee: Matteo Cerami / Mario Sesti; Sprecher: Toni Servillo / Graziella Chiarcossi; Produktion: Nicola Giuliano / Francesca Cima; Animation: Annalisa Corsi: Schnitt und Montage: Maria D'Agostini; Musik: Aidan Zammit / Federico Badaloni, o.J., online: https://www.youtube.com/watch?v=CI57VFsuCgI [abgerufen am 12. Januar 2022].

Hundert Jahre nach Pasolinis Geburtsjahr und bald fünfzig Jahre (2025) nach seinem brutalen Tod wäre als angemessenste Form eines Kulturtransfers ins 3. Jahrtausend mutmaßlich deswegen kein Horrorfilm bzw. – im Theater – keine reine Tragödie zu wählen, wollte man Pasolinis Grundidee respektieren. Vorstellbar wäre vielmehr evtl. die Transposition in eine gezeichnete Bildgeschichte, die das Filmprojekt im Stil einer *Graphic Novel* oder eines *Educational Comic* als ‹Buch zum Film› übertragen könnte. Reizvoll erscheint auch ein (das Comic evtl. begleitender oder vorangehender) *Anime* im Stil eines japanischen Zeichentrick- oder Animationsfilms – streckenweise z.B. von Heavy-Metal-, Techno- oder House-Klängen und auf alle Fälle diversen, abwechslungsreichen, unterschiedlichen Musikstilen unterlegt und am Ende mit einer klassischen, eher gefällig-versöhnlich auslaufenden Melodie abblendend o.ä. – wie er ab den 1970er-Jahren ins europäische und amerikanische Kino und Fernsehen kam und auch Pasolini eventuell schon bekannt gewesen sein könnte.

Eine solche Relektüre seines Drehbuchs und filmische Adaptation mit heutigen Mitteln und Möglichkeiten ist – gut ein halbes Jahrhundert nach Pasolinis Arbeit an der Projektidee und deren abrupten Abbruch – auch deshalb eine denkbare und willkommene Form der Aneignung oder Fortschreibung, weil das transkulturelle Format des japanischen *Anime*, das alle Altersstufen inkludierend mitdenkt und ein breit gefächertes Themenspektrum abdeckt, den heutigen wohlgemerkt auch westlichen Zuschauer:innen im globalisierten und digitalisierten Zeitalter wahrscheinlich näher läge als etwa eine durchgängige Schwarz-Weiß-Optik. Obwohl letztere Variante einer möglichen ‹Übersetzung› von Pasolinis Treatment in die Filmsprache der zu seiner Lebenszeit üblichen Bildlichkeit keineswegs fremd war – in Italien wird das Farbfernsehen erst 1976/1977 (also nach Pasolinis Tod) zögerlich eingeführt –, so würde sie Pasolinis Werk – wenn diese stilistische Wahl nicht eine sinnstiftende Aussage oder Ästhetik (wie z.B. im Fall des Dokumentarfilms oder Spielfilmgenres eines Michael Haneke) an sich transportiert – eher der Gefahr aussetzen, den müden Charme eines Stummfilms statt den artistischen Elan dieses umtriebigen, phantasievollen und einzigartigen italienischen Ausnahmeregisseurs zu versprühen. Eine solche ‹Retro›-Optik hätte heute kaum Aussicht darauf, als internationale Produktion realisiert zu werden, geschweige denn, einen großen Kinoerfolg hervorzubringen. Eine rückwärts orientierte wie auch immer gestaltete Darbietung des Filmsujets dürfte jedenfalls das Letzte gewesen sein, das einem innovativen, anspruchsvollen, risiko- und experimentierfreudigen Cineasten, Drehbuchautor und Künstler wie Pasolini vorgeschwebt hat. Er wünschte sicher keine auch nur annähernd an eine Hommage erinnernde Realisierung, die traditionelle Gestaltungsmuster in den Vordergrund rücken würde – bei allem Respekt für die italienische Kulturgeschichte und trotz seiner Verehrung bestimmter Schauspieler (wie Eduardo De Filippo und Ninetto Davoli im Fall von *Porno-Theo-Kolossal*).[57]

Notorisch rebellisch wie Pasolini bis zuletzt als unbequemer Zeitgenosse für die italienischen Autoritäten geblieben ist, schien er im kreativen Sinn mit *Porno-Theo-Kolossal* vielmehr eine paradoxe ‹Rückkehr in die Zukunft› insofern anzusteuern, dass er – so wie der *Anime* eine Kompatibilität zwischen Exzessivem und traditionell Zulässigem ermöglicht – eine Bewahrung des Ur-Menschlichen und zugleich eine soziokulturelle sowie realpolitische Überwindung des Establishment der 1970er-Jahre mit Blick auf eine lebbarere, tolerantere Gesellschaft herbeisehnte. Seine Zukunftsvision einer menschenliebenden, -gerechten und -würdigen Welt pendelt zwischen progressiven und regressiven Dynamiken in dem Sinn hin und her, dass Pasolini gewissermaßen ‹zwischen› den Stühlen – Nationen und Kulturen – ‹saß› und sich geistig bereits in einem hybriden *Dritten Raum* (gemäß Bhabha) – dessen Vision erforschend und diese bildhaft bereits imaginierend – verortete und bewegte. In einer dermaßen zersplitterten, diversifizierten und zugleich globalisierten Weltengemeinschaft wie der heutigen, in der sich die Realwirtschaft der 1970er-Jahre, die Pasolini noch kannte und seinen ganzen Ärger auf sich zog, längst in eine abstrakte, sich extrem verselbstständigende, kapitalistischen Mechanismen gehorchende ‹Diktatur der Finanzwirtschaft› verwandelt hat, ist Pasolinis künstlerische und gesellschaftliche Zukunftsvision für das 21. Jahrhundert am ehesten über ein Medium vermittelbar, in dem sich möglichst viele unterschiedliche visuelle Codes und geschichtsträchtige Parameter zu einem

---

57 Speziell zu Eduardo De Filippos (1900–1984) Einfluss auf Pasolinis Drehbuch und das italienische Kino vgl. Anm. 1 des in diesem Buch enthaltenen Endnotenapparats. Zu seiner theatergeschichtlich zentralen Bindegliedfunktion zwischen den beiden Literaturnobelpreisträgern Luigi Pirandello und Dario Fo in Italien vgl. Ubbidiente, Roberto 2019. Pasolinis Verehrung dieses *autore-attore* (dt. etwa: ‹Autor-Akteur›) rührt u.a. sowohl von De Filippos Neapelbild und Verständnis von «Neapel als Bühne und Kulisse» als auch von dessen zwischen Ernst und Komik – d.h. zwischen Ernst als «einer Art ‹tragischem› *umorismo*» und Komik als «rein unterhaltende *comicità*» – schwankender Kritik (ebd., S. 21).

neuen *Dritten Raum* verdichten und vereinen lassen, wie es u.a. der *Anime* tut. Da bis heute jedoch keine weitere intermediale Umsetzung von Pasolinis Projekt vorliegt, sind der Phantasie hier keine Grenzen gesetzt und stehen einer Realisierung – bis hin zum Videogame – alle nur denkbaren künstlerischen Türen – auch im Filmgeschäft, aber nicht nur – im wahrsten Sinn des Wortes ‹offen›.[58]

Schließen wir unser – die Hintergründe beachtendes – *close reading* der Übersetzung von *Porno–Theo–Kolossal* aus dem Italienischen ins Deutsche nun ab, nachdem wir uns einen Überblick über die textliche Struktur, stilistische Ausrichtung und mögliche Intention des Originals im Rahmen der diversen angefallenen Übersetzungsproblematiken – vom Dialekt über den Topos der Agnition, bis hin zu zeitbezogenen Herausforderungen sowie einigen (mit dem Kolossalfilm einhergehenden) hybriden und humoresken Zwischentönen – verschaffen konnten. Anknüpfend an Ecos Feststellung, der zufolge Pasolini «auf widersprüchliche Weise kohärent gewesen» sei, und angesichts der von Pasolini kunstvoll errichteten antonymischen Drehbuchkonstruktion (Epifanio vs. Nunzio, Glaube vs. Macht, Nord vs. Süd, Gut vs. Böse, Theorie vs. Praxis, Wissenschaft vs. Leben, Hoffnung vs. Enttäuschung, Frieden vs. Gewalt, Kirche vs. Staat, Amoralität vs. Moralität, etc.), die stets das Gegenteil aller Annahmen, Hoffnungen und Wünsche der Protagonisten (und der Leser:innen) einschließt, lässt sich eine Wertekrise konstatieren, die sich im Text – ebenso wie in Pasolinis Gesamtwerk – widerspiegelt. Die Amoral der ersten Drehbuchhälfte – nach dem *Prolog* unmittelbar in den Kapiteln *Sodom* und *Gomorra* gipfelnd – schreit dramaturgisch förmlich zwischen jeder Zeile nach einer ethischen Erneuerung und die größtenteils abstoßenden, bizarr, exaltiert und überspannt wirkenden sexualisierten Gewaltszenen nach einer Beschwörung der Kraft der

58 Einen ersten filmischen Adaptationsversuch von *Porno–Theo–Kolossal* hat Sergio Citti mit I MAGI RANDAGI 1996 in Italien vorgelegt. Doch auch eine Musikadaptation wäre gut vorstellbar. So hat der amerikanisch-deutsche Komponist und Professor für Komposition an der Hochschule für Musik und Darstellende Kunst in Mannheim, Sydney Corbett, 2018 auf der Grundlage der deutschen Übersetzung von Pasolinis Drehbuch *Der heilige Paulus* (2007; Original: *San Paolo*, 1975) eine Oper in sieben Szenen fertiggestellt, die auf Italienisch gesungen und am 23.4.2018 im Theater Osnabrück uraufgeführt wurde. Außerdem böten Pasolinis Nähe zur Kunst und seine ‹unorthodoxe Ästhetik› (vgl. das Einleitungskapitel in: Merjian 2020) – die bereits in zahlreichen Ausstellungen gewürdigt worden sind, darunter in zwei großen Retrospektiven zu *Pier Paolo Pasolini* im Museum of Modern Art (MOMA) in New York (1990 sowie 2012/2012) – weitere transmediale Adaptationsmöglichkeiten (etwa im ausgedehnten Umfeld der bildenden Kunst) an.

Liebe. Pasolini erscheint aus dieser Perspektive betrachtet tatsächlich als eine – wie Eco meinte – «letzte Verkörperung eines romantischen Übermenschentums», d. h. als Idealist eines nicht praktizierbaren Realismus, in anderen Worten: als sozial verantwortungsbewusster Rebell, der (wie Epifanio) gegen die Windmühlen gesellschaftspolitischer, institutioneller, aber auch biologistisch-bürgerlicher Missstände sich anzukämpfen vornimmt und dabei bereit ist, alle Risiken auf sich zu nehmen, und sei es auf die Gefahr hin, sich lächerlich zu machen oder sich in den Augen der Öffentlichkeit (durch vermeintlichen Eigensinn) selbst gedemütigt zu haben.

Beleuchten wir abschließend diese Oszillation des Autors und des Drehbuchtexts zwischen Absicht und Unfreiwilligkeit, zwischen Intention und Zweckfreiheit in drei Schritten, indem wir 1.) *Porno–Theo–Kolossal* als offenes Kunstwerk, 2.) dessen didaktisches Potenzial und 3.) die Transzendenz, die von diesem letzten Editionsprojekt ausgeht, interlinear hinterfragen. Beginnen wir damit, Umberto Ecos Pasolini-Kritik, die er anlässlich von dessen Tod – selbst nur zehn Jahre jünger als Pasolini – geäußert hat, aufzugreifen, indem wir sie konstruktiv umdeuten und Pasolinis zuletzt geplantes Filmprojekt unter produktionsästhetischem Gesichtspunkt gegenlesen.

Noch bevor Ecos bis heute als internationales Standardwerk geltende *Einführung in die Semiotik* im studentischen Revolte- und Protestjahr 1968 erschien (dt. Übers.: 1973), die ihm in Pasolinis Todesjahr 1975 zu seiner Professur für Semiotik an der Universität Bologna verhalf, hatte er bereits 1962 seine Abhandlung über *Das offene Kunstwerk* (dt. Übers.: 1973; ital.: *Opera aperta*, 1962) verfasst.[59] Der kulturtheoretisch neue Ansatz dieser Publikation bestand darin, dass Eco von der Indeterminiertheit zeitgenössischer Literatur – und nicht mehr von der strukturierenden Absicht des Autors – ausgeht. Sein Buch läutete – zusammen mit Roland Barthes' *Der Tod des Autors* (1968; frz.: *La mort de l'auteur*, 1968) und Michel Foucaults *Was ist ein Autor?* (1974; frz.: *Qu'est-ce qu'un auteur?*, 1969) – den Poststrukturalismus ein, wobei Ecos semiotisches Konzept auf der Annahme beruht, dass jedes literarische Werk – sofern es ein ‹offener› Text ist – multiple Interpretationen zulässt, die vom Leser generiert werden (während ein ‹geschlossener› Text den Leser nur an eine mögliche Interpretation heranführt). In *Lector in fabula* (1979) vertieft Eco die Rolle des Lesers und setzt sich mit der interpretatorischen Ko-

59 Vgl. Eco 1962.

operation des Lesers in Erzähltexten auseinander, die Wolfgang Welschs transkulturelle Grundidee eines «Netzwerk-Design[s]»[60] ansatzweise vorwegnimmt.

Gemäß Ecos poststrukturalistischem Gedanken ließe sich *Porno–Theo–Kolossal* als eine absichtlich-unabsichtliche *Opera aperta* bzw. als intentional-nicht-intentionales *Offenes Kunstwerk* neu lesen. Mittels der Doppelbödigkeit in Pasolinis Text – die sich sowohl in der Figurenkonstellation (Herr-Diener-Antagonismus) als auch in der Längsspiegelung der Ortsachsen und -bezeichnungen (Ortsdoppelung) reflektiert – und mit Hilfe der aus der Handlungsebene resultierenden Ambivalenzeffekte verankert Pasolini *de facto* die von Eco untersuchte ‹Offenheit› sowohl in seinem Erzählstoff als auch in die textliche Erzählweise. Das geschieht einerseits absichtlich (aus Pasolinis ureigener, ideologisch-persönlicher Überzeugung), andererseits unabsichtlich (wegen Pasolinis plötzlichen Todes und der dadurch bewirkten Fragmentierung des Filmprojekts auf textexternem Kommunikationsniveau). ‹Freiwillig-unfreiwillig› präsentiert sich uns Pasolinis *Porno–Theo–Kolossal* daher als ‹Offenes Kunstwerk›, wodurch sich dem Leser zwar viele Projektionsflächen anbieten, sich aber auch die im Zusammenhang der Ambivalenzeffekte genannten Übersetzungsschwierigkeiten und -überlegungen ergeben. Die ‹offene› Struktur von *Porno–Theo–Kolossal* – die sich insbesondere in der sehr viele Deutungen zulassenden, d. h. bedeutungs-‹offenen› Rahmenhandlung (*Prolog* und *Ur*), aber auch zwischen den Zeilen der *kolossal* überdimensionierten Massenszenen in den drei Hauptkapiteln (*Sodom*, *Gomorra* und *Numantia*) erkennen lässt – vermittelt uns die ‹offene›, transparente, ehrliche und humanistische Gesellschaft, von der Pasolini seiner von politischen Studentenrevolten, der naturverbundenen Hippie-Bewegung und gegenkulturellen Friedensdemonstrationen geprägten Zeit gemäß träumte.

Für diese neue Gesellschaft – in selbstbewusster Nachfolge eines (vom Italien des 14.–16. Jahrhunderts ausgehenden) Humanismus, der das Bewusstsein von der Würde des Menschen und das Streben nach Menschlichkeit einschließt – stritt er als moderner Vertreter einer humaneren, seinen Ursprüngen bewussten, zukunftsorientierten Gesellschaftsordnung mit seinem Drehbuch und trat dafür nicht nur aus der 1968er-Perspektive zu Recht vehement ein. Vielmehr dürfte Pasolinis Kritik aus Sicht der deutschsprachigen Leser:innen heute mindestens

60 Reichardt 2006, S. 32.

so wahr bzw. berechtigt wie vor fünfzig Jahren klingen: Die Selbstverständlichkeit emanzipierter und paritätisch anerkannter Geschlechterrollen ist bis heute (noch) nicht die Regel, der Weltfrieden ist (weiterhin) kontinuierlich bedroht, die ökologische Krise hat sich eklatant verschärft, und die Kirche erlebt gerade erst wieder tiefste Erschütterungen (z. Zt. wegen schwerwiegender Missbrauchsfälle).

Rücken wir von der reinen Interpretation des Lesers weiter zum didaktischen Potenzial des ‹offenen› Drehbuchs von Pasolini, ist letzteres doch nicht nur zur Interpretation einzelner Leser:innen freigegeben. Vielmehr bietet es sich auch als pädagogisches Material, für Gruppenarbeiten oder Übungszwecke an, um sowohl die kulturellen Fundamente eines modernen Europas als auch die Geschichte von jenem Land, das zu den sechs Gründungsstaaten der Europäischen Union (EWG, 1957) gehört, kennenzulernen, zu studieren und zu verstehen: Italien, das Pasolini von den 1940er-Jahre bis zu seinem Tod zugleich so inbrünstig geliebt und gehasst, verehrt und verabscheut hat. Fragen wir uns daher mit Eco, «ob uns sein Tod nun als eine Lehre dienen kann» – wobei Eco sofort einzuräumen bereit ist, «daß es Leute gibt, die anders sind als die anderen und deswegen an die Ränder gestoßen werden», und dass sich diese «Leute» in «Andersartige, die den Mut haben, sich als solche zu definieren» sowie in solche «die Angst haben» einteilen lassen, was ihn zu besagtem Fazit motiviert, «unsere Gesellschaft» müsse sich noch verstärkt in Akzeptanz und Toleranz üben und hypokritische Reaktionen abgewöhnen.[61]

Was also kann der Leser von Pasolinis letztem Drehbuch lernen? Oder auch: Wofür kann *Porno – Theo – Kolossal* als pädagogisch hilfreiches Fallbeispiel dienen bzw. eine wertvolle Diskussionsgrundlage bereitstellen, die in Schulklassen, dem allgemeinen wie auch universitären Fremdsprachenunterricht[62] oder in universitären Lehr- und Forschungsveranstaltungen – die in den unterschiedlichsten Disziplinen angesiedelt sein können (Theologie, Soziologie, Philosophie, Kultur-, Film-, Theater- und Literaturwissenschaften, Geschichte etc.) – Verwen-

61 Eco 2009, S. 238.

62 Im Rahmen des (sowohl deutschen als auch italienischen) Fremdsprachenunterrichts böte sich dabei ein Gruppenprojekt über Pasolinis Drehbuch *Porno – Theo – Kolossal* an, in dessen Rahmen es u.a. auch mit weiteren Erzähl- und Filmwerken transmedial, transkulturell und/oder transgenerationell auf komparatistischer Ebene analysiert, evtl. theatralisch oder filmisch umgesetzt und jedenfalls in der Fremdsprache diskutiert werden könnte (zu weiteren konkreten Realisierungsmöglichkeiten und zur didaktischen Verwendung von Narrationen und Filmen im transkulturell ausgerichteten Unterricht vgl. Bartoli Kucher 2021).

dung finden kann? Dabei sei vorausgesetzt, dass man Pasolinis Projektentwurf selbstverständlich auch an Filmhochschulen experimentell verfilmen und als generationenübergreifendes *work-in-progress*-Filmprojekt kreativ adaptieren bzw. – auch als Gruppenarbeit – sowohl in der Kunst als auch im Bereich der Musik ‹weiterschreiben› könnte.

Die transkulturelle Komponente des Werks – mit seinen unterschiedlichen Begegnungsräumen, medialen Ebenen und subtextlich vermittelten pazifistischen Appellen – bietet sich hier in vielerlei Weise, die es sich noch weitaus genauer zu untersuchen lohnen würde, geradezu an. Aus didaktischer Sicht fordert die utopische, philosophische Botschaft von *Porno – Theo – Kolossal* nicht zuletzt aus der Uneindeutigkeit, Unfertig- und Offenheit des Textformats eben wegen der darin enthaltenen Provokationen implizit zur Zivilcourage auf, indem durch das Storytelling ganz offenkundig versucht wird, die Leser:innen zu mehr Verantwortungskompetenz zu animieren oder mindestens auf altruistisch ausgerichtete Verantwortungskomponenten hinzuweisen und sie dafür zu sensibilisieren. Zudem ergeben sich weittragende Überlegungen zur *Verortung* der Kultur (im Sinn von Bhabha) sowie Diskussionsbedarf etwa darüber, wie die Diskrepanz zwischen globalen und lokalen Lebenswirklichkeiten heute zu bewältigen sei. Richtungsweisend sind hier Fragen rund um die sogenannte *Glokalisierung*, die bereits Marshall McLuhan in seinem theoretischen Vermächtnis – *The Global Village* (1989) – aufgeworfen hat und die nach Antworten in Hinblick auf die Einordnung der individuellen Identität zwischen weltumspannenden, d.h. ‹globalisierten› (sowie digitalisierten) und lokalen, d.h. ‹dörflichen› (bzw. ortsgebundenen) *life-worlds* verlangen.

Diesen Fragestellungen hatte sich in der Tat auch der Schullehrer Pasolini selber gewidmet, nachdem er sich während des II. Weltkriegs 1942 mit seiner Herkunftsfamilie zunächst in Casarsa Della Delizia im Friaul in Sicherheit gebracht hatte, wo er im nahegelegenen Versuta (nachdem auch Casarsa bombadiert worden war) zusammen mit seiner Mutter – Susanna Colussi, einer Volksschullehrerin – ab 1944 die fehlende Dorfschule durch kostenfreien Unterricht im eigenen Haus ersetzte. Kurz vor dem Waffenstillstand am 1. September 1943 wurde Pasolini nach Pisa einberufen, widersetzte sich aber am 8. September dem Befehl, seine Waffen an die Deutschen auszuliefern, floh – als Bauer verkleidet – heimwärts zurück nach Casarsa und entging so der Deportation: Globale (der II. Weltkrieg) und lokale (Friaul bzw. Casarsa) Parameter verschmelzen auch auf Pasolinis biografischer Ebene zu einem ‹glokalen› Panoramabild.

Statt sich am Krieg zu beteiligen, gründete er des Weiteren in Casarsa Della Delizia mit verschiedenen jungen Dichtern eine neue unabhängige Schriftstellergruppe, die 1944 eine Zeitschrift (unter dem friaulisch-dialektalen Titel *Stroligùt di cà da l'aga*) herausgab, die sich an die Dorfbevölkerung wandte mit dem Ziel, die als minoritär angesehene Literatur von Casarsa Della Delizia gegen die vermeintliche kulturelle Übermacht von Udine aufzuwerten. Als Pasolinis jüngerer Bruder Guido, der sich während des Kriegs den Partisanen im Friaul angeschlossen hatte, im Februar 1945 eine tragische Auseinandersetzung unter italienischen Partisanengruppen während des Massakers von Porzûs mit dem Tod bezahlen musste, eröffnet Pasolini zudem gerade in Versuta eine Akademie zur Bewahrung des friaulischen Dialekts und der Kultur des Friauls *(Academiuta di lenga furlana)*. Bis zum Kriegsende gelang es Pasolini, der Zwangseinberufung durch die italienischen Faschisten der soeben entstandenen, nahe gelegenen Republik von Salò zu entgehen, indem er sich seinen Studien, der Schriftstellerei (insbesondere der Dichtung) und dem Privatunterricht von Schülern verschrieb, die aufgrund der Bombardements die Schulen in Pordenone und das Gymnasium in Udine nicht besuchen konnten.

Angesichts dieser bedrohlichen Lebensumstände und historischen Ausnahmesituation (im Sinn von Agambens *Stato di eccezione*), die sich in Pasolinis Erinnerung an seine Zwanzigerjahre tief eingebrannt haben müssen, liegt der Schluss nahe, dass – aus didaktischer Sicht – die Quintessenz seines als Abschlusswerk gedachten Filmprojekts vor seinem sowohl autobiografisch als auch politisch-ethisch immer wieder aufgerufenen Background pädagogisch ebenso produktiv wie kritisch ausgewertet werden könnte. Zu diskutieren wäre in einem solchen Rahmen etwa, ob und inwiefern Pasolini uns als Intellektueller ein Vorbild bzw. sein Werk uns eine Orientierungshilfe sein kann zugunsten eines aktiven Engagements für den ‹Wert von Freiheit›, eine ethisch-zwischenmenschliche Kultur und eine kohäsive Gesellschaft sowie für das stetig zu erneuernde Bewusstsein, dass nicht nur Demokratie jeden Tag neu erkämpft werden muss, sondern auch *warum* sie erkämpft werden sollte. Die Antwort liegt zumindest im Sinn der 1968er-Bewegung auf der Hand: für die Freiheit, die Selbstverwirklichung, die Liebe, den Frieden und den Gemeinsinn – oder, wie Horkheimer und Adorno gesagt hätten: wegen des historischen Wissens um *Die Dialektik der Aufklärung* (1944) und wegen der Notwendigkeit, einer Rückkehr zur Barbarei durch Selbstbesinnung und Selbstkritik entgegenzuwirken. Diese Aufforderung führt uns *Porno – Theo – Kolossal* wie kaum ein anderes Werk in ihrer ganzen Komplexität und Dichte klar und unmissverständlich vor Augen.

6 Zwischen Körperlichkeit und Transzendenz

Kommen wir zum Abschluss auf den 3. noch ausstehenden Schritt – bzw. auf den letzten, die Drehbuchsubstanz aus philosophischer Sicht krönenden Fragekomplex – zu sprechen: die Transzendenz. Über die Qualität einer *opera aperta* gemäß Umberto Eco und das didaktische Potenzial, das Pasolinis Text bereithält, hinaus gilt es, noch ein letztes symptomatisches und für Pasolinis Werk unverzichtbares, nahezu idealtypisches Charakteristikum zu akzentuieren, das es auch während der möglichst genauen, eng am Originaltext bleibenden Übersetzungsarbeit immer wieder zu beachten gilt. Es betrifft den dramaturgisch weiten Spannungsbogen zwischen physischer Welt (bzw. Körperlichkeit) auf der einen und metaphysischer Ebene (bzw. Transzendenz) in seinem Text auf der anderen Seite. *Porno-Theo-Kolossal* zielt – außer auf ein filmisches Projekt im Kolossalformat – auch auf ein zwischen Pornografie (wie das erste Kompositum ‹Porno› im Drehbuchtitel anzeigt) und Theologie (wie das Kurzwort ‹Theo› demonstriert) angesiedeltes Gesamtkunstwerk plakativ ab. Diese Grundstruktur manifestiert sich – stellvertretend für Pasolinis Gesamtwerk – exemplarisch am Ende von *Porno-Theo-Kolossal* in der III. Szene des relativ kurz gehaltenen Schlusskapitels *Ur*. Sie leitet – entsprechend Pasolinis Unterteilung in drei Szenen oder Sequenzen (I, II und III) durch drei kurz aufeinander folgende «Abblenden» rhythmisch unterbrochen – vom körperlichen Erleben zu einem unspezifisch-sphärischen Überbau über, der mit einem amorphen ‹Nichts›, nämlich mit dem Ende des Films, verschmilzt.

Pasolini schreibt hier das italienische Lexem ‹terra› (wie auch ‹cielo›, dt.: Himmel) ungewöhnlicher Weise mit großem Anfangsbuchstaben – «Terra» (bzw. «Cieli», hier im ebenso ungewöhnlichen bzw. poetisch eingefärbten Plural)[63] – so als wende sich Epifanio an eine Personifikation der ‹Erde› (bzw. des ‹Himmels›). Zugleich könnte die unübliche Großschreibung – wie u.a. auch bei den Wendungen ‹Paradies› («Paradiso»),[64] ‹ ‹Engel des Herrn› («Angelo del Signore»),[65] Epifanios

63 Pasolini 2001, S. 2752. – Man beachte, dass dadurch, dass Pasolini zu Beginn des Drehbuchs das Substantiv «terra» (ebd., S. 2698) in den ersten Zeilen vom *Prolog* hingegen noch kleingeschrieben hat, sich stilistisch bis zum Drehbuchende hin ein kontinuierliches Werte-Crescendo parallel zur steigenden dramaturgischen Spannung und bildlich erschaffenen Klimax aufbaut.

64 Ebd., S. 2752.

65 Ebd., S. 2751.

‹Seele› («Anima»)[66] oder zuvor beim symptomatischen Ausdruck ‹Utopie-Stadt› (bei Pasolini: «Città-Utopia»)[67] zu Beginn der Kapitel *Gomorra* und *Numantia* – auf eine übergeordnete Idee von der ‹Erde› (bzw. von den theologischen Begrifflichkeiten sowie von dem hier gemeinten ‹Stadt›- oder ‹Utopie›-Konzept etc.) seitens Pasolinis hindeuten, was wir aus heutiger ökologischer bzw. ideologischer Sicht ebenso von der umweltpolitischen Warte wie auch auf der religiös-transzendenten bzw. spirituell-metaphysisch intentionierten Ebene entsprechend wertschätzend auslegen können.

Jenseits des unvollendeten Entwurfs eines in kunsttestamentarischer Hinsicht durchaus als ‹vollkommen› zu bewertenden Projekts geht es dem Autor Pasolini zunächst in dieser Abschlussszene – nach dem so intensiven, ja exzessiven Festhalten an empirischen, physischen, überaus körperlichen und materiellen Details und Filmeinstellungen – um die Evokation von Transzendenz. Letztere ist im Film schwer herzustellen: Pasolini wollte dies hier am Erzählende durch die Bildhaftigkeit eines von einer dreimaligen «Abblende» (ital.: «dissolvenza»)[68] eingerahmten, immer weiter entfernteren, weggleitenden und von der Projektion her entschwindenden Weltglobus realisieren. Dabei sollte von dem Erdball ein indifferentes, konfuses, durch und durch hybrides Stimmengewirr ausgehen, das den Protagonisten Epifanio in den letzten Zeilen erreicht und zu Dank und Rührung bewegt.[69] Obwohl nach dem Messias auf Erden nun auch das Paradies im Himmel verschwunden zu sein scheint, hat sich Nunzio zuvor dennoch in jenen sichtbaren «Engel des Herrn» verwandelt und hat sich von Epifanios Körper dennoch dessen «Seele» gelöst, die nach dem physischen Tod in einem «Paradies» weiterlebt. Pasolinis Entwurf folgt hier der biblisch-bildlichen Vorstellung von Körperlichkeit also klischeehaft, wenn nicht gar überzeichnend und karikaturistisch. Denn auch in den finalen Szenen stoßen wir wieder sowohl auf eine humoreske als auch auf eine Synergien schaffende, durchmischte Haltung, die der Film wohl hätte vermitteln wollen und die sich in einer ambivalenten Textaussage niederschlägt, welche sich wiederum sowohl (kritisch) atheistisch-agnostisch als auch (traditionell) christlich-orthodox (bzw. weder ganz als das eine noch ganz als das andere) auslegen ließe.

---

66 Ebd.

67 Ebd., S. 2721 *(Gomorra)* und S. 2735 *(Numantia)*.

68 Ebd., S. 2752.

69 Vgl. Molteni 2013, S. 6.

Resümieren wir – um den transzendentalen Gehalt von *Porno – Theo – Kolossal* im Sinn eines *Trasumanar*, d. h. eines im Text enthaltenen ‹Übermenschlichkeits›-Parameters abschließend zu definieren – kurz die vorangegangenen Feststellungen im Übersetzungskontext: Nachdem wir zunächst die Text- und Arbeitsgrundlagen von Pasolinis Drehbuch eingangs zu klären versucht haben (Unterkapitel 1), konnten wir aus unseren Analysen der diversen Übersetzungsprozesse und -probleme (Unterkapitel 2 und 3) sowie des Filmformats eines (italienischen) *kolossal* (Unterkapitel 4) den Schluss ziehen, dass es sinnvoll ist, *Porno – Theo – Kolossal* als *Offenes Kunstwerk* (gemäß Eco) zu begreifen, um die Gesamtaussage des Drehbuchs besser zu umreißen (Unterkapitel 5), und zuletzt folgern, dass der ‹imperfekten Perfektion› von Pasolinis Entwurf ein hoher erzieherischer Wert (für Schulen, Universitäten sowie die Kunst etc.) zugeschrieben werden kann. Da wir nicht nur von Umberto Eco, sondern bereits von Roland Barthes wissen, dass der Leser einen Text nicht einfach passiv auf sich wirken lässt, sondern mit ihm interagiert, und dass dessen Bedeutung instabil ist,[70] ist am Filmende nun auch der christlich (nicht notwendigerweise katholisch) bzw. kulturell versierte Leser in einem verstärkten Maß aufgerufen und gefordert, sich eine Transposition der biblischen Historie (wie die Erzählung der Geburt Christi oder die Stadtepisoden in Sodom und Gomorra) in eine metaphysische Landschaft auszumalen. So dissolviert am Schluss von Pasolinis *story* doch alles Körperliche – ach, so Körperliche – im Un- bzw. Überkörperlichen – d. h. im Nichts. Die Physis schafft sich in *Porno – Theo – Kolossal* wie durch einen Theatercoup am Ende selbst ab, und an ihre Stelle tritt eine ebenfalls sich selbst torpedierende Metaphysik, die sich als ein ‹Nichts› herausstellt.

Während die ‹unvollendete Vollkommenheit› von Pasolinis Versuch, diese Übertragungs- oder Übersetzungsleistung filmisch zu erbringen, nicht unbedingt mit der Vorstellungwelt eines heutigen ‹Modell›-Lesers *(lettore modello)*[71] – wie ihn Eco in *Lector in fabula* analysiert – *en détail* übereinstimmen muss, so lässt doch auf metatextueller Ebene der inzwischen stattgefundene wissenschaftliche Fortschritt diesbezüglich hoffen, dass einem Neuverständnis die rund fünf Jahrzehnte, die uns heute von der Entstehungszeit des *Porno – Theo – Kolossal*-Treatments trennen, eventuell – auch nach den vielen hier besprochenen sprachlich bedingten Übersetzungshindernissen – zum Vorteil geraten könnten.

70 Vgl. Barthes 1977.

71 Vgl. Ecos Kapitel *Il lettore modello* in: Eco 1991, S. 50–66.

Denn nicht nur in der Übersetzungswissenschaft hat sich gerade seit den späten 1970er-Jahren sehr viel getan,[72] sondern auch in den Bereichen der Pasolini-Studien sowie der *Transcultural Studies*. Die umfassenderen *Cultural Studies* der Postmoderne können – Übersetzungs-, aber auch Religionsfragen eingeschlossen – auf einen akademischen Siegeszug an vielen westlichen Universitäten und Bildungseinrichtungen in puncto Professionalisierung und Ausdifferenzierung der Disziplinen zurückblicken. Dabei verweist die gesamte Erzählung von *Porno – Theo – Kolossal* sowie – in komprimierter Form – allein schon das Wortsegment *Theo* im Titel von *Porno – Theo – Kolossal* gerade in dieser Wortkombination aus transdisziplinärer Sicht nicht nur auf die Notwendigkeit, sich mit einem ‹offenen›, komparatistischen, transkulturellen Blick der sozialen Verträglichkeit der Weltreligionen (um einen Weltfrieden herzustellen) sowie unterschiedlichen religiösen Auslegungen (um unsere ‹westlichen› Sitten und Gebräuche zu überdenken) zuzuwenden. Der Theologiebegriff wirft vielmehr auch schlicht und ergreifend die legitime Frage auf, ob es einen ‹Himmel auf Erden› denn nun eigentlich realiter gäbe, wie es der vermeintliche Stern von Bethlehem dem «Magierkönig» Epifanio suggeriert, oder ob dies unmöglich sei.

Es stellt sich, in anderen Worten, die Frage, ob Pasolinis Drehbuch uns am Ende eine Botschaft – oder Subbotschaft – hinterlässt, die unsere menschliche Hoffnung auf übergeordnete Werte nährt und die wir retrospektiv als einen Schlussstein im ebenso weiten wie hohen Bogen seines vielschichtigen, komplexen, von Widersprüchen, Paradoxien, Frustrationen und Leidenschaften geprägten, uns hinterlassenen Werks ansehen können. Höher als die, die der Mensch im Diesseits auszuleben und zu verwirklichen vermag (was in *Porno – Theo – Kolossal* eher misslingt als glückt), müssten diese Werte sein. Was zur weiteren Frage führt, ob es ein höheres Gut bzw. größeres Glück gibt, das uns – am Ende unserer (Lesens- und) Lebensreise angekommen – erwartet (immerhin kommen die beiden Helden bzw. Antihelden von *Porno – Theo – Kolossal* ja im Schlusskapitel in einem ‹Himmel› an). Welches wäre dieses Glück? Oder ist jede Hoffnung nichtig? Verharren wir wirklich nach unserem Tod stoisch und statisch in ewiger Erwartung eines Absurden Theaters à la *En attendant Godot* (1952) in Beckett'scher Manier ohne Aussicht auf die Erfüllung einer als Verheißung ausgelegten Zuversicht?

72 Vgl. die kritische Einleitung zum Stand der Translationswissenschaft und zur Kunst des Übersetzens in: Reichardt/Hernández González 2022, o. S.

Im Licht der Glücksforschung und Psychologie der Lebenszufriedenheit hat der US-amerikanische Psychiater und Genetiker C. Robert Cloninger (geb. 1944) in den 1990er-Jahren – also parallel zur Entwicklung der Transkulturalitätstheorie von Wolfgang Welsch (geb. 1946) in Deutschland[73] – mit Rekurs auf die Thesen des österreichischen Neurologen Victor Frankl (1905–1997) festgestellt, dass der Mensch zur gelungenen Sinnfindung im Leben – neben der Etablierung einer inneren Ordnung (als Lebensaufgabe) und einer guten zwischenmenschlichen Beziehungsfähigkeit (insbesondere in Bezug auf Partnerschaften) – eine dritte entscheidende Komponente benötigt. Diese dritte Dimension des Charakters bezieht sich auf eine transpersonale Identifikation, die Cloninger ‹Selbsttranszendenz› *(Self-Transcendence)* nennt[74] und auf deren Suche sich auch Epifanio begibt, dessen Reise im Zeichen des Kometen steht. Es geht dabei um eine spirituelle Akzeptanz, die den Menschen motiviert, sich zu engagieren und altruistische, der Gemeinschaft dienliche Ziele zu verfolgen.

In Pasolinis Drehbuch steht am Ende fest, dass es bei dieser *quête* nicht um den christlichen Gott oder seinen Stellvertreter auf Erden, Jesus Christus, gehen kann, da deren Existenzen als bedeutungslos dargestellt bzw. öffentlich desavouiert, wenn nicht direkt negiert, ja ausgelöscht werden. Pasolini fokussiert vielmehr – wie zunächst Frankl in den 1970er-Jahren und jüngst wieder Cloninger – den anthropologischen Tatbestand, dass der Mensch sich selbst reflektieren muss, um eine innere Ordnung zu finden, um sozial zu kooperieren und um zu begreifen, dass sein Dasein «immer über sich selbst hinaus auf etwas verweist, das nicht wieder es selbst ist»,[75] sondern einer höheren Sache dient. Nur dadurch, so Cloninger, dass der Mensch über sich selbst z. B. lacht, sich selbst vergisst bzw. zurückstellt und transzendiert, kann er sich in seinem Menschsein ganz verwirklichen – und dadurch Glück erfahren. Dieser innere Abstand vom eigenen Ich kann etwa durch das Engagement für eine soziale Aufgabe oder durch die Liebe zu einer anderen Person – in ihrem gesamten Spektrum vom *Eros* (Begehren) über die *Philia* (Freundschaft) bis hin zur *Agape* (göttliche Liebe) – erwirkt werden und hat, so Cloninger weiter, einen therapeutischen Effekt.

---

73 Vgl. u. a. Welsch 1999, Reichardt 2006, Reichardt 2017.

74 Vgl. Cloninger 2004.

75 «Lexikon der Psychologie. Selbst-Transzendenz», in: *Spektrum der Wissenschaft*, 2000, online: https://www.spektrum.de/lexikon/psychologie/selbst-transzendenz/13980 [abgerufen am 12. Januar 2022].

Bezogen auf den Plot von *Porno – Theo – Kolossal* bzw. unsere vorangegangenen Überlegungen zum Text- und Kulturtransfer in der deutschen Drehbuchfassung lässt sich – ganz im Sinn eines so engagierten und nach Werten suchenden Künstlers wie Pasolini – feststellen, dass er zwischen den Zeilen jener vielen wüsten, krassen und brutalen Geschehnisse in *Porno – Theo – Kolossal* den gewünscht starken Effekt auf die Leser:innen stets nur dank des jeweils mitschwingenden Gegenteils erreicht: So wie Pasolini am Ende der Lektüre unausgesprochen an die Bedeutung von Solidarität, Toleranz und Kontakt appelliert – in Bezug auf unseren Umgang mit Mitmenschen und auf einen zu erbringenden Beitrag für eine Solidargemeinschaft –, so wird auch aus transkultureller Perspektive deutlich, dass jegliche Form einer ‹Übersetzung› (im wörtlichen wie auch didaktischen oder künstlerischen Sinn, etwa *qua* Theater-, Film-, Comic- oder Musik-Adaptionen etc.) dem Dienst an einer Sache (d.h. das, was Eco mit ‹Demut› bezeichnet hat) zuträglich ist und somit Glück herzustellen imstande ist. Selbsttranszendenz in Cloningers Sinn hilft – das rät auch *Porno – Theo – Kolossal* den Leser:innen indirekt nach allen fiktiv gemeinsam überstandenen Abenteuern –, die Demütigungen des Lebens zu ertragen, indem man sich Größe durch Demut aneignet.

Pasolinis aporetisches Ende, das uns eine gottlose menschliche Existenz vor Augen führt, in der sich das versprochene ‹Himmelreich› als blanke Illusion offenbart, es auch im Jenseits keine Erlösung gibt und als einziger Funke die vage, erratische Hoffnung bleibt, das «irgendwas» geschehen wird, lässt die Sinnfrage absichtlich offen. Die Leser:innen mögen sich fragen, ob hier einem Nihilismus oder einer buddhistischen Nirwana-Vorstellung das Wort geredet wird, christliche Vorstellungen *ad absurdum* geführt werden oder ob Epifanios Stoizismus eine Lösung bietet. Es bleiben also Fragen: Fragen, die die Reflexion seitens der anvisierten Zuschauer:innen des geplanten Films *Porno – Theo – Kolossal* über den Menschen *an sich* und über einen zukünftigen Humanismus stimulieren, bekräftigen und über die Kinosäle in den öffentlichen Diskurs hätten tragen sollen. Diese Funktion hat nun das vorliegende Buch. Sie schließt den *kolossal*-Gedanken Pasolinis ein, dass Vielheit, Pluralität und *diversitas* (im Sinn sowohl von Vielfalt bzw. Diversität als auch von Unterschiedlichkeit bzw. Differenz) auch ein Schenken und Beschenkt-Werden bedeuten, obwohl in Pasolinis Geschichte das goldene Krippenbild in *Ur* von einem gemeinen Dieb gestohlen wird und obwohl der Held seiner Erzählung, Epifanio, angesichts der sarkastischen, ketzerischen und häretischen Vision, die Pasolini für ein Leben nach dem Tod entwirft, einsehen muss, dass sich in dem von ihm erhofften Paradies weder je etwas ändern noch der Seele das Wasserlassen erspart wird.

Diese Vorstellung ist so banal, komisch und abstrus, dass sie uns entweder ein kathartisches (nach Cloninger: therapeutisches) Lachen entlockt oder uns zu gesellschaftskritischen Gegengedanken, Alternativkonzepten und einem umstürzlerischen Erneuerungswillen noch heute anzuregen, aufzufordern und zu bewegen fähig ist, ja uns dazu – vielleicht mehr denn je – geradezu animiert und aktiviert. Hinter den ‹kolossalen› körperlich wie seelisch höchst bedrohlichen Gewaltkulissen, die Pasolini in diesem Drehbuch heraufbeschwört, vor unserem inneren Auge aufbaut und bis in alle Einzelheiten *in extremis* ausleuchtet, steht *ex negativo* der stille Schluss oder das ‹nicht gemalte Bild› bzw. Pasolinis unausgesprochene ‹Moral von der Geschichte›, dass nur eine solidarische, kameradschaftlich, kollaborativ und pazifistisch eingestellte Weltbevölkerung auf freiheitlicher, demokratischer und – im Rahmen von Pasolinis philosophischer und ziviler Grundeinstellung – sozial-altruistischer Basis eine erstrebenswerte Zukunft der Menschheit hervorbringen kann.

Dieser letzte Gedanke der gesellschaftlichen Selbstlosig- und Uneigennützigkeit umfasst Werte wie Ehrlichkeit und Aufrichtigkeit (im heutigen Jargon: keine Lügen, kein Hatespeech, keine Fake-News oder Cancel Culture etc.), die die Fähigkeit zur (freien) Liebe in allen Kapillaren und Ausformungen sowie eine der Doppelmoral, Hybris und Hypokrisie der Macht entgegengesetzte Kraft einschließen. Während der junge Pasolini diese Qualitäten und positiven Bedeutungen in seinem Romanerstling noch in den Kindern und Jugendlichen der römischen Vorstädte – den *Ragazzi di vita* – in ihrer Ursprünglichkeit und Reinheit paradigmatisch verkörpert sah, so verteilen sich in *Porno – Theo – Kolossal* die Binnendifferenzierungen, Facetten, Nuancen und Grundausprägungen solch ‹guter› Merkmale in pointierter Reinform – alle Klassenunterschiede überbrückend – auf die beiden Protagonisten Epifanio (den gutgläubigen, willensstarken und vorausschauenden Philosophen) und Nunzio (den gewitzten, marginalisierten, spöttischen doch treuen Helfer, patenten Begleiter und letztlich einzigen verlässlichen Retter in der Not).

Pasolinis Plädoyer für Freiheit, menschlichen Zusammenhalt und Redlichkeit wirkt nicht zuletzt zu COVID-Pandemiezeiten, in denen sich ein nötiger Gemeinsinn der Weltgesellschaft jedem Einzelnen über den Selbsterhaltungstrieb direkt auf den eigenen Leib einschreibt und sich auch dem logischen Denkvermögen der *homo sapiens*-Spezies schier aufdrängt, zugleich zeitüberdauernder, aktueller und zukunftsweisender als es Pasolini sich wohl hat vorstellen – aber letztlich auch nur wünschen – können. Nur wenige Kunstwerke schaffen es, eine so einnehmende metaphysische Raum-, Klang- und Seelenlandschaft zum Leben zu erwecken, die eine derartige Körperlichkeit und gleichzeitig tiefreichende transzendente Intensität, Stärke und Faszination entwickelt. – Pasolinis ‹kolossal› hybrides, humoreskes und ‹offenes› Treatment zum letztlich nie von ihm in die Filmsprache ‹übersetzten› Text *Porno – Theo – Kolossal* gehört dazu: Genau das ist seine transversale zivilisatorische ‹Magie›.

Literaturverzeichnis

Agamben, Giorgio: *Homo sacer. Die souveräne Macht und das nackte Leben*, (Homo sacer, Bd. I), aus dem Italienischen übersetzt von Hubert Thüring, Frankfurt a. M., Suhrkamp, 2002 [1995].

Agamben, Giorgio: *Ausnahmezustand*, (Homo sacer, Bd. II,1), aus dem Italienischen übersetzt von Ulrich Müller-Schöll, Frankfurt a. M., Suhrkamp, 2004 [2003].

Barthes, Roland: «From Work to Text», in: ders.: *Image – Music – Text*, aus dem Französischen ins Englische übersetzt von Stephen Heath, Textauswahl von Stephen Heath, London, Fontana Press, 1977, S. 155–164.

Bartoli Kucher, Simona: *Transkulturelle Literatur- und Filmdidaktik. Narrationen und Filme aus dem mediterranen Begegnungsraum*, (Transcultural Studies – Interdisciplinary Literature and Humanities for Sustainable Societies, Bd. 7), Berlin et al., Peter Lang, 2021.

Bhabha, Homi K.: *The Location of Culture*, London / New York, Routledge, 1994.

Cerami, Matteo / Sesti, Mario (Hg.): *La voce di Pasolini: i testi*, Milano, Feltrinelli, 2006.

Cloninger, C. Robert: *Feeling Good: The Science of Well-Being*, New York, Oxford University Press, 2004.

Eco, Umberto: *Opera aperta. Forma e indeterminazione nelle poetiche contemporanee*, Milano, Bompiani, 1962.

Eco, Umberto: *Lector in fabula. La cooperazione interpretativa nei testi narrativi*, Milano, Bompiani, 1991 [1979].

Eco, Umberto: «Warum wir nicht immer einig waren» [Nachruf vom 9.11.1975], in: Pasolini, Pier Paolo: *Ragazzi di vita. Roman*, aus dem Italienischen übersetzt von Burkhart Kroeber, Berlin, Wagenbach, 2009, S. 236–238.

Hempel, Wido: *Manzoni und die Darstellung der Menschenmenge als er-*

zähltechnisches Problem in den «Promessi sposi», bei Scott und in den historischen Romanen der französischen Romantik, (Schriften und Vorträge des Petrarca-Instituts Köln, Bd. 26), Krefeld, Scherpe, 1974.

Kahn, Moshe: «Nachwort», in: Pasolini, Pier Paolo: *Ragazzi di vita. Roman,* aus dem Italienischen übersetzt und mit einem Nachwort von Moshe Kahn, Berlin, Wagenbach, 2009 [1990], S. 229–235.

Kristeva, Julia: *Fremde sind wir uns selbst,* aus dem Französischen übersetzt von Xenia Rajewski, Frankfurt a. M., Suhrkamp, 2001.

Krusche, Dieter / Labenski, Jürgen: *Reclams Filmführer,* Stuttgart, Reclam, 1973.

Merjian, Ara H.: *Against the Avant-Garde. Pier Paolo Pasolini, Contemporary Art, and Neocapitalism,* Chicago, The University of Chicago Press, 2020.

Molteni, Angela: «*Porno – Teo – Kolossal* ovvero Una fiaba nel cosmo», in: Centro Studi Pier Paolo Pasolini Casarsa della Delizia (Approfondimenti), 15.9.2013, online: http://www.centrostudipierpaolopasolinicasarsa.it/approfondimenti/porno-teo-kolossal-ovvero-una-fiaba-nel-cosmo-di-angela-molteni/ [abgerufen am 12. Januar 2022], 2013.

Pasolini, Pier Paolo: *Freibeuterschriften. Aufsätze und Polemiken über die Zerstörung des Einzelnen durch die Konsumgesellschaft,* aus dem Italienischen übersetzt von Thomas Eisenhardt, Berlin, Wagenbach, 1975.

Pasolini, Pier Paolo: *Trasumanar e organizzar,* (I Garzanti – I Grandi Libri), Milano, Garzanti, 1976 [1971].

Pasolini, Pier Paolo: «Cultura italiana e cultura europea a Weimar», in: ders.: *Saggi sulla politica e sulla società,* hg. von Siti, Walter / De Laude, Silvia, mit einem Essay von Piergiorgio Bellocchio und einer Chronologie von Nico Naldini, (I Meridiani), Milano, Arnoldo Mondadori, 1999 [1942], S. 5.

Pasolini, Pier Paolo: *Porno–Teo–Kolossal,* in: ders.: *Per il cinema,* Bd. 2, hg. von Siti, Walter / Zabagli, Franco, mit zwei Schriften von Bernardo Bertolucci und Mario Martone sowie einer Einleitung von Vincenzo Cerami und einer Chronologie von Nico Naldini, (I Meridiani), Milano, Arnoldo Mondadori, 2001 [1989], S. 2695–2753.

Pasolini, Pier Paolo: *Der heilige Paulus,* aus dem Italienischen übersetzt von Dagmar Reichardt, hg. von Zwick, Reinhold / Reichardt, Dagmar, mit einem Geleitwort von Dacia Maraini und einem Nachwort von Reinhold Zwick, Marburg, Schüren, 2007.

Pescetelli, Marco: «Giovanni Pastrone: geniale pioniere del cinema muto italiano», in: Reichardt, Dagmar / Cicala, Domenica Elisa / Rebaudengo, Maurizio (Hg.): *Alfieri illustri della transculturalità. Per una didattica della cultura italiana nel terzo millennio,* (Civiltà Italiana), Firenze, Cesati, 2022 [im Druck].

Precht, Richard David: *Lanz & Precht,* Folge 17 [Weihnachtsausgabe], Dezember 2021, online: https://lanz-precht.podigee.io/18-weihnachtsausgabe [abgerufen am 12. Januar 2022], 2021.

Propp, Vladimir: *Morphologie des Märchens,* hg. von Karl Eimermacher, München, Carl Hanser, 1972.

Reichardt, Dagmar: «Zur Theorie einer transkulturellen Frankophonie. Standortbestimmung und didaktische Relevanz», in: *PhiN – Philologie im Netz*, 38/2006, hg. von Gévaudan, Paul / Lautenbach, Hiltrud / Schneck, Peter / Scholler, Dietrich, 15.10.2006, online: http://web.fu-berlin.de/phin/phin38/p38t2.htm [abgerufen am 12. Januar 2022], 2006, S. 32–51.

Reichardt, Dagmar: «Creating Notions of Transculturality: The Work of Fernando Ortiz and his Impact on Europe», in: Harst, Joachim / Moser, Christian / Simonis, Linda (Hg.): *Komparatistik. Jahrbuch der Deutschen Gesellschaft für Allgemeine und Vergleichende Literaturwissenschaft 2017*, Bielefeld, Aisthesis, 2018, S. 67–81.

Reichardt, Dagmar: «Harald Welzer: Zeitenwende, die Zukunft der Arbeit und das Ende der europäischen Arbeiterbewegung», in: *KulturPort.De – Follow Arts* [Online-Feuilleton], 1.2.2021, online: https://www.kulturport.de/blog/kulturmanagement/16939-harald-welzer-zeitenwende-die-zukunft-der-arbeit-und-das-ende-der-europaeischen-arbeiterbewegung.html [abgerufen am 12. Januar 2022], 2021.

Reichardt, Dagmar / Hernández González, María Belén: «Dacia Maraini, la Scienza traslatoria e l'arte di tradurre: viaggi attorno al mondo, alle culture e alla parola», in: Reichardt, Dagmar (Hg.): *Le tante traduzioni dell'opera di Dacia Maraini: Studi, analisi e approcci comparatistici con testi originali dell'autrice e un laboratorio di traduzioni letterarie,* (Transcultural Studies – Interdisciplinary Literature and Humanities for Sustainable Societies), Berlin et al., Peter Lang, 2022 [im Druck].

Schafer, Raymond Murray: *The Soundscape: Our Sonic Environment and the Tuning of the World*, Rochester, Destiny, 1993 [1977].

Silvestri, Mario: «Cento anni di storia d'Italia (1861–1961): Il primo cinquantennio (1861–1914)», in: ders.: *Cento anni di storia d'Italia*, Bd. 1, Milano, Editoriale Nuova, 1981.

Ubbidiente, Roberto: *Eduardo De Filippos Theaterwerk zwischen Zelebration der neapolitanischen Populärkultur und Dramatisierung eines kriegsbedingten Familienwandels*, Würzburg, Königshausen & Neumann, 2019.

Welsch, Wolfgang: «Transculturality – the Puzzling Form of Cultures Today», in: Featherstone, Mike / Lash, Scott (Hg.): *Spaces of Culture: City, Nation, World*, London, Sage, 1999, S. 194–213.

Abkürzungsverzeichnis

Biblische Bücher (in der Reihenfolge des Kanons)

Altes Testament

Gen	Das Buch Genesis
Lev	Das Buch Leviticus
Dtn	Das Buch Deuteronomium
Ri	Das Buch der Richter
2 Makk	Das zweite Buch der Makkabäer
Jes	Das Buch Jesaja
Jer	Das Buch Jeremia
Zef	Das Buch Zefanja

Neues Testament

Mt	Das Evangelium nach Matthäus
Mk	Das Evangelium nach Markus
Apg	Die Apostelgeschichte
Röm	Der Brief an die Römer
2 Petr	Der zweite Brief des Petrus
Jud	Der Brief des Judas
Offb	Die Offenbarung des Johannes

Weitere Abkürzungen

atl.	Alttestamentlich
Herv.	Hervorhebung
i.O.	im Original
ntl.	Neutestamentlich
o.Vf.	ohne Verfasserangabe
o.S.	ohne Seitenangabe
PTK	Porno-Theo-Kolossal